前　言

　　现代物流业作为国民经济和企业的"第三利润源"正在经济发展中担当着越来越重要的角色，成为蓬勃发展的"朝阳产业"。物流服务营销作为一种特殊的服务营销手段，极大地推动了物流产业的快速发展。因此，加强物流服务营销的研究，优化物流服务营销的技能，不仅能够帮助物流企业更好地服务于客户，同时对提高整个物流运营质量和效率具有重要意义。

　　本教材为校企合作开发教材，遵循高等职业教育规律，按照物流管理专业人才培养模式和改革后的教学内容体系进行编写，系统介绍物流服务营销的基本原理及策略技巧，以便提高学生物流服务营销的实际操作技能及采购管理水平。本教材以企业典型任务为驱动，基于工作过程进行相关知识的学习，然后通过技能训练和项目实训进一步加强巩固，做到"做—学—教"一体化。本教材注重吸收国内外物流服务营销的先进理念、技术，将最新理论和经验贯穿到教材中，以便学生及时跟踪物流服务营销的最新动向；同时注重学科先验性的特点，介绍分析了大量的案例，以帮助学生理解、掌握、消化、吸收所学的内容。

　　本教材编写团队由东营职业学院具有丰富一线教学经验的教师及合作企业兼职教师组成。刘婧担任主编并对全书进行了策划与统稿，徐辉增担任副主编，张艳华、殷雅荣参编。本书项目二、项目四、项目五和项目六由刘婧编写，项目一、项目七由徐辉增编写，项目三由殷雅荣编写，项目八由张艳华编写。青岛中远物流东营分公司、山东海源物流有限公司等企业的兼职教师为本书编写提供了大量的资料并进行了精心的指导。在编写过程中，参考和吸收了国内物流及营销方面的诸多教材与著作，书名及作者已列入参考文献之中，在此向这些作者表示衷心的感谢。由于编者水平有限，书中疏漏与不足之处欢迎读者和同仁提出宝贵意见。

编　者

2014 年 3 月

目　录

项目一　感悟物流服务营销

1. 了解市场营销学的发展；
2. 理解市场营销学的基本概念和市场营销指导思想的演变；
3. 熟悉物流市场营销的意义、原则以及物流企业的服务方式与服务内容；
4. 掌握物流市场营销规划和管理过程内涵。

1. 能够进行商品的推销活动；
2. 能够为自己制定核心竞争力规划；
3. 能够对物流企业产品分类并制定简单的营销方案。

任务一　感知市场营销

某公司创业之初，为了选拔真正有效能的人才，要求每位应聘者必须通过一道测试：以比赛的方式推销 100 把奇妙聪明梳，并且把它们卖给一个特别指定的人群：和尚。

许多人都打了退堂鼓，但还是有甲、乙、丙三个人勇敢地接受了挑战。一个星期的期限到了，三人回公司汇报各自销售实践成果，甲仅卖出 1 把，乙卖出 10 把，丙居然卖出了 1000 把。同样的条件，为什么结果会有这么大的差异呢？如果你是丙，该如何完成 1000 把梳子的销售呢？

通过任务分析，使学生了解市场营销的概念和市场营销学的相关概念，掌握作为市场营销者该怎样创造需求。

一、市场营销知识认知

市场营销学是由英文"Marketing"一词翻译过来的，关于"Marketing"一词的翻译，中文有"市场学"、"行销学"、"销售学"、"市场经营学"、"营销学"等各种译法，考虑到从静态和动态结合上把握"Marketing"的含义，用"市场营销学"的译法比较合适。"市场营销学"一词的含义是什么，长期以来，许多人仅仅把市场营销理解为推销（Selling）。其实，推销只是市场营销多重功能中的一项，并且通常还不是最重要的一项功能。正如美国著名管理学家彼得·德鲁克（Peter Drunker）所言：可以设想，某些推销工作总是需要的，然而，营销的目的就是要使推销成为多余，从而使产品或服务完全适合顾客需要而形成产品自我销售。理想的营销会产生一个已经准备来购买的顾客群体，剩下的事情就是如何便于顾客得到这些产品或服务。

市场营销是一个动态发展的概念。近几十年来，西方学者从不同角度给市场营销下了许多不同的定义，归纳起来可以分为如下三类：

（1）把市场营销看作是一种为消费者服务的理论。

（2）强调市场营销是对社会现象的一种认识。

（3）认为市场营销是通过销售渠道把生产企业与市场联系起来的过程。

世界营销权威菲利普·科特勒（Philip Kotler）提出："市场营销是个人和群体通过创造产品和价值，并同他人进行交换以获得所需所欲的一种社会及管理过程。"

根据这一定义，可以将市场营销概念归纳为以下要点：

（1）市场营销的终极目标是满足需求和欲望。

（2）市场营销的核心是交换。而交换过程是一个主动、积极寻找机会、满足双方需求和欲望的社会和管理过程。

（3）交换过程能否顺利进行，取决于营销者创造的产品和价值满足顾客需要的程度和交换过程管理的水平。

二、市场营销学的相关知识

(一) 市　场

1. 市场的认识

市场是社会分工和商品经济发展到一定程度的产物，随着社会生产力的发展，社会分工的细分，商品交换日益丰富，交换形式复杂化，人们对市场的认识日益深入。

传统的观念认为市场是指商品交换的场所，如商店、集市、商场、批发站、交易所等，这是市场的最一般、最容易被理解的概念，所有商品都可以从市场流进流出，实现了商品由卖方向买方的转移。

但是，随着商品经济的飞速发展和繁荣，商品交换的过程和机制日益复杂起来，狭隘的传统市场概念已远远不能概括全部商品经济的交换过程，也无法反映商品和服务交换中所有的供给和需求关系，因此，市场这个概念已不再局限于原有空间范围，而演变为一种范围更广、含义更深的市场概念。

广义的市场是由那些具有特定需要或欲望，愿意并能够通过交换来满足这种需要或欲望的全部顾客所构成的。这种市场范围，既可以指一定的区域，如国际市场、国内市场、城市市场、农村市场；也可以指一定的商品，如食品市场、家电市场、劳动力市场等，甚至还可指某一类经营方式，如超级市场、百货市场、专业市场、集贸市场等。

从广义的市场概念中我们可以看到，市场的大小并不取决于商品交换场所的大小，而是取决于那些表示有某种需要，并拥有使别人感兴趣的资源，而愿意以这种资源来换取其需要东西的主体数量。具体来说，市场由人口、购买力和购买意向三要素组成。只有当三要素同时具备时，企业才拥有市场，即：

$$市场 = \{人口，购买力，购买意向\}$$

购买力是人们支付货币购买商品或劳务的能力，或者说在一定时期内用于购买商品的货币总额，包括消费者市场购买力和组织市场购买力。而一定时期内社会各方面用于购买商品或服务的货币支付能力的购买力，其大小主要取决于一个国家或地区国民经济的发展水平以及由此决定的人均国民收入水平。国民经济发展速度快，人均收入水平高，社会购买力就大，市场规模也会随之扩大。购买力的实现与市场供求状况密切相关，当商品供需关系处于协调状态时，就会促进购买力的实现，当商品供应不能满足市场需求时，就会使一部分社会购买力的实现受到严重阻碍。

消费者购买力水平由消费者收入水平决定。消费者收入主要形成消费资料购买力，它是社会购买力的主要组成部分。组织购买力是指包括各类工商企业、政府机构和其他非营利性社会机构在内的社会组织的货币支付能力。不仅包括各类组织购买消费资料的能力，也包括购买生产资料的能力。

购买意向是指消费主体购买商品和服务的动机、愿望或要求，是消费主体把潜在的购买力变成现实购买力的重要条件。

2. 市场的功能

市场的功能是指市场机体在市场营销活动中，以商品交换为中心所具有的客观职能，市场一般有以下功能：

（1）交换功能。是指通过市场进行商品收购和商品销售活动，能实现商品所有权与货币持有权之间的相互转移，最终把商品送到消费者手中，使买卖双方都得到满足。

（2）供给功能。是指商品的运输和储存等方面的活动，商品的运输和储存是实现商品交换功能的必要条件。由于商品的生产与消费往往不在同一地点，这就要求通过运输把商品从生产地转移到消费地。另外将商品通过储存设施加以保管留存，以保证市场上商品的及时供应。

（3）价值实现功能。商品的价值是人们在生产劳动过程中创造的，其价值的实现则是在市场上通过商品交换来完成的。任何商品都会受到市场的检验，市场是企业营销活动的试金石。市场状况良好，商品能顺利地在供应者和购买者之间转换，最终送到消费者手里实现消费，价值才能最后实现。

（4）反馈功能。市场能够客观反映商品供求的状况，它可以把供求正常和供求失调的信息反馈给企业，为企业制定经营决策提供依据。

（5）调节功能。市场的调节功能是通过价值规律、供求规律和竞争规律来体现的。人们从市场上得到有关市场供求、市场价格和市场竞争情况的信息反馈后，可以通过一定的调节手段和措施使生产的商品适应市场的需求。

（6）便利功能。这是为了保证交换和供给功能能够顺利实现而提供的各种便利条件，包括资金融通、风险承担、商品标准化和市场信息系统等。

市场的这些功能是通过参与市场活动的企业和个人的经济行为来实现的，它们之间存在互相制约、互相促进的作用。

（二）需要、欲望和需求

需要、欲望与需求这一组概念都含有"想得到"这样一个基本意思。但是这三者又是有区别的，要加以一定的区分，清晰地区分这三者的含义有助于我们更好地理解市场营销活动。

1. 需要（Need）

人类的需要是市场营销活动的出发点，也是市场交换活动的基本动因。它是指人们没有得到某些满足的感受状态，人们在生活中需要空气、食品、衣服、住所、安全、感情，以及其他一些东西，这些需要都不是社会和企业所能创造的，而是人类自身本能的基本组成部分。因此可以说需要是一种客观存在，社会和企业都无法去创造或者改变。

2. 欲望（Want）

欲望是指人们想得到这些基本需要的具体满足物或方式的愿望，是受文化和独特个性影响的人的需要的形式，"欲望"是把需要具体化。例如，同样是对于生存中的食物需要，北方人可能想到的是馒头，南方人可能是想要吃米饭，而婴儿可能是需要牛奶。人类的需要有限，但其欲望却很多，社会和企业中的某些因素往往可以影响人们的欲望。

3. 需求（Demand）

需求是指在人们购买能力支持下愿意购买某个具体产品的欲望，即具有购买力时，欲望就转化为需求。人们的欲望几乎没有止境，但资源却是有限的。因此，人们想用有限的金钱选择那些价值和满意程度最大的商品或服务，当有购买力作后盾时，欲望就变成了需求。需求的形成有两个必要条件：有支付能力且愿意购买。需求状态可以分为负需求、无需求、潜在需求、不规则需求、衰退需求、饱和需求、过度需求和有害需求等。

区分需要、欲望和需求的意义在于明确市场营销人员的作用，企业并不创造需要，需要早就存在于营销活动出现之前，企业以及社会上的其他因素只是影响了人们的欲望，他们向消费者建议一个什么样的商品可以满足消费者哪些方面的要求，如一套豪华住宅可以满足消费者对居住与社会地位的需要。优秀的企业总是力图通过使商品富有吸引力、适应消费者的支付能力和容易得到来影响需求。

鲁国有个人善于编织草鞋，他的妻子善于纺纱，他们想一起迁徙到越国。于是就有人告诫他："你一定会受穷的。"鲁国人就问："为什么？"那人说："草鞋是用来穿的，但越国人却赤脚走路；纱是用来做帽子的，但越国人却披头散发不戴帽子。你们虽然有专长，但迁徙到没有用途的国度，想不受穷，这可能吗？"鲁国人就反问他说："到了不用我们专长的地方，我们可以引导他们穿鞋戴帽，随着用途的不断推广，我们怎么会受穷呢？"

另外一则案例是现代版"鲁人徙越"。美国有一个制鞋公司要把自己的产品卖给太平洋上一个小岛的土著居民。老板派两个营销员去进行市场调查。过了一段时间，两个人都回来了。一个说：那里的人都光着脚，我们的鞋子没有市场，所以我就回来了，准备去开拓其他市场。另一个人说："那里的人都光着脚，许多人脚上有伤病，所以我们的鞋子很有市场。于是我就回来准备弄一批货过去。但是，他们的脚普遍较小，我们必须重新设计我们的鞋。我们还要教他们穿鞋的方法和穿鞋的好处，我们最好能够取得部落酋长的支持。他们没有钱，但岛上盛产菠萝，我们可以进行易货贸易。"

（三）商品与服务

人们在日常生活中需要各种商品（Goods）来满足自己的各种需要和欲望。从广义上来说，任何能满足人们某种需要或欲望而进行交换的东西都是商品。

商品这个词在人们心目中的印象是一个实物，例如房屋、汽车、手机等。但是，诸如咨询、培训、运输、理发等各种无形服务也属于商品范畴。一般用商品和服务这两个词来区分实体商品和无形商品。在考虑实体商品时，其重要性不仅在于拥有它们，更在于使用它们来满足人们的欲望。人们购买汽车并不是为了观赏，而是因为它可以提供一种被称为交通的服务，所以，实体商品实际上是向人们传送服务的工具，即是服务的载体。

服务（Service）则是一种无形商品，它是将人力和机械的使用应用于人与物的结果。例如，物流公司的咨询方案、保健医生的健康指导、汽车驾驶技能的培训等。

当购买者购买商品时，实际上是购买该商品所提供的利益和满意程度。例如，在具有相同的报时功能的手表中，为什么有的消费者偏爱价格高昂的劳力士手表？原因在于它除了基本的报时功能外，还有优良的质量，更是消费者成功身份的象征。这种由产品和特定图像、符号组合起来表达的承诺，能够帮助消费者对有形产品和无形产品做出购买判断。在很多情况下，符号和无形的产品让消费者感到更有形、更真实。由于人们不是为了商品的实体而买商品，商品的实体是利益的外壳，因此，企业的任务是推销商品实体中所包含的内核——利益或服务，而不能仅限于描述商品的形貌，否则，就容易患"营销近视症"。

（四）价值、成本与满意

在对能够满足某一特定需求的一组产品进行选择时，人们所依据的是各种产品的效用和价值。效用（Utility）就是顾客对能满足其需要与欲望的产品的整体能力的评价，它是顾客的自我心理感受，是主观的。西方边际效用学派认为，顾客根据不同产品满足其需要的能力来决定这些产品的价值，并据此选择购买效用最大的产品。

价值是顾客从某一特定产品或服务中获得一系列利益，是效用与成本的比较。效用最大总是顾客所追求的，但常常是效用越大，成本也越大。顾客所追求的效用总是与其成本付出相联系的。

成本（Cost）通常是指顾客为获得某种效用而必需的支出。它包括为获得某种产品所要付出的货币成本、时间成本、体力成本和精神成本。如果顾客在同样的成本下得到的效用越大，或者在同样的效用下成本越低，那么顾客实现的价值就越大。因此，价值可用以下公式来表达：

$$价值 = \frac{利益}{成本} = \frac{功能利益 + 情感利益}{货币成本 + 时间成本 + 精神成本 + 体力成本}$$

企业可以通过这几种方法来提高购买者所得价值：①增加利益；②降低成本；③增加利益同时降低成本；④利益增加幅度比成本增加幅度大；⑤成本降低幅度比利益降低幅度大。

一名顾客在对两件商品进行选择时，这两件商品的价值分别为 V_1、V_2，如果 V_1 与 V_2 相比价值大于 1，这名顾客会选择 V_1；如果比值小于 1，他会选择 V_2；如果比值等于 1，他会持中性态度，任选 V_1 或 V_2。

满意（Satisfaction）是一种心理感受状态，是顾客对某一产品在满足其需要与欲望方面实际的与期望的程度在比较与评价后，所形成的愉悦或失望的感觉状态。满意水平可表示为感知效果与价值期望之间的差异函数，即：

$$满意水平 = 感知效果 - 价值期望$$

如果效果超过期望，顾客就会高度满意；如果效果与期望相等，顾客也会满意；但如果效果低于期望，顾客就会不满意。

在南方的一个小镇中，有一位年轻的米店商人，名叫华明。他是该镇里 10 位米商之一，他总是待在店内等候顾客，所以生意并不大好。

一天，华明认识到他应该更多地为该镇居民着想，了解他们的需求和期望，而不是简单地为那些到店里来的顾客提供大米。他认为应该为居民提供更多的价值，而不能仅提供和其他米商一模一样的服务。他决定对顾客的饮食习惯以及购买周期建立记录档案，并且开始为顾客送货。

首先，华明开始绕着该城镇到处走，并且敲开每一位顾客的家门，询问家里有多少口人，每天需要煮多少碗米，家里的米罐有多大等。之后，他决定为每个家庭提供免费的送货服务，并且每隔固定时间自动为每个家庭的米罐补满。

例如，某 4 口之家，平均每人每天大概需要 2 碗米，因此这个家庭每天需要 8 碗米。从他的记录里，华明可以知道该家庭的米罐能装 60 碗米或者说接近一袋米。

通过建立这些记录以及提供的全新服务，华明首先成功地与老年顾客沟通，进而与更多的其他居民建立起更为广泛、更深入的关系。他的业务也逐渐扩大，并且需要雇用更多的员工，一个人负责接待到商场柜台来买米的顾客，两个人负责送货。华明通过花时间拜访居民，处理好与供应商及其所熟识的居民之间的关系，生意日益兴隆。

（五）交换与交易

需要和欲望只是市场营销活动的初始，只有通过交换，营销活动才真正发生。交换（Exchange）是提供某种东西作为回报而与他人换取所需东西的行为，它需要满足以下五个条件：

（1）至少要有两方，即供应者和需求者；

（2）每一方都要有对方所需要的有价值的东西；

（3）每一方都要有沟通信息和传递信息的能力；

（4）每一方都可以自由地接受或拒绝对方的交换条件；

（5）每一方都认为同对方的交换是称心如意的。

如果存在上述条件，交换就有可能实现，市场营销的中心任务就是促成交换。交换的最后一个条件是非常重要的，它是现代市场营销的一种境界，即通过创造性的市场营销，交换双方都达到双赢。

交易（Transaction）是交换的基本单元，是当事人双方的价值交换。或者说，如果交换成功，就有了交易。怎样达成交易是营销界长期关注的焦点，各种各样的营销课题理论实际上都可还原为对这一问题的不同看法。

（六）营销者

前面已经指出，市场营销就是以满足人们各种需要和欲望为目的，通过市场变潜在交换为现实交换的活动。毫无疑问，这种活动是指与市场有关的人类活动。在这种交换活动中，对交换双方来说，如果一方比另一方更积极主动地寻求交换，则前者称为营销者，后者称为潜在顾客。具体来说，营销者就是指希望从他人那里得到资源，并愿以某种有价值的东西作为交换的人。很明显，营销者可以是一个卖主，也可以是一个买方。假如有几个人同时想买某幢漂亮的房子，每个想成为房子主人的人都力图使自己被卖方选中，这些购买者就都在进行营销活动，也都是营销者。

三、市场营销的产生与发展

（一）市场营销学的萌芽

市场营销一词源于英语的"Marketing"，市场营销学萌生于19世纪末20世纪初期，形成于20世纪中叶，成熟于20世纪80年代，目前仍在发展之中，是20世纪发展最快的管理学科之一。它是市场经济发展到较高级阶段的产物,随着社会和经济的发展而不断深化、丰富和完善。

市场营销理论作为一门学科产生于19世纪末20世纪初的美国。当时美国社会经济出现的一些明显变化促进了市场营销思想和理论的形成:

(1)市场规模迅速扩大。扩大的市场给大规模生产带来了机会,同时也引进了新的竞争因素,使得信息的收集和处理、促销等变得越来越重要。

(2)市场的决定力量由卖方市场转化为买方市场。市场规模的扩大极大地刺激了生产者的扩张欲望,科技进步使得大规模生产成为可能。大量新产品涌入市场,随着中间商、广告、促销活动的出现,消费者迫切希望能有一门新的学科或理论来对此作出解释,以便更有效地指导其经济生活实践。

(3)分销系统发生变化。专门化分销渠道买卖商品的趋势日益明显,并出现了同一流生产企业并驾齐驱的百货商店、邮购商店和连锁商店等。

(4)公平竞争环境的建立。国家通过建立一系列的政治法律制度,来维持社会的公平竞争,保护企业、消费者和国家的利益。在市场竞争中,竞争者以平等的权力、地位为基础,面对同等的市场机会和市场待遇,竞争者需要展开正当竞争。

市场营销思想最初的产生是自发的,是人们在解决各种市场问题的过程中逐渐形成的,上述这些变化因素有力地促进了市场营销思想的产生和市场营销理论的发展。

(二)市场营销学的创立与发展

市场营销成为一个专门的理论领域的研究始于20世纪初的美国。从总体上来看,市场营销学理论的发展经历了以下三个阶段:

1. 初创阶段(1900—1920年)

早在19世纪末期,美国一些学者就陆续发表了一些有关推销、广告、定价、产品设计、品牌业务、包装、实体分配等方面的论著。但是,直到20世纪初期,美国的一些学者才试图将上述有关方面综合起来,建成一门专门的学科。

尽管当时还没有使用"市场营销"这个名称,但它已经成为一门新学科的雏形出现在大学课堂上。1905年美国人克罗西在宾夕法尼亚大学开设了名为产品市场营销(The Marketing of Products)的课程,1910年,拉尔夫·巴特勒在威斯康星大学讲授了名为市场营销方法(Marketing Method)的课程,1912年赫杰特齐出版了第一本名为市场营销学(Marketing)的教科书,全面论述了有关推销、分销、广告等方面的问题。它标志着市场营销学作为一门独立学科的产生。

但是,在这一时期的市场营销学研究内容仅限于商品销售和广告业务方面的问题,实际影响不大,尚未引起社会的广泛关注,市场营销的完整体系远未完成。

2. 功能研究阶段（1921—1945 年）

从 20 世纪的 20 年代到第二次世界大战结束的这段时期内，随着科学技术的进步，美国等西方国家的社会政治经济情况不断发展变化，特别是 1929—1933 年资本主义国家爆发了严重生产过剩的经济大危机，震撼了各主要资本主义国家。由于严重的生产过剩，商品销售困难，工商企业纷纷倒闭。这时企业的首要问题不是怎样扩大生产和降低成本，而是如何把产品卖出去。为了争夺市场，解决产品销售问题，企业开始实施市场销售活动，使市场营销学的研究也大规模开展起来，市场营销学逐渐成为指导市场营销实践活动的一门实用性学科。

在这一时期，美国的高等院校和工商企业建立各种市场营销的研究机构，有力地推动了市场营销学的研究和普及。例如，1926 年，美国在"全美广告协会"的基础上成立了"全美市场营销学和广告学教师协会"；1937 年，全美各种市场研究机构联合组成了"全美市场营销学会"（America Marketing Association，AMA），不仅有工商企业人士和经济学家、管理学家参加，而且吸收了市场行情、广告、销售、信托等方面的专家入会。目前，该学会的成员遍及世界各地，实际上已成为国际性的组织，该学会的现任主席为美国西北大学教授菲利普·科特勒。

这一时期的研究以营销功能研究为最突出的特点，主要包括交换功能、实体分配和辅助功能，这些功能构成了当时市场营销体系的主体。然而，从总体上来看，这一阶段的研究还是将市场营销等同于销售或推销，研究范围局限于流通领域。

3. 发展与传播阶段（1945—1980 年）

"二战"以后，特别是 20 世纪 50 年代以来，随着国际政治环境的相对稳定及第三次科技革命的展开，资本主义国家的社会生产力得到了较快的发展，产品产量剧增，花色品种日新月异，社会消费能力也有了较大增长，人们的消费需求和消费欲望不断加深，市场竞争日益激烈，政府对经济的干预明显增强，营销环境复杂多变。在这种情况下，企业要想求得生存与发展，就必须从总体上进行规划，不能在产品生产出来后，而是要在产品生产之前就考虑市场问题，要按照市场需求安排生产，组织营销活动；企业不能仅考虑当前的盈利，还要考虑到未来的长远发展；企业的市场营销不应局限于产品推销问题，还应包括企业与市场以及整个营销环境保持衔接关系的整体性经营活动。

在这种情况下，市场营销的理论研究从对产品生产出来以后的流通过程的研究，发展到从生产前的市场调研和产品创意开始，到销售后的顾客服务和信息反馈为止的营销过程的研究；从对营销实施的研究，发展到对市场营销问题的分析、计划、实施、控制等营销管理过程的研究。市场营销学逐步从经济学中独立出来，吸收了行为科学、心理学、社会学、管理学等学科的若干理论，形成了自身的完整理论体系。

与此同时，市场营销学也开始广为传播。一方面，在应用领域上，市场营销学理论不仅广泛应用于以赢利为目标的企业运作上，而且还逐渐应用到行政机构以及其他非营利组织，涉及到社会经济生活的各个方面，如军队、法院、宗教团体、慈善机构和学校都公开或非公开地引进了营销观念和方法。另一方面，在应用区域上，市场营销学不断从起源国——美国向其他国家传播。20 世纪 50 年代以来，美国的市场营销学先后传入了日本、西欧、中国台湾以及东欧和苏联等国家和地区，20 世纪 70 年代末开始传入中国。一般来说，商品经济越发达的地方，市场营销学也越盛行。

4. 拓展与创新阶段（1980 年以后）

随着经济全球化趋势的加强，参与国际竞争的国家和企业急剧增加，市场竞争的范围不断扩大，程度不断加剧。在 20 世纪 80 年代中期，科特勒进一步发展了市场营销理论，提出了大市场营销（Mega Marketing）的观念，突破了传统营销理论中阐明的企业可控制的市场营销组合因素与外界不可控的环境因素之间简单相适应的观点，把企业市场营销组合所包括的 4Ps 策略扩大到 6Ps 策略，即产品、价格、分销、促销、政治权力和公共关系六大策略。这一思想对跨国企业开展国际营销活动具有重要的指导意义。

进入 20 世纪 90 年代以来，市场营销理论的研究不断向新的领域拓展，出现了定制营销、营销网络、纯粹营销、政治营销、绿色营销、营销决策支持系统、整合营销等新的理论领域，并打破了美国营销管理学派一统天下的局面，对传统营销理论提出了质疑，形成了不同的营销学派。

（三）市场营销学在中国的发展

市场营销学是一门以商品经济为前提的应用学科，早在 20 世纪三四十年代，市场营销学在中国曾有一轮传播。现有资料表明，中国最早的市场营销学教材是丁馨伯于 1933 年译编并由复旦大学出版的《市场学》，当时国内一些大学也开设了市场学课程。但是在商品经济不发达的条件下，对市场营销学的研究和应用势必受到限制。新中国成立后的一段时期内，由于西方封锁和我国实行高度集中的计划经济体制，商品经济受到否定和抵制，市场营销学的引进与研究工作在我国（除台湾、香港、澳门等地以外）整整中断了 30 年，而这 30 年却是西方国家市场营销理论迅速发展与完善的时期。

党的十一届三中全会后，我国确定了以经济建设为中心，对内搞活、对外开放的方针，实现了伟大的历史性转折。在理论研究上，经济学界努力为商品生产恢复名誉，通过对社会再生产理论的研讨，流通和市场问题的重要性日益为人们所重视；在实际应用上，以市场为导向的改革的启动，国内市场上的商业竞争与对外贸易的迅速发展，迫切要求用现代市场营销理论来指导生产经营，从而为我国重新引进和研究市场营学创造了良好的条件。

1. 启蒙阶段（1979—1982 年）

这一阶段的主要工作是引进市场营销学，聘请国外营销专家来华讲学，引进市场营销学的图书、杂志，在高等院校中开设市场营销学课程，并组织有关教师编写市场营销学教材。同时，随着经济体制改革的启动，部分产品停止统购包销，有的行业逐渐放开，允许个体经营，尤其是四个经济特区的建立，中国有了商品经济的"试验田"，市场上有了竞争。不少企业开始了初级阶段的营销尝试，提出了"顾客就是上帝"的口号，总结出了经营取胜之道：优质取胜、创新取胜、服务取胜、快速取胜等。

2. 广为传播阶段（1983—1994 年）

经过启蒙阶段的引进与吸收以后，全国各地从事市场营销学研究、教学工作的人员更进一步意识到该学科对我国工商企业的重要性，为此大力推动市场营销学在我国的发展。

1983 年 6 月，江苏省在南京市成立了中国第一个市场营销组织——江苏省市场调查、市场预测和经营决策研究会。1984 年 1 月，全国高等院校市场学研究会在湖南长沙成立。1991 年 3 月，中国市场学会（China Marketing Association，CMA）在北京成立。这些学会的成立为市场营销学的学习、研究与应用揭开了新的篇章。

在教育方面，1992 年，市场营销专业开始在全国招生，除综合性大学、财经院校以外，很多理工、农林院校以及其他专业院校也都纷纷开设了市场营销专业。

在企业应用方面，由于我国在商品流通领域取消了统购包销的政策，将商品经营、采购的自主权交给了企业，这样，企业不仅仅要注重商品的生产，还必须注重商品的适销对路和商品的销售，企业对掌握和应用市场营销知识的愿望越来越迫切。不少企业积极参加市场营销学会的活动，主动邀请市场营销专家到企业去出谋划策，解决企业营销中存在的问题，并取得了显著的效果。可以说，在这一阶段，市场营销理论和方法的研究和应用，无论就广度还是就深度而言，十多年走过了西方国家数十年走过的路程。

3. 深入拓展阶段（1995 年以后）

经过十多年的研究和应用，我国已培养了大批市场营销人才，教育层次不断提高，2003 年我国高校已开始招收市场营销管理专业的博士研究生，培养我国市场营销的最高层次人才。

在理论研究上，我国学者开始关注市场营销学发展的国际动向，与世界同步研究市场营销学发展中的一些新的前沿性问题，出版了一大批市场营销学方面的学术专著。

在实际运用上，我国高层领导日益关注市场营销。1996 年，全国人大八届四次会议通过的《中华人民共和国国民经济和社会发展"九五"计划和 2010 年远景目标纲要》的文件中，首次以"市场营销"取代以往常用的"经营"、"销售"等术语，明确指出国有企业要按照市场需求组织生产，搞好市场营销，提高经济效益；文件还指出，要积极发展代理制、连锁经营等新的营销方式，建立科研、开发、生产、营销紧密结合的机制，这是市场营销首次见诸中央文件。1997 年国家经贸委发出了《关于加强国有企业市场营销工作的意见》，可以说是国家经济管理部门日益重视市场营销工作的一个标志。

与此同时，面对我国总体市场特征为供过于求，国外资本又大举进攻中国市场，彻底改变了中国市场竞争的格局，中国企业不得不重新审视以往的营销战略和营销策略，开始进入了理性化营销阶段。如以海尔为代表的家电产品，继价格竞争、服务竞争之后，转向了科学开发为重点的营销战略。

可以说，我国的市场营销学的研究与应用正全面地向纵深发展。

四、市场营销观念的演变

市场营销观念是企业开展市场营销工作的指导思想或者说企业的经营思想。它集中反映了企业以什么态度和思想方法去看待和处理组织（Organization）、顾客（Customer）和社会（Society）三者之间的利益关系。市场营销工作的指导思想正确与否对企业经营的成败兴衰具有决定性的意义。

企业市场营销的指导思想是在一定的社会经济环境下形成的，并随着这种环境的变化而变化。当然，指导思想的变化会促使企业的组织结构以及业务经营程序和方法的调整和改变。一个世纪以来，西方企业的市场营销观念经历了一个漫长的演变过程，可分为：生产观念、产品观念、推销观念、市场营销观念和社会营销观念五种不同的观念。

（一）生产观念

生产观念也称为生产中心论，它是一种原始的经营理念。这种指导思想认为，企业以改进、增加生产为中心，生产什么产品，就销售什么产品。消费者或用户欢迎的是那些买得到而且买得起的产品。因此，企业应组织自身所有资源、集中一切力量提高生产效率和分销效率，扩大生产，降低成本以拓展市场。显然，生产观念是一种重生产、轻市场营销的企业经营思想。

生产观念的产生背景是 20 世纪 20 年代以前，整个西方国家的国民收入还很低，生产落后，许多商品的供应还不能充分满足需要，生产企业在市场中占主导地位的卖方市场状态。

20 世纪初，亨利·福特（Hennery Ford）在开发汽车市场时所创立的"扩大生产、降低价格"的经营思想，就是一种生产观念。福特汽车公司从 1914 年开始生产 T 型汽车，福特将其全部精力与才华都用于改进大规模汽车生产线，使 T 型车的产量达到非常理想的规模，大幅度地降低了成本，使更多的美国人买得起 T 型汽车。他不注重汽车的外观，曾开玩笑地说，福特公司可供应消费者任何颜色的汽车，只要他要的是黑色汽车。这种只求产品价廉而不讲究花色式样的经营方式无疑是生产观念的典型表现。

中国改革开放前，由于产品供不应求，生产观念在企业中盛行，主要表现是生产部门埋头生产，不问市场，商业企业将主要力量集中在抓货源上，工业部门生产什么，商品部门就收购什么，根本不问消费者的需要。

生产观念是一种"以产定销"的经营指导思想，它在以下两种情况下仍显得有效：

（1）市场商品需求超过供给，卖方竞争较弱，买方争购，选择余地不大。

（2）产品成本和售价太高，只要提高效率，降低成本，从而降低售价，才能扩大销路。

正因为如此，时至今日，一些现代公司也时而奉行这种观念，如美国德州仪器公司（Texas Instruments）一个时期以来为扩大市场，就一直尽其全力扩大产量、改进技术以降低成本，然后利用它的低成本优势来降低售价，扩大市场规模。该公司以这种经营思想赢得了美国便携式计算器市场的主要份额。今天的许多日本企业也是把这种市场取向作为重要的经营策略。

但是，在这种经营思想指导下运作的企业也面临一大风险，即过分狭隘地注重自己的生产经营，忽视顾客真正所需要的东西，会使公司面临困境。例如，德州仪器公司在电子表市场也采用这一战略时，便遭到了失败。尽管公司的电子表定价很低，但对顾客并没有多少吸引力。在其不顾一切降低价格的冲动中，该公司忽视了顾客想要的其他一些东西，即不仅要价廉，而且还要物美。

（二）产品观念

产品观念认为，消费者会欢迎质量最优、性能最好、特点最多的产品，因此，企业应把精力集中在创造最优良的产品上，并不断精益求精。

产品观念是在这样的背景下产生的，相比于上一阶段，社会生活水平已有了较大幅度的提高，消费者已不再仅仅满足于产品的基本功能，而是开始追求产品在功能、质量和特点等方面的差异性。因此，如何比其他竞争对手在上述方面为消费者提供更优质的产品就成了企业的当务之急。在产品供给不太紧张或稍微宽裕的情况下，这种观念常常成为一些企业经营的指导思想。在 20 世纪 30 年代以前，不少西方企业广泛奉行这一观念。

传统上我国有不少企业奉行产品理念，"酒好不怕巷子深"、"一招鲜，吃遍天"

等都是产品观念的反映。目前，我国还有很多企业不同程度地奉行产品观念，他们把提高产品功能与质量作为企业首要任务，提出了"企业竞争就是质量竞争"、"质量是企业的生命线"等口号，这无疑有助于推动我国企业产品的升级换代，缩短与国外同类产品的差距，一些企业也由此取得了较好的经济效益。

然而，这种观念也容易导致公司在设计产品时过分相信自己的工程师知道怎样设计和改进产品，他们很少深入市场研究，不了解顾客的需求意愿，不考察竞争者的产品情况。他们假设购买者会喜欢精心制作的产品，能够鉴别产品的质量和功能，并且愿意付出更多的钱来购买质量上乘的产品。正如科特勒所言：某些企业的管理者深深迷恋上了自己的产品，以至于没有意识到其在市场上可能并不那么迎合时尚，甚至市场正朝着不同的方向发展。企业抱怨自己的服装、洗衣机或其他高级家用电器本来是质量最好的，但奇怪的是，市场为何并不欣赏。某一办公室文件柜制造商总是认为他的产品一定好销，因为它们是世界上最好的。他说："这文件柜从四层楼扔下去仍能完好无损。"不过令人遗憾的是，没有人会在购买文件柜后，先把文件柜从四楼扔下去再开始使用。而为了保证这种过分的产品坚固性，必然会增加产品的成本，消费者也不愿意为这些额外又无多大意义的品质付更多的钱。

自 1864 年创立以来，爱尔琴手表公司一直享有全美国最佳手表制造商的声誉。爱尔琴公司一直把重点放在保持其优质产品的形象，并通过由首饰店和百货公司组成的巨大分销网进行推销，销售量持续上升，但是到 1958 年以后，其销售量和市场份额开始走下坡路。是什么原因使得爱尔琴公司的优势地位受到损害呢？

根本原因是，爱尔琴公司的管理当局太醉心于优质而式样陈旧的手表，以至于根本没有注意到手表消费市场上所发生的重大变化。许多消费者对手表必须走时十分精确、必须是名牌、必须保用一辈子的观念正在失去兴趣。他们期望的手表是走时准确、造型优美、价格适中。越来越多的消费者追求方便性（各种自动手表）、耐用性（防水防震手表）和经济性（刻度指针表）。从销售渠道的结构来看，大量的手表通过大众化分销点和折扣商店出售。不少美国人都想避开当地珠宝店的高赢利，而且，在看见便宜表时常会发生冲动性购买。从竞争者这方面说，许多同行都在生产线中增设了低价手表，并开始通过大众化分销渠道出售手表。爱尔琴公司的毛病就出在它把全部注意力都集中在产品身上，而忽视了随时掌握变化着的需求并对此做出相应的反应。

这种产品观念还会引起美国营销学专家西奥多·李维特（Theodore Leavitt）教授所讲的"营销近视症"的现象，即不适当地把注意力放在产品上，而不放在需要上。铁路管理部门认为用户需要的是火车本身，而不是为了解决交通运输，于是忽略了飞机、公共汽车、货车和小汽车日益增长的竞争；计算尺制造商认为工程师需要的是计算尺本身而不是计算能力，以至忽略了袖珍计算器的挑战。

（三）推销观念

这是一种以推销为中心内容的经营指导思想。它强调企业要将主要精力用于抓推销工作，企业只要努力推销，消费者或用户就会更多地购买。这一观念认为，消费者通常表现出一种购买惰性或者抵触心理，故需用好话去劝说他们多买一些，企业可以利用一系列有效的推销和促销工具去刺激他们大量购买。在这种观念指导下，企业十分注重运用推销术和广告术，大量雇用推销人员，向现实和潜在买主大肆兜售产品，以期压倒竞争者，提高市场占有率，取得更多的利润。

推销观念产生于从卖方市场向买方市场转变的时期。从 1920 年到 1945 年，西方国家社会从生产不足开始进入了生产过剩，企业之间的竞争日益激烈。特别是 1929 年所爆发的严重经济危机，大量商品卖不出去，许多工商企业和银行倒闭，大量工人失业，市场萧条。残酷的事实使许多企业家认为即使物美价廉的产品，也未必能卖出去，必须重视和加强商品销售工作。

自从产品供过于求、卖方市场转变为买方市场以后，推销观念就被企业普遍采用，尤其是生产能力过剩和产品大量积压时期，企业常常本能地采纳这种理念。前些年，在我国几乎被奉为成功之路的"全员推销"典型地代表了这种理念。

应当说，推销观念有其合理性的地方，一般而言，消费者购买是有惰性的，尤其是当产品丰富和销售网点健全的情况下，人们已不再需要像战时状态那样储存大量产品，也没有必要担心商品涨价。买商品只求"够用就行"已成为主导性的消费观念，另外，在买方市场条件下，过多的产品追逐过少的消费者也是事实。因此，加强推销工作以扩大本企业的产品信息，劝说消费者选择购买本企业产品，都是非常必要的。

然而，推销观念注重的仍然是企业的产品和利润，不注重市场需求的研究和满足，不注重消费者利益和社会利益。强行推销不仅会引起消费者的反感，而且还可能使消费者在不自愿的情况下购买了不需要的商品，严重损害了消费者利益，这样，反过来又给企业造成不良的后果。正如科特勒教授所指出，感到不满意的顾客不会再次购买该产品，更糟糕的情况是，感到满意的普通顾客仅会告诉其他三个人有关其美好的购物经历，而感到不满意的普通顾客会将其糟糕的经历告诉其他十个人。

（四）市场营销观念

市场营销观念也称为需求中心论，它与推销观念及其他传统的经营思想存在着根本的不同。这一观念认为，实现企业营销目标的关键在于正确地掌握市场的需求，然后调整整体市场营销组织，使公司能比竞争者更有效地满足消费者的需求。这种营销观念的具体表现是顾客需要什么，就卖什么，而不是企业自己能制造什么，就卖什么。

20世纪50年代以后，资本主义发达国家的市场已经变成名副其实的供过于求，卖主间竞争激烈，买主处于主导地位的买方市场。同时，科学技术发展，社会生产力得到了迅速的提高，人们的收入水平和物质文化生活水平也在不断提高，消费者的需求向多样化发展并且变化频繁。在这种背景下，企业意识到传统的经营观念已不能有效地指导新的形势下的企业营销管理工作，于是市场营销观念形成了。

在这种观念的指导下，"顾客至上"、"顾客是上帝"、"顾客永远是正确的"、"爱你的顾客而非产品"、"顾客才是企业的真正主人"等成为企业家的口号和座右铭。营销观念的形成，不仅从形式上，更从本质上改变了企业营销活动的指导原则，使企业经营指导思想从以产定销转变为以销定产，第一次摆正了企业与顾客的位置，所以是市场观念的一次重大革命，其意义可与工业革命相提并论。图1-1表示了营销观念与推销观念的本质区别。

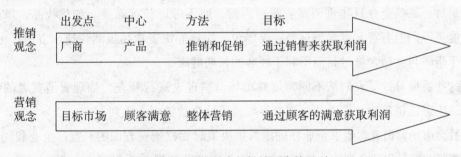

图1-1　营销观念与推销观念的区别

市场营销观念的意义具体可以体现为：

（1）企业的市场营销工作由以生产者为中心转向了以目标市场的顾客需要为中心，促进了"顾客至上"思想的实现。

（2）改变了企业的组织结构，提高了市场营销部门在企业中的地位，建立了以市场营销为中心的新的管理体制。

（3）改变了企业的经营程序和方法，企业的市场营销转化为整体性的营销活动过程，营销管理工作占据了重要的地位。

（4）销售工作由过去的高压或"硬卖"转变为诱导式的"软卖"，通过满足顾客的需求来获取利润。

由于市场营销观念符合"生产是为了消费"的基本原理，既能较好地满足市场需要，同时也提高了企业的环境适应能力和生存发展能力，因而自从被提出后便引起了广泛的注意，为众多企业所追捧，并成为当代市场营销学研究的主体。

（五）社会营销观念

社会营销观念也称为社会中心论，它是用来修正或取代市场营销观念的。这种观念认为：企业的任务是确定目标市场的需要、欲望和利益。并且在保持或增进消费者和社会福利的情况下，比竞争者更有效地满足目标市场消费者的需求。

社会营销观念产生于20世纪70年代。进入20世纪60年代以后，市场营销理念在美国等西方国家受到质疑。

首先，不少企业为了最大限度地获取利润，迎合消费者，采用各种方式扩大生产和经营，而不顾对消费者以及社会整体利益的损害。只顾生产而忽视环境保护，促使环境恶化、资源短缺等问题变得相当突出。如清洁剂工业满足了人们洗涤衣服的需要，但同时却严重污染了江河，大量杀伤鱼类，危及生态平衡。

其次，某些标榜自己奉行市场营销理念的企业以次充好、大搞虚假广告、牟取暴利，损害了消费者的权益。

最后，某些企业只注重消费者眼前需要，而不考虑长远需要。如化妆品，虽然短期内能美容，但有害元素含量过高；汉堡包、炸鸡等快餐食品虽然快捷、方便、可口，但由于脂肪与食糖含量过高而不利于顾客的长期健康。

这些质疑导致了人们从不同角度对市场营销理念进行补充，如理智消费者的营销观念、生态营销观念、人道营销观念等均属于社会营销观念之列。

社会市场营销观念要求企业在确定营销决策时要权衡三方面的利益：企业利润、消费者需要的满足和社会利益。具体来说，社会市场营销观念希望摆正企业、顾客和社会三者之间的利益关系，使企业既发挥特长，在满足消费者需求的基础上获取经济效益，又能符合社会利益，从而使企业具有强大的生命力。许多公司通过采用和实践社会营销观念，已获得了引人注目的销售业绩，如美国的安利、强生等大公司就是其中的例子。

应当说，社会市场营销观念只是市场营销的进一步扩展，在本质上并没有多大的突破。但是，许多企业主动采纳它，主要原因是把它看作为改善企业名声、提升品牌知名度、增加顾客忠诚度、提高企业产品销售额以及增加新闻报道的一个机会。它们认为，随着环境与资源保护、健康意识的深入人心，顾客将逐渐地寻找在提供理性和情感利益上具有良好形象的企业。

技能训练

一、训练内容

在理解相关营销知识的基础上，思考如何塑造自身的核心竞争力，并按照自己制定的核心竞争力目标度过自己的大学生活。

二、训练要求

（1）将班级分成若干组，每组4~6人，选出组长一名，负责本组的组织协调。

（2）每位同学均需针对自己的情况制定核心竞争力目标。

（3）每小组推选一份优秀实训作业，制作成PPT进行专题汇报，作为过程考核的组成部分。

三、相关知识

核心能力是一种不受行业和岗位限制的通用能力，是人们从事任何工作都需要的能力，而且应当是人们各种能力中最主要的能力。具体包括心理适应能力、创新与应变能力、交际与沟通能力、分析与解决问题能力和信息处理能力五项。

拓展阅读

从豆浆到维他奶

一碗豆浆、两根炸油条，是三顿美餐中的第一餐，这是长期以来许多中国人形成的饮食习惯。豆浆，以大豆为原料是豆腐作坊的副食品，在中国已有两千多年的历史。它的形象与可乐、牛奶相比，浑身上下冒着土气。以前，喝它的人也多是老百姓。

但是现在，豆浆在美国、加拿大、澳大利亚等国的超级市场上都能见到，与可乐、七喜、牛奶等国际饮品并列排放，且价高位重，有型有派。当然，它改了名，叫维他奶。

豆浆改名维他奶，是香港一家有50年历史的豆品公司为了将街坊饮品变成一种国际饮品，顺应不断变化的价值观和现代人的生活形态，不断改善其产品形象而特意选择的。"维他"来自拉丁文Vita，英文Vitamin，其意为生命、营养、活力等，而舍"浆"取"奶"，则来自英语Soybean Milk（豆奶，即豆浆）的概念。50年前，香港人的生活不富裕，营养不良，各种疾病很普遍。当时生产维他奶的用意，就是要为营养不良的人们提供一种既便宜又有营养价值的牛奶代用品——一种穷人的牛奶。在以后的20年中，一直到20世纪70年代初期，维他奶都是以普通大众的营养饮品这个面貌出现的，是一个廉价饮品的形象。

可是到了20世纪70年代，香港人的生活水平大大提高，营养对一般人来说并不缺乏，人们反而担心营养过多的问题。如果此时还标榜"穷人的牛奶"，那么喝了不就掉价了吗？难怪豆品公司的职员发现，在马路边汽水摊前，喝汽水特别是外国汽水的人喝起来"大模大样",显得十分"有派",而喝维他奶的人,就大多站在一旁遮遮掩掩,唯恐人家看到似的,因而,豆品公司的业务陷入低潮。

20世纪70年代中期,豆品公司试图把维他奶树立为年轻人消费品的形象,使它能像其他汽水一样,与年轻人多姿多彩的生活息息相关。这时期的广告便摒除了"解渴、营养、充饥"或"令你更高、更强、更健美"等字眼,而以"岂止像汽水那么简单"为代表。1983年,又推出了一个电视广告,背景为现代化城市,一群年轻人拿着维他奶随着明快的音乐跳舞,可以说,这时期维他奶是一种"消闲饮品"的形象。

然而,到了20世纪80年代,香港的年轻人对维他奶怎么喝也喝不出"派"来了,于是,从1988年开始的广告便重点突出它亲切、温情的一面。对于很多香港人来说,维他奶是个人成长过程的一个组成部分,大多数人对维他奶有一种特殊的亲切感和认同感,它是香港本土文化的一个组成部分,是香港饮食文化的代表作,维他奶对香港人如同可口可乐对美国人一样。由此,维他奶又开始树立一个"经典饮品"的形象。

在同一时期,维他奶开始进入国际市场。这一时期,太多的脂肪成了美国等国公民的一大问题。在美国,维他奶标榜高档"天然饮品"。所谓天然饮品,就是没有加入人工的成分,如色素和添加剂等,可以使消费者避免吸收太多的脂肪,特别是动物脂肪。标榜天然饮品,当然受美国人的欢迎。于是便出现了这样历史性的趣事:维他奶创始之初,标榜穷人的牛奶,强调它与牛奶的相似之处,并且价格比牛奶要低;今天在美国市场,维他奶强调的是与牛奶不同的地方(维他奶具有牛奶所有的养分,而没有牛奶那么多的动物脂肪),其价格也比牛奶高。

思考:

1. 为什么豆浆更名维他奶后能长期占领市场?

2. 香港豆品公司是如何根据时代变迁调整经营策略的?对你有何启发?

3. 举例说明怀旧情绪对营销活动的影响。

任务二　感知物流服务

任务描述

一瓶洗发水的旅程

从超市的货架上随手取下一瓶洗发水,你能想到这瓶洗发水从走下流水线那一刻起,到你拿到手中为止,中间究竟被多少辆卡车运转到多少个物流配送中心?历经多少道批发商以及多少人的手才被送上货柜？它要经过多少道工序才变成你看到的样子？更重要的是，需要怎样做才能够更经济地将这瓶洗发水送到零售店里去？

任务目标 ◆▶

通过任务分析，使学生熟悉物流服务的诸要素及其特性。

相关知识 ◆▶

一、物流与物流企业

（一）物流

物流一词最早出现于美国，与市场营销几乎同步，市场营销中的一个重要内容就是实体配送（Physical Distribution），即销售过程中的物流。第二次世界大战中，美国军队围绕战争建立了后勤（Logistics）理论。其含义是指战时物资生产、采购、运输、配给等活动作为一个整体进行统一布置，以求战略物资补给的费用更低，速度更快，服务更好。这时的后勤包括了生产过程和流通过程的物流，其后，物流这一概念被应用于经济领域，现在欧美国家把物流称作 Logistics，包含了生产领域的原材料采购，生产过程中的物料搬运与厂内物流和流通过程中的物流和销售流。日本 1964 年开始使用 Logistics 概念，按照美国的简称叫作"P·D"，后又在政府文件中正式采用"物的流通"这个术语。

我国于 1979 年引用和使用"物流"术语以来，也逐渐开始掀起了物流热，物流的发展进一步与全球市场经济接轨。我国国家标准物流术语将物流定义为：物流是指物品从供应地向接受地的实体流通的过程，根据实际需要，将运输、储存、装卸、搬运、包装、流通加工、配送、信息处理等基本功能实现有机结合。

关于解释"物流"的概念，有几个基本要点：

①物流是物品实体由供应地向接受地的流动；

②物流包括运输、储存、包装、装卸、流通加工以及与之相关的信息活动；

③物流是生产领域与流通领域所发生的一切有关的物料流，在供应、生产、流通方面通过商流和物流实现商品所有权转移，空间转移和时间转移，是一种经济活动；

④物流随着网络信息技术的发展不断扩大范围，所有相关企业在利益相关的供应链上形成物流的利益整体。

（二）物流企业

1. 物流企业的概念

国家质检总局、国家标准化管理委员会公布了《物流企业分类与评估指针》的推荐性国家标准。该标准对物流企业做出了新的定义：即"至少从事运输（含运输代理、货物快递）或仓储的一种经营业务，并能够按照客户物流需求对运输、储存、装卸、包装、流通加工、配送等基本功能进行组织和管理，具有与自身业务相适应的信息管理系统，实行独立核算、独立承担民事责任的经济组织，非法人物流经济组织可比照适用"。

现代物流企业能够提供组织社会资源、商品供应、运输、储存、装卸、搬运、包装、流通加工、物流信息处理等基本服务，甚至还能进行需求预测、物流系统设计咨询、物流结算、物流教育培训等方面的工作。

2. 物流企业的类型

划分物流企业的方法有多种，如果按照物流服务业务的范围的大小划分和所承担的物流功能划分，可以将其划分为以下五种类型的物流企业：

（1）综合型物流企业

综合型物流企业往往是全国或世界规模的，它能对应货主企业的全球化经营从事国际物流，这种企业往往根据自身的实力对货主是一站托运、全程服务。如中远集团（COSCO）就将自己定位于全球综合物流服务商，为客户提供全方位的服务，并针对目标市场推出了"一站服务"、"绿色服务"，做到让"货物始终掌握在顾客手中"。又如中国物资储运公司形成了以铁路、公路、水路、航空多式联运为纽带，以计算机联网管理为手段，以仓储配送、代理分销、国际货贷、综合配套等全天候、全方位、全过程服务为内容的多维立体服务体系，并根据社会需求的变化，开展物流延伸服务。

综合型物流企业应同时符合以下要求：①从事多种物流服务业务，可以为客户提供运输、货运代理、仓储、配送等多种物流服务，具备一定规模；②根据客户的需求，为客户制定整合物流资源的运作方案，为客户提供契约性的综合物流服务；③按照业务要求，企业自有或租用必要的运输设备、仓储设施及设备；④企业具有一定运营范围的货物集散、分拨网络；⑤企业配有专门的机构和人员，建立了完备的客户服务体系，能及时、有效地提供客户服务；⑥具备网络化信息服务功能，应用信息系统对物流服务全过程进行状态查询和监控。

（2）机能整合型物流企业

机能整合型物流企业是以对象货物为中心，导入系统化的物流，通过货物分拣，追踪提供输送服务。这种物流企业能自身承担从集货到配送等物流活动，可以高度实现机能组合，由于企业服务的是特定的货物，所以其服务的范围受到限制。如中铁快运有限公司（CRE），全国共有 162 个城市开办该公司的快运业务，依靠铁路网络广、运量大、连锁店的经营模式，同时办理铁空、铁海联运，提供门到门的货物特快专递服务。

（3）运输代理型物流企业

这类企业机能综合度低，但服务范围广，通常自身不拥有货运手段，而是以综合运用铁路、航空、船舶运输、汽车运输等各种手段，开展货物混载代理业务。目前正向第三方物流发展。运输型企业应同时符合以下要求：①以从事货物运输业务为主，包括货物快递服务或运输代理服务，具备一定规模；②可以提供门到门运输、门到站运输、站到门运输等服务和其他物流服务；③企业自有一定数量的运输设备；④具备网络化信息服务功能，应用信息系统可对运输货物进行状态查询、监控。

（4）仓储型物流企业

仓储型物流企业应同时符合以下要求：①以从事仓储业务为主，为客户提供货物储存、保管、中转等仓储服务，具备一定规模；②企业能为客户提供配送服务以及商品经销、流通加工等其他服务；③企业自有一定规模的仓储设施、设备，自有或租用必要的货运车辆；④具备网络化信息服务功能，应用信息系统可对货物进行状态查询、监控。

（5）缝隙型物流企业

这类企业表现为机能整合度低，物流服务较窄，它主要向局部市场的特定顾客提供物流服务。这类企业通常开展一些见缝插针的物流服务。如一些小的搬家公司、仓储公司、汽车运输公司等。

二、物流企业的服务内容与方式

（一）物流企业的服务内容

1. 以客户为核心的物流服务

以客户为核心的增值服务，包括向买卖双方提供利用第三方专业人员来配送产品的各种可供选择的方式。处理客户向制造商的订货、直接送货到商店或客户家中，以及按照零售店货架储备所需的明细货品规格持续提供递送服务。这类专门化的增值服务可以被有效地用来支持新产品的引入，以及基于当地市场的季节性配送。

2. 以促销为核心的物流服务

以促销为核心的增值服务，涉及独特的销售点和展销人员的配置，以及旨在刺激销售的其他范围很广的各种服务。销售点展销可以包含来自不同供应商的多种产品，组成一个多节点的展销单元，以便于适合特定的零售商店。在有选择的情况下，以促销为核心的增值服务还对储备产品的样品提供特别介绍，甚至进行直接邮寄促销。许多以促销为核心的增值服务包括了销售点广告宣传和促销材料的物流支持等。

3. 以制造为核心的物流服务

以制造为核心的增值服务，是通过独特的产品分类和递送来支持制造活动的。既然每一位客户的实际设施和制造装配都是独特的，那么，从理想上来说，递送和引入内向流动的材料和部件应进行客户定制化。以制造为核心的服务，与其说是在预测基础上生产独特的产品，还不如说是对基本产品进行了修正，以适应特定的客户需求，其结果改善了服务。

4. 以时间为核心的物流服务

以时间为核心的增值服务，涉及使用专业人员在递送以前对存货进行分类、组合排序，主要采用准时化形式来最大限度地满足物流服务对象的各种时间需要。以时间为核心的服务，就是排除不必要的仓库设施和重复劳动，以期最大限度地提高服务速度。

（二）物流服务的方式

物流企业依其服务对象、服务区域、服务功能等的不同，物流服务的方式也多种多样。

1. 签订长期合作伙伴协议

从部分区域、业务或产品入手，逐步为客户提供全方位的物流服务。这是最为普遍的服务方式，如 MENLO 物流公司与 IBM 的合作，就经历了从对美国中央物流中心的运输服务，到增加中央物流中心的管理服务，再到增加对欧洲市场的物流服务，最后到提供全球一体化物流服务、建立长期合作伙伴关系。

2. 系统接管

全盘买进客户的物流系统，接管并拥有车辆、场站、设备和接受原公司员工。接管后，系统可以仍单为此企业服务或与其他公司共享以改进利用率并分享管理成本。这种形式主要出现在传统大型企业的物流外包中，如 USCO 物流公司系统接管北方电讯（NORTEL）卡尔加里物流中心。

3. 合资

客户保留配送设施的部分产权，并在物流作业中保持参与。对客户而言，与第三方物流的合资提供了注入资本和专业知识的途径，同时又保持了对物流过程的有效控制。这种形式在汽车、电子等高附加值行业较为普遍，如 RYDER 物流公司与通用汽车（GM）的合作。

4. 签订管理型合同

对希望自己拥有物流设施（资产）的客户提供物流管理服务。这种形式在商业企业的物流服务中比较常见，如以为日用消费品零售业提供物流服务为特色的英国

TIBBET&BRITTAN 物流公司就擅长提供物流管理服务。

三、服务与物流服务

服务是个人或社会组织为消费者直接或凭借某种工具、设备、设施和媒体等所做的工作或进行的一种经济活动,是向消费者个人或企业提供的,旨在满足对方某种特定需求的一种活动和好处,其生产可能与物质产品有关,也可能无关,是对其他经济单位的个人、商品或服务增加价值,并主要以活动形式表现的使用价值或效用。

1. 服务的无形性

服务是无形的。服务不像商品,在购买之前购买者是无法感受到服务诸如视、听、闻、尝、触等方面的物理特征。因此从本质上讲,服务提供商请顾客购买的是一种承诺。

2. 服务不可分性

服务提供商与服务的消费者是密不可分的。服务产品不同于其他商品,它需要买卖双方在服务产品的开发和分销中相互合作。而消费者对服务提供商的感知会转变成消费者对服务本身的感知。服务的不可分割性。服务组织如银行在提供存款、贷款、租赁融资、信用卡业务、转账业务等服务时,客户参与到营销的整个过程中。银行的服务提供与顾客的服务需求、服务消费是同时进行的,不存在准备的过程。服务提供的即时性与顾客需求的差异性对银行营销者的服务应变能力提出挑战。

3. 服务的易消失性

服务的易消失性就在于服务是一种行为,不能像有形物品一样贮存起来,以供今后销售或者使用。必要的场所、设备和人员可以事先准备好以创造服务,但这些仅代表服务能力,而不是服务本身。当需求稳定时,服务的易消失性还不成问题;一旦需求发生剧烈变动时,服务的能力是否能够满足实际就无法掌控。在某些服务需求的高发期,就必须提供足够的场地、检查设备和服务人员,否则容易招致客户的不满;而在平常,如果服务能力出现大量过剩,就会造成成本升高、产生浪费。因此,必须找到平衡供求的方法,以适应变化的市场需求。比如婚庆服务,有时候新人都是扎堆结婚,这对婚庆公司的服务能力是一种考验,因为并不是每天都有很多人结婚,往往都有淡旺季,这就是一些服务行业的易消失性。关键还是在于提供服务的组织在资源方面的合理安排。

4. 服务的差异性

服务质量差别很大。由于企业很难对服务进行标准化,所以服务质量也会差别很大。服务价格变化很大。由于服务提供商无法维持服务性存货,因此,在需求旺盛时,服务价格会上升,反之,其价格也会急速下滑。

5. 缺乏所有权

在服务的生产与消费过程中,不涉及任何所有权的转移。服务在交易完成后便消失了,消费者并没有实质性地拥有服务。缺乏所有权会使消费者在购买服务的时候感受到较大的风险；现在有的服务行业采用了"会员制度"以维系市场和客户的关系。当客户成为会员后，会享受某种特殊的优惠，让他们从心理上感受到确实拥有市场所提供的服务。

关于现代服务业，使用较多的一种定义是："现代服务业是伴随着信息技术和知识经济的发展产生，用现代化的新技术、新业态和新服务方式改造传统服务业，创造需求，引导消费，向社会提供高附加值、高层次、知识型的生产服务和生活服务的服务业。"它有别于商贸、住宿、餐饮、仓储、交通运输等传统服务业，以金融保险业、信息传输和计算机软件业、租赁和商务服务业、科研技术服务和地质勘察业、文化体育和娱乐业、房地产业及居民社区服务业等为代表。

在全球经济化大潮的推动下，在物流市场逐步成熟的时候，物流服务将在市场体系中取得独立的产生地位，并逐步细分为不同的物流行业体系。这个体系包括：食品物流服务业（其中包括冷藏食品物流业、生鲜食品物流业、包装食品物流业等）；汽车物流服务业（其中包括零部件供应物流业、整车配送物流业等）；化工物流服务业（其中分为液体化工产品物流业和气体化工产品物流业）；石油产品物流服务业（其中分为原油物流业和成品油物流业等）；钢铁物流服务业；矿产物流服务业；危险品物流服务业；设备物流服务业；药品物流服务业；IT物流服务业；服装物流服务业；粮食物流服务业；花卉物流服务业；废弃资源物流服务业；物流信息服务业；物流装备服务业；物流咨询服务业等。物流服务相较于其他服务具有以下特征：

1. 从属性

由于货主企业的物流需求是以商流为基础，伴随商流而产生、发展，因此，物流服务必须从属于货主企业物流系统，表现在流通货物的种类、流通时间、流通方式、提货配送方式都是由货主选择决定，物流企业只是按照货主的需求，提供相应的物流服务。

2. 即时性

物流服务是属于非物质形态的劳动，它生产的不是有形的产品，而是一种伴随销售和消费同时发生的即时服务。

3. 移动性和分散性

物流服务是以分布广泛、大多数是不固定的客户为对象，所以，具有移动性以及面广、分散的特性，它的移动性和分散性会使产业局部的供需不平衡，也会给经营管理带来一定的难度。

4. 需求波动性

由于物流服务是以数量多而又不固定的顾客为对象，它们的需求在方式上和数量上是多变的，有较强的波动性，为此容易造成供需失衡，成为在经营上劳动效率低、费用高的重要原因。

5. 可替代性

物流服务的可替代性主要表现在两个方面：①站在物流活动承担主体的角度看，产生于工商企业生产经营的物流需求，既可以由工商企业自身采用自营运输、自营保管等自营物流的形式来完成，也可以委托给专业的物流服务供应商，即采用社会化物流的方式来完成。因此，对于专业物流企业，不仅有来自行业内部的竞争，也有来自货主企业的竞争。如果物流行业整体水平还难以满足货主企业的需求，则意味着物流企业会失去一部分市场。反过来说，物流行业的服务水准难以达到货主要求的情况下，货主企业就会以自营物流的形式拒绝物流企业的服务，物流企业的市场空间的扩展就会面临困难。②站在物流企业提供的服务品种角度看，由于存在着公路、铁路、船舶、航空等多种运输方式，货主可以在对服务的成本和质量等各种相关因素权衡之后，自主选择运输形式。因此，不同运输手段便会产生竞争。物流企业的竞争不仅会来自同业种内的不同企业，还会来自不同业种的其他企业。物流服务的可替代性，对于货主企业来说增加了物流服务实现形式的选择，但对物流企业来说，特别是运输企业来说，就增加了经营难度。

技能训练

一、训练内容

分析物流产品的形式，掌握其特殊性。

二、训练要求

（1）将班级分成若干组，每组4~6人，由各小组组长进行成员分工，通过网络或书刊查阅相关资料。

（2）要求小组成员均参与其中，分工明确，各负其责，各人要有完整的工作记录。

（3）各小组将收集的资料制作成课件，要求课件中包括对物流产品的分类，并描述其特殊性，按时交给指导教师审核。

拓展阅读

联邦快递

每月两次，总有许多世界各地商业人士愿付250美元、花几个小时去参观联邦快递公司的营业中心。目的是为了亲身体会一下这个巨人如何在短短20多年间从零开始，发展为拥有100亿美元、占据大量市场份额的行业领袖。

以下是联邦快递之所以能取得史无前例成就的一些管理原则：

1. 倾心尽力为员工

公司创始人、主席兼行政总监 Fred Smith（弗雷德）创建的扁平式管理结构，不仅得以向员工授权赋能，而且扩大了员工的职责范围。

与很多公司不同的是，联邦快递的员工敢于向管理层提出质疑。他们可以求助于公司的 Guaranteed Fair Treatment Procedure（保证公平待遇程序），以处理跟经理有不能解决的争执。

公司还耗资数百万美元建立了一个 FXTV（联邦快递电视网络），使世界各地的管理层和员工可建立即时联系。它充分体现了公司快速、坦诚、全面、交互式的交流方式。

2. 倾情投入

20 世纪 90 年代初，联邦快递准备建立一个服务亚洲的超级中心站，负责亚太地区的副总裁麦卡提（Joe McCarty）在苏比克湾（Subic）找到了一个很好的选址。但日本怕联邦快递在亚洲的存在会影响到它自己的运输业，不让联邦快递通过苏比克湾服务日本市场。

在联邦快递公司，这不是麦卡提自己的问题，必须跨越部门界限协同解决。联邦快递在美国的主要法律顾问马斯特逊（Ken Masterson）和政府事务副总裁多约尔（Doyle Cloud）联手，获得政府支持。与此同时，在麦卡提的带领下，联邦快递在日本发起了一场大胆而又广泛的公关活动。这次行动十分成功，使日本人接受了联邦快递连接苏比克湾与日本的计划。

3. 奖励至关重要

联邦快递经常让员工和客户对工作做评估，以便恰当表彰员工的卓越业绩。其中几种比较主要的奖励有：

Bravo Zulu：奖励超出标准的卓越表现。

Finders Keepers：给每日与客户接触、给公司带来新客户的员工以额外奖金。

Best Practice Pays：给员工的贡献超出公司目标的团队以一笔现金。

Golden Falcon Awards：奖给客户和公司管理层提名表彰的员工。

The Star/Superstar Awards：这是公司的最佳工作表现奖，相当于受奖人薪水 2% ~ 3% 的支票。

4. 融合多元文化

联邦快递有自己的大文化，同时也有各种局域文化。在超级中心站，它的文化在于其时间观念；而在软件开发实验室和后勤服务部门，它的文化则在于创新和创意；在一线现场，它强调的是顾客满意的企业文化。

负责美国和加拿大业务的高级副总裁 Mary Alice Taylor 指出：我们的文化之所以有效，是因为它与我们的宗旨紧密相连，即提供优秀品质服务顾客。

任务三　物流服务营销知识认知

任务描述

亨利·福特的梦想

亨利·福特一直有一个梦想，就是要成为一个完全自给自足的行业巨头。于是，除了庞大的汽车制造，他还在底特律建造了内陆港口和错综复杂的铁路、公路网络。为了确保原材料供给，福特还投资了煤矿、铁矿、森林、玻璃厂，甚至买地种植制造油漆的大豆。他还在巴西购买了250万英亩的土地，建起了一座橡胶种植园，以满足他的汽车王国对橡胶的巨大需求。此外，他还想投资于铁路、运货卡车、内河运输和远洋运输，这样整个原材料供应、制造、运输、销售等都纳入他所控制的范围。这是他要建立世界上第一个垂直一体化公司辛迪加计划的一部分，本来还有很多很多。但日久天长，福特发现独立于自己控制之外的专业化公司不仅能够完成最基本的工作，有些工作甚至要比福特公司自己的官僚机构干得更好。随着政治、经济环境的不断变化，福特公司的金融资源都被转移去开发和维持自己的核心能力——汽车制造，销售、运输等制造之外的工作都交给独立的专业化公司去做。福特在此方面的转变表明，在社会分工日益专业化的现代经济中，没有哪一家厂商能够完全做到自给自足，只有将企业有限的资源投入到加强自身核心竞争力上，才能够成为赢家。

请为福特公司的汽车设计简单的物流服务方案。

任务目标

通过任务分析，使学生明白企业物流服务营销的主要内容及特点，能够进行简单的物流服务设计。

相关知识

一、服务营销概述

服务营销是在市场营销学的基础上发展起来的，既借鉴了市场营销学的基本理论和方法，又以服务领域作为自己的研究和应用方向，是服务企业的市场营销。服务营

销具有以下特性:

1. 供求分散性

服务营销所提供的服务产品其供求具有分散性。其供方不仅覆盖了第三产业的各个部门和行业,企业提供的服务也广泛分散,而且需方更是涉及各种各类企业、社会团体和千家万户不同类型的消费者。服务供求的分散性,要求服务网点要广泛而分散,尽可能地接近消费者。

2. 营销方式单一性

有形产品的营销方式有经销、代理和直销多种营销方式。有形产品在市场可以多次转手,经批发、零售多个环节才使产品到达消费者手中。服务营销则由于生产与消费的统一性,决定其只能采取直销方式。服务营销方式的单一性、直接性,在一定程度上限制了服务市场规模的扩大,也限制了在更多市场上出售自己的服务产品,这给服务产品的推销带来了困难。

3. 营销对象复杂多变

服务营销的产品购买方是多元的、广泛的、复杂的。购买服务的消费者的购买动机和目的各异,某一服务营销的产品需求者可能是各类单位组织或个体,同时需求的目的性也存在差异。

4. 服务营销的需求弹性大

服务营销的需求属继发性需求,需求者会因各自所处的社会环境和各自具备的条件不同而形成极大的需求差异。同时,服务需求受外界条件影响大,如季节的变化、气候的变化、科技发展的日新月异等,都会对信息服务、环保服务、旅游服务、航运服务的需求造成重大影响。需求的弹性是服务业经营者最棘手的问题。

5. 服务人员的技术、技能、技艺要求高

服务者的技术、技能、技艺直接关系着服务质量。消费者对各种服务产品的质量要求也就是对服务人员的技术、技能、技艺的要求。服务者的服务质量不可能有唯一的、统一的衡量标准,而只能有相对的标准和凭购买者的感觉体会。

二、物流服务营销的含义

(一) 物流服务营销的概念

物流服务营销是指物流企业以物流市场需要为核心,通过采取整体物流营销行为,以提供物流产品和服务来满足顾客的需要和欲望,从而实现物流企业利益目标的过程。

(二) 物流服务营销的作用

1. 进行市场细分,实行差别化经营

　　在长期的大众营销阶段，建立在规模经济基础上的大量生产、大量销售，消费显现出单一、大众化的特征，物流也只是从属于生产和消费，只是企业经营活动的附属职能。但目前进入细分市场经营阶段，市场需求多样化、分散化，物流市场也显得差异性大，个性化强，只有实行差别化经营，才能求得生存和发展，而差别化经营战略中的主要内容之一就是顾客服务上的差异，物流服务的差别化营销是重要的方式和途径。

　　2. 物流服务营销的服务水平对企业经营绩效具有重大影响

　　物流服务营销随市场机制和价格机制的变化而变化，通过供求关系决定物流服务的价值成本。物流企业是一个营利性的经济组织，它的服务供给不是无限制的，否则，过高的物流服务必然损害经济绩效，不利于企业收益的稳定，制定合理或符合企业预期的服务标准是企业战略的重要内容，特别是一些例如紧急运输，要考虑成本的适当化及各流通主体相互分担问题。

　　3. 物流服务是有效连接供应商、厂商和批发商的桥梁

　　随着现代经济全球化、网络化的发展，现代企业的经营、竞争是一种网络间的竞争，竞争的优势也是一种网络优势。因此，企业经营的构造是当今竞争战略的主要内容，而物流服务的方式则有效地连接了供应商、厂商、批发商和零售商的关系，有效地推动了商品从生产到消费全过程的顺利流动，它自身特有的系统设施（POS、EOS、VAN）不断将商品销售、在库等重要信息反馈给流通中的所有企业，并通过知识、诀窍等经营资源的蓄积，使整个流通过程不断地协调对应市场变化，进而创造出一种超单个企业的供应链价值。

　　4. 物流营销管理是物流企业的核心职能

　　在市场经济条件下，市场需求引导企业行为，物流市场营销部门作为联结企业与市场的主要部门，相对于企业的其他职能部门而言，有重要的独特作用，物流市场营销部门通过进行市场调查、方案评估、产品开发与设计、营销网点与渠道选择、广告宣传与公共关系、客户咨询与关系管理、信息处理等为物流企业适应环境变化、抓住市场机会、赢得竞争优势，扩大市场占有率，发挥着重要作用。

（三）物流服务营销的原则

　　1. 讲究规模，讲究效益

　　物流企业首先确定客户的物流需求具有一定规模时，才为其设计特色的物流服务，这样才能产生效益。

　　2. 重合作，讲究优势

　　现代物流要求在更大范围内进行资源合理配置，物流企业本身并不一定必须拥有完成物流的所有功能，在做好核心物流业务的同时可将其他业务打包。因此，必须与

其他物流企业建立友好合作关系。"团结就是力量"，当一个团队拧成一股绳的时候，它可以完成"不可能完成的任务"；当一个行业拧成一股绳的时候，它可以刮起令人瞩目的飓风；当一个民族拧成一股绳的时候，它可以永远保持战斗力持续前进。

中国的物流尤其需要"团结"。当前的国内物流发展呈现出明显部门化、区域化特征，相互间协调性差，资源严重浪费，企业物流活动很难达到必需的经济规模和预期的投资回报。讲区域物流、讲物流联盟，讲战略合作都是基于整合资源、团结力量、优势互补、创造效益为出发点。政府的组织引导也成为促进"团结"的推动力。中央提出的区域经济发展新战略，首次将东、中、西部和东北地区作为一个整体，完整地阐述了四大区域的战略布局。珠江三角洲跨区域经济合作机制的启动，体现了区域经济一体化发展的战略要求。

值得庆幸的是，我们的物流企业已经越来越意识到这一点，无论是在线路、业务、销售、管理、人才、技术、资本等各方面，不同程度的合作已经渗透到企业经营中了。而参与国际物流业务拓展和参与国际物流合作既是考验企业的实力，更是考验"团结"的时候。

3. 注重回报，讲究双赢

物流企业在为顾客提供服务时，既要满足顾客需要，又要取得应有的回报，实现企业与顾客的双赢。一方面，取得回报是物流企业生存和发展的物质条件，市场营销的真正价值在于为企业带来短期或长期的收入和利润；另一方面，物流企业在营销活动中要回报顾客，要满足顾客的物流需求，为顾客提供价值回报是维持市场关系的必要条件。

三、物流服务营销的内容和特征

（一）物流服务营销活动的主要内容

1. 物流环境分析与物流市场调研

物流营销环境是一个层次多样的环境，这些环境既包括了宏观的政治环境、法律环境、社会文化环境、技术环境，也包括了行业竞争者、企业内部各部门、金融服务机构以及其他各种营销中介等的微观环境。物流服务营销总是受到各种各样环境因素的影响，环境的变化会直接影响物流营销格局的变化、竞争优势的变化，研究环境是为了使物流企业更好地适应环境的变化。物流企业要想在真正的目标市场上进行有效的服务，就是要做好市场调研，准确掌握市场需求状况和顾客行为多样化的需求以及对竞争对手进行深入细致的分析。

2. 物流市场细分、目标市场营销与市场定位

从物流营销的角度看，市场表现为消费需求的总和，顾客成千上万，分布十分广泛，需求千差万别。物流市场的范围很大，无论实力多么雄厚的物流企业都不可能承揽所有的业务，不可能满足各个方面的有差异的市场需求。所以必须进行市场细分，根据自身的条件确定为之服务的目标市场，做好准确的市场定位，提供有效的服务。这是物流营销战略的重要内容和基本出发点。例如一个具体的物流企业可以将市场划分为家电类、日用化妆品类、纺织服装类、食品衣药类等，选取其中某类作为目标市场，集中人力、财力、物力资源搞好物流市场营销服务。

3. 市场营销组合

物流市场是一个整体营销活动，物流企业要根据市场变化，使用营销组合，将产品策略、渠道策略、促销策略、服务策略等进行有机组合，顺利完成营销服务项目，为顾客提供满意的服务。

物流市场营销组合，也处在不断完善和发展的过程中，与有形产品以及其他服务产品等营销不同，物流市场营销组合具有自身的特点，主要实行的是以"4C"营销理论为基础的物流企业的营销组合策略，即市场营销的变量正在传统的"4P"基础上增加围绕顾客的"4C"。

（1）Customers' Need Wants（客户需求和要求）基于 Product（产品的服务）。

（2）Cost to Customer（客户购买产品的代价）基于 Price（价格）。

（3）Convenience（方便程度）基于 Place（地点、产品的销售和运输渠道）。

（4）Communication（与顾客的交流）基于 Promotion（促销、媒体宣传和客户联系）。

物流企业的市场营销组合策略，必须围绕它对市场变量的认识来进行设计，无疑基于"4P +4C"的市场营销策略，将从客户端入手，即从客户定位与客户的需求出发来制定。

4. 物流客户服务与关系管理

物流市场营销，是提供服务的营销。为顾客提供产品和服务，是满足客户需求所进行的一项特殊、典型的服务。计算机和信息技术在物流客户服务的应用，使企业可以用电子数据交换（EDI）技术，在订单处理、产品跟踪、客户反映等许多领域与客户加强联系，实现满意度高的优质服务。

客户关系管理（CRN）是物流营销活动的核心工作，是衡量物流营销系统为顾客服务的尺度，直接影响到企业的市场份额和物流总成本，因此，在物流企业的运作中，客户关系管理是至关重要的环节，主要内容有客户识别与管理、服务人员的管理、市场行为管理与伙伴关系管理。

（二）物流服务营销的特点

在市场经济条件下，物流企业是一种独特的服务性经济组织，它为顾客提供物流服务，与一般的工商企业市场营销相比，物流市场营销具有以下特点：

1. 提供服务产品，物流服务的质量由顾客感受决定

物流企业主要为客户提供产品在时间、空间的位置移动和形状、性质变动的信息流动过程的效用及实现价值最大化，因而它提供的不是有形产品，而是一种特殊的服务产品，它的无形性使得顾客难以触摸予以评判，是与顾客的感受有很大关系，需要通过如场所气氛、人员素质、价格水平、设备的先进程度和强大的供应链整合能力等反映服务能力的信息让顾客感受，以此决定物流的服务质量。

2. 物流服务营销的对象广泛，市场差异程度大

物流活动的全球化使其变化更加复杂，工商企业为了将资源集中在自己的核心业务上，往往将其他核心业务外包。目前物流外包已成为国际潮流，一些政府、非营利性组织等也日益成为物流企业的服务对象。这些急剧上升的物流外包为物流企业提供了广阔的市场和服务对象，涉及各行各业，顾客非常广泛，也导致了市场的差异性。物流企业面对这个个性化很强的市场，就必须根据目标市场客户企业的特点为其量身定制一套高效合理的物流方案。

3. 强大的服务营销能力

随着物流市场个性化需求越来越突出，要求物流企业必须具有强大的营销能力与之相适应。一个成功的物流企业，必须具备较大的运营规模，建立有效的地区覆盖，具有强大的指挥和控制中心，兼备高水平的综合技术、财务资源和营销策略。

四、物流服务营销规划

物流市场营销规划包括：明确企业目标、制定任务书、进行营销评审、开展 SWOT 分析、辨别营销成功要素的关键假定条件、设立营销目标和营销策略、评估预期成果、确认备选计划和可选组合、制定营销方案、监督、控制和评估。

（一）明确企业目标

任何物流企业都有自己的目标，对企业目标的描述既可以是定性的，也可以是定量的。如利润到 2015 年翻两番，市场份额到 2015 年达到 25%。

企业目标必须符合以下要求：

1. 目标应明确而具体

制定目标是为了实现它，因而要求目标订的准确，即要求概念必须明确，目标的表达应当是单一的，并使执行者能够明确地领会含义。

2. 层次化

显示出哪些目标是主要的，哪些是派生的。如果营销目标是增加利润，可分解成为增加运营收入和降低成本两个方面，而增加运营收入又可以分解为通过提高原有市

场占有率和开拓新的市场来进行等。

3. 数量化

就是要给目标规定出明确的数量界限。有些目标本身就是数量指标，例如产值、产量、利润等。在订立目标时要明确规定是增加多少，而不要用大幅度或者比较显著之类的词。

4. 现实性

应当根据对市场机会和资源条件的调查研究和分析来规定适当的目标水平。

5. 协调一致性

在决策过程中，目标往往不止一个，多个目标之间既有协调一致的时候，也有发生矛盾的时候，应对这些目标进行协调。

6. 规定目标的约束条件

目标可以分为有条件目标和无条件目标两种：不附加任何条件的决策目标称为无条件目标；凡给目标增加一定条件者称为有条件目标，而所附加的条件则称为约束条件。约束条件一般分为两类：一类是指客观存在的限制条件，如一定的人力、物力、财力条件；另一类是附加一定的主观要求，例如目标的期望，以及不能违反国家的政策、法令等。

7. 目标要有时间要求

目标中必须包括实现目标的期限，虽然将来在执行过程中有可能会因情况变化而对实现期限作一定修改，但确定目标时必须把预定完成期限规定出来。

（二）制定任务书

物流企业基本任务的内容包括本企业的经营业务是什么、本企业的客户是谁、本企业应如何去满足客户的需求——即经济学上的生产什么、为谁生产、怎样生产。一般任务书的9个组成部分，即顾客、产品和服务、位置、技术、关心生存、哲学、自我意识、关心公众形象、关心职工。确定物流市场营销任务需考虑：企业过去历史的突出特征、企业最高决策层的意图、企业周围环境的发展变化、企业的资源情况、企业的核心竞争力。

（三）进行营销评审

营销评审是指有选择地收集数据以评估物流企业现状和影响该企业发展的内外部因素，包括环境评审、市场评审、竞争评审和内部评审。

1. 环境评审

环境评审主要表现为对企业外部所有因素如政治、法律、经济、技术、文化、自然等因素的审核，以便发现营销机会和威胁。

2. 市场评审

市场评审包括审核市场规模、市场增长速度、市场需要、顾客购买行为以及中间商。

3. 竞争评审

竞争评审主要分析企业的主要竞争对手是谁，以及对手的目的与目标、市场行为、市场份额、定位、服务质量、经营资源、营销组合策略等。

4. 内部评审

内部评审包括审核本企业的目的与目标、市场份额、定位、服务质量、经营资源、营销组合策略等，找出竞争优势之所在。

（四）开展 SWOT 分析

SWOT 分析主要考察企业自身的优势和劣势，以及所面临的外部机遇与威胁，基本内容是：优势（Strength）和劣势（Weakness）分析主要是着眼于企业自身的实力及其与竞争对手的比较。机会（Opportunity）和威胁（Threats）分析将注意力放在外部环境的变化及对企业的可能影响上。

（五）辨别营销成功要素的关键假定条件

关键假定条件是为了营销计划的顺利实施对未来经营条件的一种估计。关键假定条件既有总体上的，也有局部市场的，如总体经济形势、国民收入的变化、通货膨胀率、政府管制的变化、预计需求水平等。

（六）设立营销目标和营销策略

1. 营销目标

营销目标是指物流企业进行物流市场营销活动所要达到的最终目的。通常用规定所必需的销售量、市场份额、利润、营销成本、顾客目标等指标来衡量。

2. 营销策略

为了达到营销目标，物流企业需要制定营销策略。物流市场营销策略由服务产品、定价、地点或渠道、促销、人员、有形展示和过程 7 个要素构成。

（七）评估预期成果

评估预期成果是指在营销策略实施前对销售收入、销售成本、营业成本和相关费用等财务指标进行的预测和估计。

（八）确认备选计划和可选组合

营销策略要有备选方案，若关键假定条件发生变化，营销策略必须更换。在确定营销方案之前，应该确认是否有更为有效地营销策略。

（九）制定营销方案

营销方案是企业实施营销规划的具体时间安排和活动纲要，以及每一阶段要达到的目标的合理安排。其主要内容包括：

（1）活动安排。每一项活动都应该在特定的时期内完成。

（2）日程。对每一项目活动应有一个明确的时间表。

（3）责任。规定负责活动的监督和控制的部门或人员。

（4）预算。完成这些活动所需要的资源。

（十）监督、控制和评估

随着营销活动的实施，企业应及时监督、控制和评估已实施的部分，纠正偏差，以确保营销目标的实现。

一方面，企业通过建立营销信息系统，掌握监督、控制所需要的资料，按照监控程序实施监督与控制；另一方面，对能够量化的指标，如销售收入、营销成本、利润、投资回报等，要进行量化评估；对难以量化的指标，如顾客态度、广告效果、顾客投诉等也要给予合理评价。

技能训练 ◆→

一、训练内容

（1）了解物流产品的分类。

（2）能够对物流产品进行简单的营销策略制定。

二、训练要求

（1）将班级分成若干组，每组 4~6 人，由各小组组长进行成员分工，通过网络或书刊查阅相关资料，对所收集到的物流产品进行分类归纳，并选定其中一种物流产品进行简单的营销策略制定。

（2）要求小组成员均参与其中，分工明确，各负其责，各人要有完整的工作记录。

（3）各小组将收集的资料制作成课件，按时交给指导教师审核。

营销人员的心理素质

一、营销人员心理素质的含义与影响因素

营销人员心理素质的含义。营销人员的心理素质是指一般营销人员在先天生理解剖特点基础上，经后天实践学习而形成的个性心理品质与特征。

决定个体身心发展的因素。人的心理是个体身心发展的重要组成部分。按照现代心理学的观点，个体身心发展决定于遗传与环境的交互作用。这种遗传与环境的交互作用，大致遵循以下三条原则：

第一，个体在出生前的发展，主要由遗传因素决定的。第二，个体出生后的幼稚阶段，两类因素对身心两方面的影响：身体特征受遗传因素的影响大；而心理特征受环境因素影响大。第三，个体发展成熟以后，主要是由环境因素影响人的身心发展。提高管理人员的心理素质，主要应是在先天条件基础上，在管理实践中不断调整、习得。

二、合格的现代营销人员必备的心理素质及基本内容

1. 自信心。这是营销人员最基本、最主要的心理品质。没有自信心，就不可能做好管理工作。这一问题后面将作专题研究。

2. 勇气、魄力与冒险精神。营销人员首先要战胜自我，即打掉自己的"面子"、虚荣心和各种心理障碍，勇敢地面对管理中的挑战与各种困难。营销人员必须有风险意识，有魄力，在科学分析的基础上，适时地做出果断的抉择。

3. 真诚热情，有广泛的兴趣。只有以诚相待，对顾客真诚、热情，才能赢得顾客的信任和支持。同时，营销人员应具有广泛的兴趣。

4. 有较高的修养和鲜明的个性风格。营销人员必须重视个人的自我修养，提高文化层次，加强文明礼貌修养。并从仪表、言谈、举止等方面塑造良好的个人形象。

5. 善于自我情绪控制。首先，要拓宽自己的心理容量，有容忍精神；其次，要正确处理情绪的宣泄与封闭。好的情绪可传给被管理者，感染被管理者；不良的情绪则必须对被管理者封闭。

6. 感同力。这是指管理人员善于从被管理者角度考虑问题的意识与能力。

7. 自我驱向。这是指想达到营销目标的强烈的个人意欲。营销人员必须有强烈的达成目标的欲望，并有持之以恒，百折不挠的坚强毅力和顽强精神。

三、自信心与心理素质的培养

1. 自信的内涵

自信的定义。从心理学角度讲，自信是一个人对自己的积极感受。这里所讲的"积极"是一种自己对自己的认可、肯定、接受和支持的态度；这里所讲的"感受"包含着自己对自己的情绪、感觉、认识和评价。

自信的内涵包括"自我接受"和"自我价值感"两个最基本的方面。

自我接受。自我接受是自信最主要的内涵，它表明一个人自己对自己的接受程度。自我接受是指一个人对自己的承认、认可，自己对自己的接受态度。

自我价值。表示一个人自己对自己的尊重程度。自我价值是指自己对自己的社会价值的认识和评价。

2. 自信的特征

自信的特征，就是自信的表现形式。

- 真诚、坦荡。
- 乐观、活泼。
- 宽容、大度。
- 勇敢、果断。
- 谦虚、礼让。

3. 自信心与心理素质的培养

管理人员自信心的培养，既有正确认识自我的问题，又有结合管理实践不断训练和提高自我的问题。具体培养途径包括：

（1）善于进行积极、乐观的思维。营销人员的自信心无论是"自我接受"，还是"自我价值"的形成，无不同自己的思维相联系。要培养自信心，就必须进行积极、乐观的思维。

营销人员要培养自己科学、健康的思维，纠正和调整不科学的思维；要从有利于事业发展，有利于个人成长的角度培养积极的思维态度，克服各种消极思维态度；要发扬乐观主义精神，坚持乐观化的事物体验模式。这样，就会在客观存在和自我基础不变的前提下，增强自己的自信心。

（2）正确地认知自我。对自身如何认识和做出评价，是自信心形成的关键性环节。营销人员要培养自信，就必须正确地认知自我：对自己的看法、态度和评价是由自己决定的。在承认基本事实的基础上，管理人员可对自己的能力、水平以至形象做出评价。经过自我控制，可以改善自我形象、增强自信；不要受别人摆布，保持自我本色。对人和事物的许多评价是会依标准不同而改变的。管理人员不要让别人为你设定标准，而应由你自己，按照自己的意愿、兴趣设定标准，保持自己的本色，形成自己的个性特色。这样，你就会充满信心；要认识自己的长处和优势，从而增强你的自我价值感；正确地选择和调整自己的目标。当设定过高的目标时，若一时达不到，就会产生强烈的自卑感。营销人员应为自己确定科学、可行的工作目标和生活目标，调整不切实际的目标，从而获得实现目标的自信。

（3）努力提高与发展自己。自信，不单是自我认识的过程。自信的基础在于自身素质的高低与对社会贡献的大小。营销人员要培养自信心，必须特别注重在营销实践中加强学习、加强修养，全面提高自己的素质，真正使自己获得发展。这是从根本上提高营销人员的自信心的途径。

（4）营销人员在提高自身素质与获得发展的同时，心理方面的训练也要强化。学习与掌握心理学知识；利用各种形式进行心理训练；通过成功的心理训练成果反馈，来强化自信心理。心理训练要结合管理业务实践和生活实际进行，并注意加强科学指导，不断总结提高。

项目实训

自我心理突破——跨越难堪

一、实训目标

1. 培养在众人面前敢于讲话的能力；

2. 克服心理障碍，增强自信和勇气。

二、实训内容与组织

1. 按照培养在众人面前敢于讲话能力和克服心理障碍，增强自信和勇气的实训目标要求，结合学生的特点，选择设计训练项目，所选行为既要有积极意义，又确实令自己难堪。建议采用的训练项目：

①在人流较多的教学楼大厅，组织同学进行公开宣讲，如自我推销；

②在校园中一个陌生人很多的场所组织公开宣讲或需要每个人独立表现的公益或文艺活动；

③同企业联系，站在商场大厅向消费者宣传消费知识或推销一种产品等；

④到社会上组织一些能够使每个同学受到心理训练的公益活动等。

必须是在众多陌生人面前作宣讲或表演。

2. 注重思想发动，在统一认识的基础上，实地践行。具体做法：

①组织研讨。先让同学深切认识到心理训练的必要性。通过潜能开发等形式首先

实现认识上的突破，使同学产生强烈的参与欲望。

②明确组织形式。既可以小组为单位，每组 6~8 人，由学生推荐的组长主持；也可以全班集中进行。但每个人都必须当着陌生人公开宣讲。

③具体实施。教师协助班级主持人或组长搞好策划与设计，训练一定要注重实效，切实可行。由班级主持人或组长组织进行心理突破实地践行，并做出详细记录（有条件的可采用录像的形式）。

④要指导学生认真实施，并注意能够实行有效考核。教师与主持者一定要注意现场氛围的营造，使每一个同学都能产生强烈的参与、表现冲动，以克服畏惧、怯场心理，真正实现自我突破。

三、成果与检测

1. 每个人写出训练的简要报告；

2. 对每个同学的表现进行评议，并分析成功与不足；

3. 给各位同学与小组打分，作为过程性考核的组成部分。

项目二　分析物流服务市场

知识目标 ➕➤

1. 理解营销环境的基本含义和特点；
2. 熟悉环境分析过程；
3. 掌握宏微观环境分析、顾客分析和竞争者分析的基本内容。

技能目标 ➕➤

1. 能够对给定的物流企业进行市场分析；
2. 能够为给定的企业制定企业总体战略；
3. 能够学会如何提高顾客的满意度；
4. 能够初步写出物流市场营销环境分析报告。

任务一　分析物流服务营销环境

顺丰速运的发展

顺丰速运于1993年3月在广东顺德成立。至2013年年初，顺丰可以为全国33个省、直辖市、港澳台地区提供高水准门到门快递服务。同时，也积极拓展国际快件服务，目前已开通新加坡、韩国、马来西亚、日本及美国业务。

近几年，我国快递产业发展迅速，而且中国的物流业在2005年年底向外资全面开放。如此广阔的市场前景和诱人的宏观政策，为中国物流快递市场的发展创造了良好的机遇。蜂拥而至的外资快递巨头和迅速崛起的民营快递在瓜分着中国快递市场这块巨大的蛋糕。

面对激烈的竞争环境，顺丰应该制定什么样的营销战略来谋求更好的发展呢？

任务目标 ✦

通过任务分析，使学生明白影响物流服务营销的环境，以及该如何对环境进行分析。

相关知识 ✦

在任何物流企业的营销活动中，环境因素都有着极为重要的影响。环境的优劣、特点和变化必然会影响物流企业的营销方向、内容和发展，所以物流企业的经营者必须认识环境、掌握环境的各种因素的发展和变化规律。如何去认清环境就是本任务要解决的问题。

日本遍布世界的营销系统

20 世纪 60 年代初，日本一家咨询公司从我国公开发行的《人民画报》照片上发现，北京的公共汽车上没有气包了，而这气包正是中国进口汽油标志。这个微小的变化，使他们推断出中国一定是找到了很大的油田。可是这座油田在哪里，规模有多大，对公司是否有利可图？这家公司的情报网立即紧张起来。事隔不久，《人民画报》又登载了一张宣传铁人精神的画片，画上的铁人王进喜肩扛钻机零件，艰难而顽强地跋涉在纷飞的大雪中；画片背景除皑皑的白雪外，还有一个半掩着的火车站标牌，"萨尔图"三个字隐约可见，画的下部写着"有条件上，没有条件创造条件也要上"几个醒目的大字。有公司的研究人员从画面上那大片飘扬的雪花断定，油田一定在千里冰封的东北高寒地带，从"萨尔图"这个很多地图上都没有标明的小火车站的名字分析出，油田就在这个火车站附近，或者是离铁路线不远的地方，否则，怎么能凭着这种带有原始色彩的"人拉肩扛"就能把钻机运到位？日本人又翻阅了很多资料，还找到侵华战争时期的关东军残留人员，向他们询问"萨尔图"。终于得知"萨尔图"就是东北松嫩平原一带人烟稀少的沼泽地。日方估计，中国当时开发这样大规模的油田还没有足够的力量，一定要进口有关方面的技术和设备，因此快马加鞭地设计设备，等待买主。果然，几年后中国石油的综合利用向国外招标，这家咨询公司就以速度快、设计符合中国实际而夺标。

日本人收集和传递信息的速度之快，的确令人赞叹不已，例如，5~60秒，可获得世界各地金融市场行情；1~3分钟，可查询日本与世界各地进出口贸易的商品品种、规格等资料；3~5分钟，可查询、调用国内1万个重点公司企业或政府当年制定的各种法律、法规记录；5分钟，即可利用数量经济模型和计算机模型，画出国际、国内经济因素变化可能给宏观经济带来影响的变动图和曲线，并随时可获得当天全国各地汽车销售、生鲜食品、房地产、股票交易等的市场动态信息。

1993年3月，扎伊尔发生了军事叛乱，日本三菱公司的商务人员迅速通知总部：叛军正在向赞比亚铜矿方向移动，据此，估计国际市场的铜价会受到影响，三菱公司马上在伦敦金属交易所以每吨860英镑的价格收购铜。不久，铜价猛涨，三菱公司转眼之间赚了一大笔。

日本企业界就认为："在激烈的市场竞争中，争分夺秒获得可靠的信息是决定公司、企业乃至国家命运的关键。"日本企业是世界上善于利用竞争情报获得发展优势的典型。当年晶体的压电效应被发现后，日本和瑞士同时利用这一原理研制石英表，当瑞士人还在为是否将其批量生产而举棋不定的时候，日本人早已完成了从生产工艺到销售市场的一系列周密的情报调研，并迅速将产品投放到国际市场，取得了竞争的主动权，获得了极大的成功。这其中最著名的企业就是日本精工舍钟表公司。该公司自20世纪70年代以来，始终瞄准竞争对手开展竞争情报研究，系统全面地收集国内外钟表企业的生产、经营、开发和销售等方面的信息，然后进行分类加工，在此基础上编写"情报参考"，为企业制定相应的竞争策略提供了科学依据，并进一步确立了企业的竞争优势。

丹麦的啤酒酿造技术闻名于世。有一天，某著名酒厂老总的汽车撞残了一位日本游客。丹麦老总可怜对方是个孤苦伶仃的老人，就安排他在门房做一些杂事。一年后，日本老人不辞而别，神秘失踪。读到这里，您也许从本文的题目上猜出失踪者是一名企业间谍。非常正确，这位日本老人是日本一家啤酒厂的老板，苦于无法得到先进的酿造技术，只好上演一场苦肉计，利用在丹麦啤酒厂打杂的机会，从工厂的废弃物中，获得信息，掌握了酿造的核心技术，从而很快地使自己的水平升级换代，产品畅销国内外。

一、物流市场营销环境的含义

什么是物流市场营销环境呢？根据市场营销环境的含义，可将物流市场营销环境解释为：对于物流企业的市场营销环境进行全面的分析，一般可以将它分为宏观环境和微观环境。

1. 微观环境

微观环境是指直接影响物流企业在目标市场开展营销活动的因素，包括物流企业、供应商、营销中介、顾客、社会公众等。这些因素与物流企业紧密相连，直接影响物流企业为客户服务的质量和能力。

2. 宏观环境

宏观环境是指给物流企业造成市场机会和环境威胁的主要力量，包括政治法律环境、经济环境、社会文化环境、科技环境和自然环境等。它涉及面广，是企业面临的外界大环境。

二、影响物流市场营销的宏观环境

物流营销的宏观环境包括政治法律、社会文化、经济、自然和科学技术等。

1. 政治法律环境

政治法律环境泛指一个国家的社会制度，如执政党的性质，政府的方针、政策，以及国家制定的有关法令、法规等。具体有：

（1）国家经济体制和经济政策：国家经济体制是由所有制形式、管理体制和经济方式组成，是一个国家组织整个经济运行的模式，是该国基本经济制度的具体表现形式，也是一国宏观政策制定和调整的依据。

经济政策是根据政治经济形势及其变化的需要而制定的，直接或间接地影响着物流企业的营销活动。对物流企业来说，国家经济政策主要表现为产业政策、价格政策、能源政策、环保政策以及财政与货币政策等。如在《关于国民经济和社会发展第十个五年计划纲要的报告》中指出，要"积极引进新型业态和技术、推行连锁经营、物流配送代理制、多工联行，改造提升传统流通业、运输业和邮政服务业"，进一步确立了现代物流在国民经济运行中的重要地位和作用。

（2）法律和法规：世界各国都颁布了相应的经济法律、法规来制约、维护调整物流企业的营销活动。如我国目前主要有《合同法》、《专利法》、《商标法》、《广告法》、《反不正当竞争法》、《环境保护法》等，还有与物流企业直接相关的法律、法规，如《中华人民共和国水上安全监督行政处罚规定》、《国内水路货物运输规则》、《汽车货物运输规则》等。对于物流企业来说，既要奉公守法，也要学会用法律保护自己的合法权益。

（3）政局和政治事件：包括政治稳定性、社会治安、政府衔接、政府机构作风等。如1990年海湾战争的爆发，使许多面向中东市场的物流企业经营受阻，亚洲一些国家和地区的旅游运输，在旅游旺季的收入损失达30%以上。但是海湾战争大量的武器弹药消耗也为军火运输商带来了巨大的发财机会，美国的大军火商和军火运输商靠军火订单的增多发海湾战争的财，像其他与军事有关的企业，如供应军队食品的企业及运输企业也得到赚钱的良机。

2. 经济环境

经济环境是对物流企业营销活动有直接影响的主要环境因素，主要包括宏观经济环境和微观经济环境两方面。

（1）宏观经济环境：宏观经济环境通常是指一国的国内生产总值及其发展变化的情况，包括社会总供给、总需求的情况及变化趋势、产业机构、物价水平，就业以及国际经济等方面的环境内容。

（2）微观经济环境：微观经济环境主要是指物流企业所在地区或所需服务地区的社会购买力、收支结构以及经济的迂回程度等所造成的物品流量与流向情况。这些因素直接决定着企业目前及未来的市场规模。

3. 科技环境与自然环境

（1）科技环境：随着科学技术和信息技术的发展，各种现代化的交通工具和高科技产品层出不穷，它们既为物流企业的高服务水平和质量提供了技术支持，也为物流企业进行市场营销活动的创新提供更先进的物质技术基础。如现代信息技术 Internet（因特网）、EDI（电子数据交换，涉及物流企业事务、商务、税务的电子化契约、支付和信用标准）、SCM（供应链管理）等的运用。

（2）自然环境：自然环境因素包括国家或地区的自然地理位置、气候、资源分布、海岸带及其资源开发利用等。其中，地理位置是制约物流企业营销活动的重要因素，像天然的深水港口往往会成为航运类物流企业必选的物流基地。如上海作为东部沿海的最大港口，地理位置优越，经济腹地广阔、交通发达、海陆空联系便捷，再加上正在建设成为国际经济、金融、贸易以及航运中心，众多的国内外物流企业纷纷进驻上海，从事物流活动。

4. 社会文化环境

每个人都是在一个特定的社会环境中成长的，各有其不同的基本观念和信仰。社会文化环境就是指由价值观念、生活方式、宗教信仰、职业与教育程度、相关群体、风俗习惯、社会道德风尚等因素构成的环境。

社会文化环境所蕴含的这些因素在不同的地区、不同的社会是有所不同的，具体反映在以下几个方面：

（1）风俗习惯。世界范围内不同国家或国家内的不同民族在居住、饮食、服饰、礼仪、婚丧等物质文化生活方面各有特点，形成风俗习惯的差别。

（2）宗教信仰。宗教是影响人们消费行为的重要因素之一，不同的宗教在思想观念和生活方式、宗教活动、禁忌等方面各有其特殊的传统，这将直接影响其消费习惯和消费需求。

（3）价值观念。价值观念是指人们对于事物的评价标准和崇尚风气，其涉及面较广，对企业营销影响深刻。它可以反映在不同的方面，如价值观念、财富观念、创新观念、时间观念等，这些观念方面的差异无疑造成了企业不同的营销环境。

（4）教育程度和职业。世界各国在教育程度和职业上的差异，也会导致消费者在生活方式、消费行为与消费需求上的差异。

三、影响物流市场营销的微观环境

物流市场营销的微观环境包括：物流企业内部环境、供应商、营销中介、顾客、竞争者和社会公众等。

1. 物流企业内部环境

物流企业置身于市场营销之中，其自身条件也是构成微观环境的一个因素。这些自身条件包括人才资源、信息技术、运输设备、资金能力、储备条件、集装箱、托盘等。这些条件对物流企业的生产经营、提供产品和服务有着直接影响。如宝洁公司有一项信息技术，是在产品包装物上贴上小芯片，当顾客拿起某产品如牙膏，一条信息就会传递到存储货架；如果顾客放回牙膏，信息同样会记录下来，货架传送给计算机每次交易信息，同时跟踪到顾客拿取产品的次数，之后将数据传送给宝洁公司，这样宝洁公司根据从货架上拿走的产品，就可以调整生产和分销计划，既能及时满足顾客需要，又能减少库存、加速资金周转。企业内部环境的分析，其目的是提示物流企业的优势和弱点，判断其是否拥有捕捉营销机会的竞争能力。

2. 供应商

供应商是向企业及其竞争者提供生产经营所需资源的企业或个人，包括提供原材料、零配件、设备、能源、劳务及其他用品等。供应商对企业营销业务有实质性的影响，其所供应的原材料数量和质量将直接影响产品的数量和质量，所提供的资源价格会直接影响产品成本、价格和利润，美国快餐麦当劳的成功就是很好的例子。

3. 营销中介

物流企业营销中介是指协助物流企业从供应地送到接受地的活动过程中的中介机构，包括各类中间商和营销服务机构。对于物流企业，其中间商就是众多的货运代理机构。营销服务机构主要包括营销研究机构、广告代理商、CI 设计公司、媒体机构等。

4. 顾客

顾客又称为客户，是物流企业服务的对象，是物流企业一切营销活动的出发点和最终归宿。随着国际物流的发展，物流企业的顾客范围扩大，不但包括国内顾客，而且还有国外顾客。

5. 竞争者

竞争者一般是指那些与本企业提供的产品或服务类似，并且有着相似的目标顾客和相似价格的企业。

物流企业的竞争者主要有3种：①品牌竞争者，它们与物流企业提供的服务相同；②行业竞争者，如从事航运的所有公司；③形式竞争者，如航运物流企业，会把所有从事运输服务的企业归入形式竞争者。对竞争者的分析，目的是扬长避短，争取物流企业的竞争优势，如美国的沃尔玛公司。

6. 社会公众

所谓社会公众是指对物流企业完成其营销目标的能力有着实际或潜在影响力的群体，包括金融公众、媒介公众、政府公众、企业内部公众等。这些公众会对物流企业的命运产生巨大影响。

四、SWOT 分析模型

（一）SWOT 分析模型简介

起源：SWOT 分析法也称态势分析法，20 世纪 80 年代初由美国旧金山大学的管理学教授韦里克提出。在此之前，早在 60 年代，就有人提出过 SWOT 分析中涉及的内部优势和弱点、外部机会和威胁这些变化因素，但只是孤立地对它们加以分析，而 SWOT 法是用系统的思想将这些似乎独立的因素相互匹配起来进行综合分析。运用这种方法，有利于人们对组织所处的环境进行全面、系统、准确地研究，有助于人们制定发展战略和对策。

发展：在现在的战略规划报告里，我们随处可以看到 SWOT 分析的影子，它是一种战略分析方法，就是根据企业自身的既定内在条件进行分析，找出企业的优势、劣势及核心竞争力之所在。其中，S 代表 strength（优势），W 代表 weakness（劣势），O 代表 opportunity（机会），T 代表 threat（威胁），其中，S、W 是内部因素，O、T 是外部因素。按照企业竞争战略的完整概念，战略应是一个企业"能够做的"（即组织的优势和劣势）和"可能做的"（即环境的机会和威胁）之间的有机组合。

应用：经常被用于企业战略制定、竞争对手分析等场合。

（二）物流企业的 SWOT 分析

1. 优势与劣势

对于物流企业来讲，优势可以指消费者眼中一个物流企业或它的产品有别于其竞争对手的任何优越的东西，劣势就是相对于企业的竞争者，我们需要改进的方面，也就是说目前尚不具备竞争力的方面。它们可以是企业的信誉、物流的速度、所承运、托管货物的安全保障、价格的高低、员工的素质、售后服务以及管理机制等。具体来讲，物流企业的优势和劣势可以从以下方面来考虑：

（1）产品服务方面：运送速度快、售后服务比较好；

（2）顾客关系方面：顾客满意情况、公司形象和声誉；

（3）组织管理方面：企业的营运流程、公司财务状况；

（4）员工素质方面：员工服务态度、应用信息系统的能力。

需要指出的是，衡量一个物流企业及其产品是否具有竞争优势，只能站在现有或者潜在用户角度上，而不是站在企业的角度上。

2. 机会与威胁

对于机会与威胁，主要是考察外部环境的变化以及对企业的可能影响上，环境机会是对公司行为发展有利的外部条件，环境威胁是指外部环境中不利的发展趋势所形成的挑战。主要可以从以下方面进行考察：

（1）经济方面，如汇率的变动，近几年人民币持续升值，会使得我国出口贸易大幅缩水，会在一定程度上减少物流中的国际货运量。

（2）社会文化：比如消费意识形态，20世纪八九十年代人们更信赖国营企业，现在大家会觉得声誉好的民营企业一样可靠，这种消费意识形态的变化才能让民营物流企业飞速发展。

（3）政治/法律：政治事件、国家有关的政策和法规。2009年，物流业搭上国务院十大产业振兴规划末班车，就为物流企业的发展提供了良好的机遇。

（4）技术：尤其是物流行业，需要信息技术作为强有力的支撑，任何信息技术的革新都会对物流企业产生巨大的影响。

（5）行业市场：如物流产业的生命周期，以及行业内的竞争情况等。

物流企业要善于把握环境给企业带来的机遇，而对环境威胁要采取果断的战略行为，否则会削弱企业的竞争地位。

3. SWOT分析为企业提供的可选择战略

SWOT不仅可以为内部和外部竞争环境的分析提供方法，而且可以为物流企业提供四种战略：

（1）SO战略，增长型战略，利用企业内部长处去抓住外部的机会。内部优势与外部机会相互一致和适应时，企业可以用自身内部优势撬起外部机会，使机会与优势充分结合发挥出来。

（2）WO战略，扭转型战略，利用外部机会改进内部弱点，需要提供和追加某种资源，以促进内部资源劣势向优势方面转化，从而迎合或适应外部机会。

（3）ST 战略，多种经营战略，利用企业的长处避免或减轻外在威胁的打击。当环境状况对公司优势构成威胁时，企业必须克服威胁，以发挥优势。

（4）WT 战略，防御型战略，克服内部弱点和避免外部威胁，以求生存为目标。

五、为顺丰速运制定发展战略

为顺丰速运制定合适的企业营销战略，首先我们大家一起思考一下如何对顺丰速递进行 SWOT 分析，首先要界定一下它的竞争者，国内的竞争者有申通、圆通、中通、汇通、韵达（即"四通一达"）以及 EMS 等，此外还有随着 2005 年年底我国快递业对外资企业全面放开，带来的国际快递巨头的竞争，如国际四大快递巨头：美国联邦快递、联合包裹、荷兰 TNT 天地快运以及德国 DHL 敦豪快运等。

（一）对顺丰速运进行 SWOT 分析

1. 优势

相对于申通圆通等一些民营快递，顺丰的优势有以下几点：

（1）速度优势（生鲜食品等）。顺丰的快递一般是 1～2 天送达，速度是快递市场竞争的决定性因素。想要分到更多的市场份额，快递企业必须把速度放在第一位。据了解，无论是同城快递还是城际快递，民营快递企业都比 EMS 快约 30%，而顺丰，则依然比其他民营快递快约 20%。与此同时，顺丰在 2010 年创建了属于自己的航空公司，有着自己的专运货机，这无论从配货的机动性上还是从输送快件的时效性上来看，都是富有相当的主动的，显而易见，是速度造就了顺丰的成功。

（2）服务安全（贵重物品如电脑、手机等）。顺丰自营的运输网络可以提供标准、高质、安全的服务。HHT 手持终端设备和 GPRS 技术全程监控快件运送过程，保证快件准时、安全送达。

（3）企业文化。顺丰有着自身的一套较为完善的激励奖惩机制，产生了一大批责任心强、踏实能干的员工以及年富力强、开拓创新的领导阶层；他们有着自己共同的企业愿景，即"成就客户，推动经济，发展民族速递业"，"成为最值得信赖和尊敬的速运公司"。顺丰的企业文化为他们在市场上树立了企业的形象，赢得了顾客的青睐。

2. 劣势

（1）高成本、高价格。我们都知道物流业内存在这样的背反效应，那就是速度和成本不可兼得，快的速度意味着高的成本，高成本带来高价格，我们一起来看一下顺丰与"四通一达"的价格对比体系，即便是以前高不可攀的 EMS，也推出了 E 邮宝，也就是经济 EMS，其价格体系与"四通一达"基本持平。因此，对比之下的高价格使得顺丰失去了中低端快递市场的份额。

（2）资金制约。物流快递企业是资金投入比较大的行业，FedEx、UPS、DHL 每年都以几十亿元的投入来扩大和完善其服务，而顺丰速运却是完全采用自身的经济实力来维持着企业的发展，这在很大程度上制约了顺丰的快速壮大。

（3）快递网络局限。EMS 作为我国邮政快递的龙头老大，它以无人能比的网络优势在开展国内快递。与 EMS 相比，顺丰最大的劣势在于网络的相对不健全，在偏远地区或经济不是特别发达的地区，顺丰的快递业务尚未触及，这或多或少的减少了顺丰的发展机遇。

（4）人员素质偏低、人才缺乏。由于民营快递对从业人员的素质要求普遍不高，行业技术含量低，并且廉价劳动力市场充足，人员素质偏低和人才的缺乏大大影响了民营快递企业的整体信誉。

3. 机会

（1）学习机会。2005 年年底，我国对外放开物流快递市场，外资快递企业的进入，为顺丰速运带来了全新的经营理念、一流的技术及追求个性的服务方式，为顺丰速运的发展提供了学习的契机。

（2）EMS 市场占有率的萎缩。从 20 世纪 90 年代的一支独大到现在市场占有率不足 20%，国营邮政快递业务的萎缩，无疑使顺丰获得更为广阔的发展空间。

（3）电子商务的迅速兴起。随着电子商务的迅速兴起，物流配送需求的数量与类型大量增加。在强烈运输需求的推动下，快递货物运量快速增长，这对于快递业来讲是一个特别好的发展机遇。

（4）行业的发展机遇。快递业本身就是个正处于发展的行业，业内权威人士认为，未来 10~20 年，全球快递市场的年增长速度将达到 12%，而中国是全球增长最快的地区，至少在 20% 以上。

4. 威胁

（1）夹缝中生存。联邦快递和联合包裹已经于 2012 年 9 月拿到国内快递的牌照，国内邮政的打压和外资快递的挤入，使得我国快递市场目前的形势是国际快递巨头、国营快递和民营快递多方并存的局面，民营快递一直生存在夹缝之中。

（2）政策法规的不利。2009 年 10 月 1 日起施行的最新版《邮政法》，其规定：快递企业不得经营由邮政企业专营的信件寄递业务，不得寄递国家机关公文。新《邮政法》的出台对民营快递业产生了一定的打击。

（3）电商自营物流的崛起。由于对物流服务不满意以及快递行业的利润空间，电子商务商城纷纷走上了自营物流的体系。目前，亚马逊、京东商城、当当网、凡客诚品、1 号店、苏宁易购等大型电商纷纷走向自建物流体系的道路，电商自营物流的崛起，无疑是对顺丰等第三方快递企业的一种威胁。

（二）顺丰速运的发展策略

1. SO 战略

（1）立足自身优势，发展特色快递。在服务方面可以为用户提供更全面更人性化的服务。比如开展生鲜食品、药品等特色快递业务，利用差异化的经营模式为品牌加分，拓宽盈利渠道。

（2）学习四大巨头发展，争创一流快递品牌。学习四大巨头在品牌建设上以及企业文化建设上的成功经验，力争打造国内民营快递第一品牌。

2. WO 战略

（1）抓住行业发展契机，拓宽融资渠道。由于快递行业的发展处在上升通道，那么顺丰就可以通过上市、战略联盟、出售部分股权或银行贷款等方式来拓展融资渠道，进一步发展与壮大自身实力，通过对资金的积累扩大企业的规模。

（2）抓住学习契机，加强对现代物流人才的认识和培养，学习外资企业先进的人才培养观念，完善员工绩效制度，推动信息技术发展；开展一些培训的课程，制定并严格执行规章制度，约束员工行为，采取奖励制度激励员工的工作热情。

3. ST 战略

（1）对物流系统的网络分布进行优化，增加公司物流运作的灵活性，降低成本。

（2）可以适当的增加运送时间为 2~4 天的快递，在价格上给予优惠，以吸引中低端客源。

4. WT 战略

主要可以考虑增强公司的物流营销能力，不断拓展客源。

拓展学习

同样的，SWOT 分析也可以帮助我们进行个人定位，更好地发挥个人的优势。

个人求职 SWOT 分析四步骤：

1. 评估自己的长处和短处；

2. 找出职业的机会和威胁；

3. 列出今后五年的职业目标；

4. 列出今后五年的职业行动计划。

此外，SWOT 分析还可以应用于我们日常生活中重大事件的决策，比如买房子、买车以及职业发展等。

技能训练 ➕▶

一、训练内容

选定一家物流企业，在详细了解该企业情况的基础上，对其进行 SWOT 分析，并根据分析的结果提出该企业应该选择的营销战略。

二、训练要求

（1）将班级分成若干组，每组 4～6 人，选出组长一名，由各小组组长进行成员分工，通过网络或书刊查阅相关资料。

（2）要求小组成员均参与其中，分工明确，各负其责，各人要有完整的工作记录。

（3）各小组将收集的资料制作成课件，按时交给指导教师审核，并在课堂进行专题汇报。

拓展阅读 ➕▶

新可口可乐失误的调研

一、决策的背景

20 世纪 70 年代中期以前，可口可乐公司是美国饮料上的"Number 1"，可口可乐占据了全美 80% 的市场份额，年销量增速高达 10%。

然而好景不长，70 年代中后期，百事可乐的迅速崛起令可口可乐公司不得不着手应付这个饮料业"后起之秀"的挑战。

1975 年全美饮料业市场份额中，可口可乐领先百事可乐 7 个百分点；1984 年，市场份额中可口可乐领先百事可乐 3 个百分点，市场地位的逐渐势均力敌让可口可乐胆战心惊起来。

百事可乐公司的战略十分明显，通过大量动感的广告冲击可口可乐市场。首先，百事可乐公司推出以饮料市场最大的消费群体——年轻人为目标消费者群的"百事新一代"广告系列。由于该广告系列适应青少年口味，以冒险的心理、青春、理想、激情、紧张等为题材，很快赢得了青少年的钟爱；同时，百事可乐也使自身拥有了"年轻人的饮料"的品牌形象。

随后，百事可乐又推出一款非常大胆而富创意的"口味测试"广告。在被测试者毫不知情的情形下，请他们对两种不带任何标志的可乐口味进行品尝。由于百事可乐口感甜、柔和，因此，百事可乐公司此番现场直播的广告结果令百事可乐公司非常满意：80%以上的人回答百事可乐的口感优于可口可乐。这个名为"百事挑战"的直播广告令可口可乐一下子无力应付，市场上百事可乐的销量再一次激增。

二、市场营销调研

为了着手应战并且找出为什么可口可乐发展不如百事可乐的原因，可口可乐公司开始了历史上规模最大的一次市场调研活动。

1982 年，可口可乐广泛深入到 10 个主要城市中，进行了大约 2000 次的访问，通过调查，看口味因素是否是可口可乐市场份额下降的重要原因，同时征询顾客对新口味可乐的意见。于是，在问卷设计中，询问了例如"你想试一试新饮料吗?""如果可口可乐味道变得更柔和一些，您是否满意?"等问题。

调研最后结果表明，顾客愿意品尝新口味的可乐。这一结果更加坚定了可口可乐的决策者们的想法——秘不示人的老可口可乐配方已不适合今天消费者的需要了，于是，满怀信心的可口可乐开始着手开发新口味可乐。

可口可乐公司向世人展示了比老可乐口感更柔和，口味更甜，泡沫更少的新可口可乐样品，在新可口可乐推向市场之初，可口可乐公司不惜血本进行了又一轮的口味测试，可口可乐公司倾资 400 万美元，在 13 个城市中，邀请 19.1 万人参加了对无标签的新、老可乐进行口味测试的活动，结果 60%的消费者认为新可乐比原来的好，52%的人认为新可乐比百事好，新可乐的受欢迎程度一下打消了可口可乐领导者原有的顾虑。于是，新可乐推出市场只是个时间问题。

在推向生产线时，因为新的生产线必然要以不同瓶装的变化而进行调整，于是，可口可乐各地的瓶装商因为加大成本而拒绝新可乐，然而可口可乐公司为争取市场，不惜再次投入，终于推出了新口味可乐。

三、灾难性后果

起初，新可乐销路不错，有 1.5 亿人试用了新可乐，然而，新可口可乐配方并不是每个人都能接受的，而不接受的原因往往非因为口味原因，而是这种"变化"受到了原可口可乐消费者的排挤。开始，可口可乐对可能的抵制活动作好了应付准备，不料顾客的愤怒情绪越来越厉害，使市场推广活动严重受阻。

顾客之所以愤怒是认为百年秘不示人的可口可乐配方代表了一种传统的美国精神，而热爱传统配方的可口可乐就是热爱美国的体现，放弃传统配方的可口可乐意味着一种背叛。在洛杉矶，有的顾客威胁说："如果推出新的可乐，将再也不买可口可乐"。即使是新可乐推广策划经理的父亲，也开始批评起这项活动。而当时，老口味的传统可口可乐则由于人们的预期会减少，而居为奇货，价格竟在不断上涨。每天，可乐公司都会收到来自愤怒的消费者的成袋信件。公司只好接通 83 部热线电话，雇请大批公关人员温言安抚愤怒的顾客。

面临如此巨大的批评压力，公司决策者们不得不稍作动摇，而随后又一次推出的顾客意向调查中，30%的人说喜欢新口味可口可乐，而60%的人却明确拒绝新口味可口可乐，没办法，可口可乐公司不得不又一次恢复了传统配方的可口可乐的生产，同时也保留了新可口可乐的生产线和生产能力。

尽管公司花费了400万美元，进行了长达两年的调查，但最终还是彻底失败了！百事可乐公司美国业务部总裁罗杰·恩里科说："可口可乐公司推出新可乐是个灾难性的错误。"

思考：建立在市场调研基础上的决策为什么会错误？

任务二　分析物流市场的客户

任务描述

A物流企业成立于2003年3月，是一家专业从事国内货物运输、仓储、配送、托运的中小型运输物流企业。自公司成立以来，建立了以铁路运输、公路运输为主，结合包装制作、仓储管理、物流服务一条龙的综合运营体系。公司位于北京市京津唐高速与东五环交界处，交通便利，现分别与全国各大货运单位形成联运的工作方式，每天都有各类型的运输车发往全国各地并且受理全国各地各大中城市的整车零担、货物托运业务，设有库房，办理中转，可以承接全国大多数大中城市的运输业务。

（一）业务范围

1. 办理北京至全国各地中铁快运、铁路快件、铁路行包等业务；

2. 办理北京至全国各地航空普件、航空急件、航空派送、航空异地付款业务；

3. 办理北京至上海、广州、成都以及全国各地公路运输，大、中、小城市均可到达；

4. 办理北京至全国各地长途包车、空车配载业务；

5. 办理货物仓储并有大量库房出租；

6. 办理北京至全国各地的特快专递业务。

（二）专项业务项目

1. 专业为互联网公司服务，如中企动力和天下互联都是该公司的客户；

2. 学生行李托运：为了适应市场的发展，也为了给在校大学生提供更多的方便，公司特地开设了为学生提供行李包装托运的相关业务；

3. 长途搬家业务：为部分公司和个人提供了北京至上海、广州、成都等大城市的长途搬家业务。

请为 A 物流企业进行客户分析。

任务目标 ➕➤

通过任务分析，使学生清楚物流服务市场的客户分类、特性及其适用的物流营销策略。

相关知识 ➕➤

一、基本概念

1. 顾客

在从事营销活动时，顾客是与企业进行交换的对象，他们希望的是交换到自己满意的商品或服务。对于企业来说，了解顾客及其核心需求就成为首要任务。那么，如何界定交换对象的内涵呢？

通常，顾客（Customer）就是向企业购买产品或服务的个人、团体。按照国际标准化组织（ISO）对顾客的界定，我们可以将顾客分为内部顾客（Internal Customer）和外部顾客（External Customer）两类。前者主要包括股东、经营者和员工；后者主要包括最终消费者、使用者、受益者或采购方。

随着市场环境的不断变化，企业越来越深刻地认识到顾客尤其是外部顾客对其生存与发展的重要意义，从市场竞争的角度看，市场竞争实际上就是争夺顾客的竞争，谁赢得了顾客，谁就赢得了市场。

物流企业为之服务的顾客范围是与外部环境和自身的实力密切相关的。实力强大的物流企业的服务范围广泛，而实力弱小的物流企业服务的范围有限。

一般来说，伴随着物流企业的成长，顾客服务的范围也在不断的扩大。如国内最大的民营物流企业之一"宝供物流企业集团"最初只是一家在广州为铁路货运服务的承包企业，时至今日，宝供物流已在全国80多个城市建立了分子公司或办事处，形成了一个覆盖全国的业务运作网络和信息网络，与国内外100多家包括宝洁、联合利华、安利、红牛、强生、飞利浦、三星、索尼、中石油、中石化、阿克苏诺贝尔、福田汽车、丰田汽车、吉利汽车、汉高、李宁等世界500强及国内大型制造企业结成战略联盟，为他们提供物流咨询、物流运作、增值服务、信息服务、资金服务等供应链一体化的综合物流服务。

由此我们可以看出，物流企业顾客服务的范围是非常广泛的，从静态看，物流企业面对的是一个很小的市场、国内市场的一部分，也可以覆盖全国的市场、国际市场、全球市场；从动态看，物流企业服务的范围可以从小市场扩展到国际市场甚至全球市场，随着地理边界的扩大，顾客群也相应的扩大了；从服务的标准看，物流企业提供的服务既有简单的也有复杂的，服务内容包罗万象。

2. 顾客满意与顾客忠诚

顾客满意（Customer Satisfaction）是顾客对物流企业及其员工提供的产品和服务的直接性综合评价，是顾客对企业、产品、服务和员工的认可。其内容包括产品满意、服务满意、过程满意和社会满意。顾客价值理论认为，顾客满意与否取决于顾客价值的大小，而顾客价值分为主观价值和客观价值。主观价值只是顾客对企业产品质量、功能、价格、服务、包装、品位和企业品牌、形象、知名度等综合因素价值的主观判断。客观价值是顾客获得的利益与所付出的成本的比较，即顾客让渡价值。客观价值可以量化分析，而主观价值只可以用感知利得和感知利失来进行定性评判。

顾客满意状况和程度可用顾客满意度指标予以测定。顾客满意度是指顾客接受产品和服务的实际感受与其期望值比较的程度。它既体现了顾客满意度的程度，也反映出企业提供的产品或服务满足顾客需求的成效。顾客满意度是一种心理状态，是一种自我体验。对这种心理状态也要进行界定，否则就无法对顾客满意度进行评价。心理学家认为情感体验可以按梯级理论划分若干层次，相应可以把顾客满意程度分成七个级度或五个级度。

七个级度为：很不满意、不满意、不太满意、一般、较满意、满意和很满意。

五个级度为：很不满意、不满意、一般、满意和很满意。

顾客满意度测定的步骤为：确定测评指标并量化；确定被测评对象；抽样设计；问卷设计；实施调查；调查数据汇总整理；计算顾客满意度指数，分析评价；编写顾客满意度指数测评报告；改进建议和措施。

顾客忠诚（Customer Faithfulness）是指顾客购买产品满意后所产生的对某一产品品牌或企业的信赖、维护和希望重购的心理倾向。一般地说顾客忠诚可以分为 3 个层次：

认知忠诚——它直接基于产品和服务而形成，因为这种产品和服务正好满足了顾客个性化需求，这种忠诚居于基础层面，它可能会因为志趣、环境等的变化转移；

情感忠诚——在使用产品和服务之后获得的持久满意，它可能形成对产品和服务的偏好；

行为忠诚——只有在企业提供的产品和服务成为顾客不可或缺的需要和享受时，行为忠诚才会形成，其表现是长期关系的维持和重复购买，以及对企业和产品的重点关注，并且在这种关注中寻找巩固忠诚的信息或者求证不忠诚的信息以防受欺。

建立顾客忠诚非常重要，研究表明，开发一个新顾客要比维护一个老顾客多花几倍甚至更多的精力和费用。

美国学者琼斯和赛斯的研究结果表明，顾客忠诚和顾客满意的关系受行业竞争状况的影响，影响竞争状况的因素主要包括以下四类：

（1）限制竞争的法律；

（2）高昂的改购代价；

（3）专有技术；

（4）有效的常客奖励计划。

分析表明，顾客满意和顾客的行为忠诚之间并不总是强正相关关系。但有一点毋庸置疑，那就是无论在高度竞争的行业还是低度竞争的行业，顾客的高度满意都是形成顾客忠诚感的必要条件，而顾客忠诚感对顾客的行为忠诚无疑会起到巨大的影响作用。

3. 顾客让渡价值

顾客的购买，是一个产品的选购过程；在这个过程中，顾客运用他的知识、经验、努力和收入等，按照"价值最大化"的原则，从众多的品牌和供应商中选择自己需要的产品。其中，"价值最大化"是顾客每次交易力争实现的目标，也是其评判交易成功与否的标准。所以，顾客在选择与其进行交易的营销者时，会事先形成一种价值期望，期望价值与获得的实际价值比较，是顾客衡量是否得到了"最大价值"的现实评判方法。

著名营销专家菲利浦·科特勒以"顾客让渡价值"（Customer Delivered Value）概念，把顾客购买过程高度程式化，并使之成为营销学的基础理论。他指出"顾客让渡价值"是顾客获得的总价值与顾客获得这些总价值支付的总成本差额。简言之，顾客让渡价值是指顾客总价值与顾客总成本的差额。

顾客让渡价值的构成要素如图 2 - 1 所示。

我们可以用案例来解释顾客让渡价值。一位来自农场的购买者想要购买一台拖拉机，他计划从 A 公司或 B 公司选择购买。推销员将各自产品的供应情况详细地介绍给购买者。

这时购买者的心目中已经有了有关拖拉机特定用途的概念，即用拖拉机来进行搬运工作，他希望拖拉机具有某种程度的可靠性、耐久性和工作状况。假定他对两家公司的拖拉机进行评估后认为 A 公司的产品因为具有可靠性、耐久性和良好的运营状况，所以是一种高价值的产品；而且还断定 A 公司能提供较好的服务；他还认为：A 公司的人员具有更高的知识水平和更强的责任感；最后，他为 A 公司的企业形象赋予了较高价值。他是从四个要素来增加其所有价值的，即产品、服务、人员和形象，而且认为 A 公司能提供更大的顾客总价值。

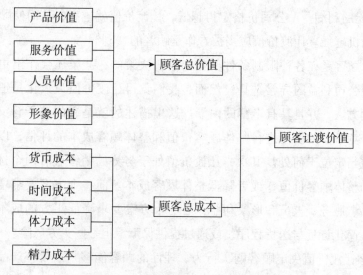

图 2-1 顾客让渡价值及其构成要素

那么，他是否会购买 A 公司的产品呢？不一定。他同样也要比较 A 公司与 B 公司交易之间的顾客总成本。顾客总成本所涵盖的内容远不止货币成本，正如亚当·斯密在两个世纪前所观察的那样：任何一个物品的真实价格，即要取得该物品实际上所付出的代价，乃是获得它的辛苦和麻烦。它包括了购买者的预期时间、体力和精神成本，购买者对这些成本连同货币成本的评估构成了顾客总成本的框架。如图 2-1 所显示的那样。

购买者现在就要考虑是否 A 公司的顾客总成本与其总价值相比而显得太高，如果确实如此，购买者就可能会购买 B 公司的产品。购买者将从能提供最大顾客让渡价值的公司进行购买。

现在我们运用购买决策理论帮助 A 公司成功地将拖拉机出售给该买者。A 公司可以从三个方面改进它的供给：首先，A 公司可以通过改进产品、服务、人员或形象利益增加整体顾客价值；其次，A 公司可以通过降低顾客的时间、体力和精神成本，削减非货币成本；最后，A 公司可以为顾客降低货币成本。

假定 A 公司实施了顾客价值评估，而且推断出购买者认定的 A 公司的供应条件值20000 美元，此外，认为 A 公司生产拖拉机的成本是 14000 美元，这意味着 A 公司的供应产生了潜在的 6000（20000-14000）美元整体附加价值。

A 公司应当在 14000 美元至 20000 美元之间定价，如果定价低于 14000 美元，则无法弥补其成本；如果定价高于 20000 美元，则将超越购买者所认定的整体价值。A 公司所制定的价格决定了多少整体附加价值让渡给买方，同时又有多少流向公司。比如，如果 A 公司定价为 19000 美元，则有 1000 美元的整体附加价值赋予顾客，而公司本身获得 5000 美元的利润。A 公司价格定得越低，让渡价值就越高，从而使顾客从 A 公司购买产品的动机越强。让渡价值应当被看作是顾客的"利润"。

很显然，顾客是在各种限制条件下作出购买决策的，甚至还会作出更多关注个人利益，而忽视公司利益的异常选择。然而，我们觉得让渡价值最大化是适用于大多数情形下的有利方法，并且具有丰富的内涵。这里描述的就是它的若干含义：首先，卖方必须对每个竞争者的供应进行整体顾客价值和整体顾客成本的评估，以明确他或她自身的供应应当定位于何处。其次，让渡价值处于劣势的销售者有两个选择方案，他可以试图增加整体顾客价值，或者降低整体顾客成本。前一个方案要求增强或增加企业供应的产品、服务、人员和形象利益；后一个方案要求降低买方的成本，售卖方可以降低价格，简化订货与送货程序，或通过提供保障承担一些买方风险。

（1）顾客让渡价值决定顾客购买行为。理性的顾客能够判断哪些产品将提供最高价值，并作出对自己有利的选择。在一定的搜寻成本、有限的知识、灵活性和收入等因素的限定下，顾客是价值最大化追求者，他们形成一种价值期望，并根据它作出行动反应。然后，他们会了解产品是否符合他们的期望价值，这将影响他们的满意程度和再购买的可能性。顾客将从那些他们认为提供最高顾客让渡价值的公司购买商品。

（2）顾客让渡价值是市场营销活动的核心。营销导向的最终目的是实现企业利益的最大化，但其区别于其他企业经营导向的本质特征在于：营销强调通过满足顾客需求来实现企业利益的最大化。而如何才能满足顾客需求呢？满足顾客需求的最佳办法是向顾客提供高顾客让渡价值。市场营销强调以顾客需求为中心展开整个企业的经营活动，所有营销组合策略的制定均应围绕着顾客需求这个中心，具体而言，围绕着顾客需求，实际上就是要使每一个因素都能成为顾客让渡价值增加的驱动因素。企业采用任何一个营销组合策略，包括产品策略、渠道策略、促销策略和价格策略等，如果不能起到直接或间接增加顾客让渡价值的作用，则都是不成功的。广而言之，企业内部的各项活动也应围绕增加顾客让渡价值，形成价值优势这一中心展开。建立和强化顾客让渡价值优势，是营销导向的本质要求，是营销观念的真正体现。

（3）顾客让渡价值需要企业与顾客共同创造。尽管企业在顾客让渡价值的创造过程中处于主导地位，但企业为顾客所带来的顾客让渡价值并不一定完全由企业单独创造。在顾客以特殊方式参与到企业的生产经营过程之中后，顾客利益的大小除了取决于企业所提供的产品服务的质量等因素外，还取决于顾客的配合程度。在网络营销中，企业与顾客的沟通与配合更方便和有效了。

二、顾客购买行为分析

物流的客户分析是物流企业营销活动的出发点和最终目标，也是物流企业开展物流营销活动必须分析和掌握的重要问题。物流企业应该了解物流客户的需要、购买行为。

（一）物流客户分类

从物流客户的角度看，客户具体可划分为 3 个层次。

1. 一般客户

这类客户占客户比重的 80%，直接决定物流企业的短期利益，给企业带来的利益约占 5%。

2. 潜力客户

这类客户与物流企业是战略关系，希望从关系中获得附加的财物利益和社会利益。他们是物流企业的核心客户，占客户比重的 15%，给企业带来的是长远利益，约占 15%。

3. 重要客户

这类客户是物流企业的稳定客户，占客户比重的 5%，对企业的贡献可达 80% 左右。

（二）影响消费者购买行为因素分析

影响消费者购买行为的主要因素有消费者自身因素、社会因素、企业和产品因素等。分析影响消费者购买行为的因素，对于企业正确把握消费者行为，有针对性地开展市场营销活动，具有极其重要的意义。

1. 消费者自身因素

消费者购买行为首先受其自身因素的影响，这些因素主要包括：

（1）消费者的经济状况，即消费者的收入、存款与资产、借贷能力等。消费者的经济状况会强烈影响消费者的消费水平和消费范围，并决定着消费者的需求层次和购买能力。消费者经济状况较好，就可能产生较高层次的需求，购买较高档次的商品，享受较为高级的消费。相反，消费者经济状况较差，通常只能优先满足衣食住行等基本生活需求。

（2）消费者的职业和地位。不同职业的消费者，对于商品的需求与爱好往往不尽一致。一个从事教师职业的消费者，一般会较多地购买书报杂志等文化商品；而对于时装模特儿来说，漂亮的服饰和高雅的化妆品则更为需要。消费者的地位不同也影响着其对商品的购买。身在高位的消费者，将会购买能够显示其身份与地位的较高级的商品。

（3）消费者的年龄与性别。消费者对产品的需求会随着年龄的增长而变化，在生命周期的不同阶段，相应需要各种不同的商品。如在幼年期，需要婴儿食品、玩具等；而在老年期，则更多需要保健和延年益寿产品。不同性别的消费者，其购买行为也有很大差异。烟酒类产品较多为男性消费者购买，而女性消费者则喜欢购买时装、首饰和化妆品等。

（4）消费者的性格与自我观念。性格是指一个人特有的心理素质，通常用刚强或懦弱、热情或孤僻、外向或内向、创意或保守等去描述。不同性格的消费者具有不同的购买行为。刚强的消费者在购买中表现出大胆自信，而懦弱的消费者在挑选商品中往往缩手缩脚。

2. 社会因素

人是生活在社会之中的，因而消费者的购买行为将受到诸多社会因素的影响。

（1）社会文化因素对消费者购买行为的影响。文化通常是指人类在长期生活实践中建立起来的价值观念、道德观念以及其他行为准则和生活习俗。若不研究、不了解消费者所处的文化背景，往往会导致营销活动的失败。任何文化还都包含着一些较小的群体或所谓的亚文化群。它们以特定的认同感和影响力将各成员联系在一起，使之持有特定的价值观念、生活格调与行为方式。这种亚文化群有许多不同类型，其中影响购买行为最显著的主要有：

一是民族亚文化群。如我国除了占人口多数的汉族外，还有几十个民族，他们在食品、服饰、娱乐等方面仍保留着各自民族的许多传统情趣和喜好。

二是宗教亚文化群。以我国来说，就同时存在着伊斯兰教、佛教、天主教等。他们特有的信仰、偏好和禁忌在购买行为和购买种类上表现出许多特征。

三是地理亚文化群。如我国华南地区与西北地区，或沿海地区与内地偏远地区，都有不同的生活方式和时尚，从而对商品的购买也有很大不同。

（2）社会相关群体对消费者购买行为的影响。相关群体是指对消费者的态度和购买行为具有直接或间接影响的组织、团体和人群等。消费者作为社会一员，在日常生活中要经常与家庭、学校、工作单位、左邻右舍、社会团体等发生各种各样的联系。

家庭是消费者最基本的相关群体，因而家庭成员对消费者购买行为的影响显然最强烈。现在大多数市场营销人员都很注意研究家庭不同成员，如丈夫、妻子、子女在商品购买中所起的作用和影响。一般来说，夫妻购买的参与程度大都因产品的不同而有所区别。家庭主妇通常是一家的采购者，特别是在食物、家常衣着和日用杂品方面的购买，传统上更主要由妻子承担。但随着知识女性事业心的增强，男子参与家庭和家务劳动风气的逐步兴起，现在生产基本生活消费品的企业如果仍然认为妇女是他们产品唯一的或主要的购买者，那将在市场营销决策中造成很大的失误。当然在家庭的购买活动中，其决策并不总是由丈夫或妻子单方面做出的，实际上有些价值昂贵或是不常购买的产品，往往是由夫妻双方包括已长大的孩子共同作出购买决定的。

亲戚、朋友、同学、同事、邻居等也是影响消费者购买行为的重要相关群体。这些相关群体是消费者经常接触，关系较为密切的一些人。由于经常在一起学习、工作、聊天等，使消费者在购买商品时，往往受到这些人对商品评价的影响，有时甚至是决定性的影响。此外，影响消费者购买行为的社会因素还包括一定的社会政治、法律、军事、经济等因素。影响消费者购买行为的主要因素，除消费者自身因素、社会因素之外，还有企业和产品因素，如产品的质量、价格、包装、商标和企业的促销工作等。

消费者的购买决策过程即人们购买一种商品的行为并不是突然发生的，在购买行为发生之前，购买者会有思维活动或行为来保证以后购买的商品自己能满意。即使一个消费者把商品买到家里后，他还会进一步研究他所买的商品，看看性能如何，味道如何等。这样看来，与消费者购买行为相关的是一个完整的消费者的购买过程。作为参与市场营销的企业来说，了解整个消费者的购买决策过程是很重要的，因为在消费者购买过程中，企业可以制定一些策略来帮助消费者满足自己的需要。

三、顾客购买决策过程分析

(一) 消费品市场顾客购买决策过程分析

消费者的购买决策过程可以明显地分为五个阶段，它们是：认识需要、信息搜索、评估选择、购买决定与购后评估。

1. 认识需要

消费者首先要认识到自己需要某种商品的功能后，才会去选择和购买，因此，认识需要是消费者购买决策过程中的第一个阶段。在这个阶段里，消费者认识到自己的即时状态与理想中的状态的差距，所以就想消除这个差距。许多因素都可以使人们认识到自己的需要。当人们看到冰箱里空了，就会去买蔬菜、水果、饮料等来补充，甚至空了的酱油瓶和醋瓶也会引起人们认识到需要一瓶新的酱油和一瓶醋。正是因为许多因素都可以激发人们认识需要，因此进行市场营销的企业可以通过广告来激发人们对新产品的需要，从而使他们放弃那些老的产品或者是在市场上已经没有竞争力的产品。

2. 信息搜索

消费者认识到自己的需要以后，便会自动地进入购买决策过程中的另一个阶段——信息搜索，当然，对于反复购买的商品，消费者会越过信息搜索阶段，因为所需信息已被消费者通过过去的搜索而掌握，这是不言而喻的。另外对于一个消费者来说，越贵的商品越能使消费者重视信息搜索。信息的外部来源有多种。

（1）个人来源：亲戚和朋友是典型的外部信息来源，在与亲朋好友的聊天中，人们会获得关于商品的知识和信息，并且有相当一部分的消费者喜欢接受别人的建议及购物指南，尽管介绍商品的人的认识或消息来源有时也不十分准确。

（2）公共来源：公共来源的范围较广，可以是政府或其他组织的评讲，也可以是报纸或杂志中关于产品的评论与介绍，还可以是广播电台或电视台组织的有关商品的节目。

（3）商品来源：商品来源包括产品广告、推销员的介绍、商店的陈列或产品包装上的说明等，不过这些途径的信息对消费者来讲有时会有先天性的偏差，消费者可以同意或相信，也可以提出问题或根据自己的经验作其他评论。

3. 评估选择

（1）品牌子集。所谓品牌子集是指消费者根据某种标准所作出的限定范围内的商品品牌。评估选择只在消费者的品牌子集中进行，这个子集并不包括该类产品的所有的品牌。

（2）决定性因素在消费者评价与选择的标准中，通常会有一项是促成消费者决策的主要因素，这项因素被称为决定性因素。决定性因素依商品的种类和消费者的感觉、生活方式、态度、需要等诸多方面的因素而变化。例如当一位公司高级职员要买一块与他的地位相称的手表，他一般会去买欧米茄（OMEGA）的，这时的品牌就是他评价与选择的决定性因素。假如一位爱吃辣椒的消费者买零食，那么带辣味儿的食品就是他的首选食品，于是他会买带辣味儿的锅巴或虾条，至于说品牌，则不是他关注的要点。有时决定性因素并不止一个，可以是两个同样重要的因素。

对企业来说，使某种商品具有独一无二的特色并不是工作的全部，要紧的是这个特色必须与消费者眼里的决定性因素结合起来，这样才能吸引消费者并满足消费者的迫切需要。实际上这种思想已经被许多企业所利用，并在广告中不断地宣传产品的迎合消费者决定性因素的功能。洗涤剂的去污能力、卫生巾的防侧漏、电视录像一体机的便利、抗过敏药的无嗜睡性等，都是这方面的例子。

4. 购买决定

消费者经过搜索信息对产品进行了评价与选择后就会作出购买决定。当然，消费者也可能因为评价与选择过程中的问题推迟或取消购买的决定，这时消费者购买的决策过程处于停滞状态。参与营销的企业不可能对消费者的购买决定做任何工作，因为消费者一旦做出购买决定，余下的只是在商店或其他什么地方完成交易，也就是付款、提货或安排交货地点等事宜。

5. 购后评估

将商品买回家以后，消费者的购买决策过程还没有终止，因为在最初使用商品的过程中，消费者会以购前的期望为标准来检查与衡量自己买回来的商品，为的是看看有没有什么问题或不满意的地方。

消费者的期望与消费者所购产品间的差异被称为是双向差异。双向差异的校正主要由进行营销的企业方面来执行，例如检查产品说明有无给予消费者正确的指导，广告内容有无超现实的方面，产品制造方面是否尚存在缺陷等。另外，对技术要求较高的产品，企业对消费者进行专门指导和培训是十分重要的，这一做法已被许多计算机公司和软件公司所采用。

（二）产业市场顾客购买决策过程分析

在任何一个企业中，除了专职的采购人员之外，还有一些其他人员也参与购买决策过程。所有参与购买决策过程的人员构成采购组织的决策单位，营销学称之为采购中心。企业采购中心通常包括五种成员：

（1）使用者，即具体使用欲购买的某种产业用品的人员。

（2）影响者，即在企业外部和内部直接或间接影响购买决策的人员。

（3）采购者，即在企业中有组织采购工作（如选择供应商、和供应商谈判等）的正式职权人员。

（4）决定者，即在企业中有批准购买产品权力的人。

（5）信息控制者，即在企业外部和内部能控制市场信息流到决定者、使用者的人员，如企业的购买代理商、技术人员等。

产业购买者不是只作单一的购买决策，而是要作一系列的购买决策。产业购买者所作购买决策的数量、其购买决策结构的复杂性，取决于产业购买者行为类型的复杂性。产业购买者的行为类型大体有三种：直接重购、修正重购、全新采购。产业购买者作购买决策时受一系列因素的影响：环境因素，即一个企业外部周围环境的因素，诸如一个国家的经济前景、市场需求、技术变化、市场竞争、政治与法规等情况；组织因素，即企业本身的因素，诸如企业的目标、政策、程序、组织结构、制度等；人际因素。如上所说，企业的采购中心通常包括使用者、影响者、采购者、决定者和信息控制者，这五种成员都参与购买决策过程。这些参与者在企业中的地位、职权、说服力以及他们之间的关系有所不同。这种人事关系也不能不影响产业购买者的购买决策和购买行为；个人因素，即各个参与者的年龄、受教育程度、个性等。这些个人的因素会影响各个参与者对要采购的产业用品和供应商的感觉、看法，从而影响购买决策、购买行动。供货企业还要了解其顾客的购买过程的各个阶段的情况，并采取适当措施，满足顾客在各个阶段的需要，才能成为现实的卖主。产业购买者购买过程的阶段多少，也取决于产业购买者行为类型的复杂程度。在直接重购这种最简单的行为类型下，产业购买者购买过程的阶段最少；在修正重购情况下，购买过程的阶段多一些；而在全新采购这种最复杂的情况下，购买过程的阶段最多，要经过八个阶段。

（1）认识需要。在全新采购和修正重购情况下，购买过程是从企业的某些人员认识到要购买某种产品以满足企业的某种需要开始的。认识需要是由两种刺激引起的：一是内部刺激，诸如企业决定推出某种新产品，因而需要采购生产这种新产品的新设备和原料等；二是外部刺激，如采购人员看广告或参加展销会等，发现了更物美价廉的产业用品。

（2）确定需要。所谓确定需要，也就是确定所需品种的特征和数量。确定标准品的特征和数量比较简单易行。至于复杂品种，采购人员要和使用者、工程师等共同研究，确定所需品种的特征和数量。供货企业的营销人员在此阶段要帮助采购单位的采购人员确定所需品种的特征和数量。

（3）说明需要。企业的采购组织确定需要以后，要指定专家小组，对所需品种进行价值分析，做出详细的技术说明，作为采购人员取舍的标准。

（4）物色供应商。在全新采购情况下，采购复杂的、价值高的品种，需要花较多时间物色供应商。供货企业要加强广告宣传，千方百计提高本公司的知名度。

（5）征求建议书。即企业的采购经理邀请合格的供应商提出建议。如果采购复杂的、价值高的品种，采购经理应要求每个潜在的供应商都提交详细的书面建议。采购经理还要从合格的供应商中挑选最合适的供应商，要求它们提出正式的建议书。因此，供货企业的营销人员必须善于提出与众不同的建议书，以引起顾客的信任，争取成交。

（6）选择供应商。在选择供应商时，传统的做法是：采购中心根据供应商产品质量、产品价格、信誉、及时交货能力、技术服务等来评价供应商，选择最有吸引力的供应商。采购中心作最后决定以前，也许还要和那些较中意的供应商谈判，争取较低的价格和更好的条件。最后，采购中心选定一个或几个供应商。20世纪90年代以来，越来越多的企业已开始倾向于把供应商看作合作伙伴，设法帮助它们提高供货质量、供货及时性，搞好经营管理，开展"供应商营销"。

（7）签订合约。即采购经理开订货单给选定的供应商，在订货单上列举技术说明、需要数量、期望交货期等。现代企业日趋采取"一揽子合同"，而不采取"定期采购交货"。这是因为，如果采购次数较少，每次采购批量较大，库存就会增加；反之，如果采购次数较少，库存就会减少。采购经理通过和某一供应商签订"一揽子合同"，和这个供应商建立长期供货关系，这个供应商承诺当采购经理需要时即按照原来约定的价格条件随时供货。

（8）绩效评价。采购经理最后还要向使用者征求意见，了解他们对购进的产品是否满意，检查和评价各个供应商履行合同情况。然后根据这种检查和评价，决定以后是否继续向某个供应商采购产品。

技能训练

一、训练内容

对中国航运业的客户进行分类并设计相应的策略。

二、训练要求

（1）将班级分成若干组，每组4~6人，由各小组组长进行成员分工，通过网络或书刊查阅相关资料。

（2）要求小组成员均参与其中，分工明确，各负其责，各人要有完整的工作记录。

（3）各小组将收集的资料制作成课件，按时交给指导教师审核。

拓展阅读

迷局中的中国航运业

由于国际经济形势持续不振，近年来世界海运市场深陷调整期。中国航运业难以置身事外。当前，中国航运业正处于几十年一遇的特别困难时期，运力出现严重过剩，价格持续低迷、整个行业面临生存艰难的局面。

基层员工喊苦："日子很紧，要么歇着，要么改行"

"没啥生意，不天天闲着吗？整体经济形势不好，有啥办法！"小崔抱怨道。小崔在江苏连云港跑货代业务已经有四五年时间了。作为航运业最基层的从业人员，对于航运市场的低迷，他深有感触。他在和中国经济时报记者交流过程中，口里说得最频繁的词语就是"市场不行"、"很差"等。"国外经济那么差，没有人买国内的货，客户出口挣不了钱。现在生意不好，得靠关系，有的是老客户，有的是朋友介绍。"他说。

很多时候，小崔需要做的工作是去航运企业找船只，看哪家价格便宜，然后帮客户订舱。然而现在的问题是，"船多得是，但是运一次亏一次，人家都不运。"

航运企业不搞运输，船只的维护还需要定期做，此外还要缴各种费用。而往海外运，则会赔钱。"原来经济好，每次仓位都爆满。目前经济形势差，集装箱舱位根本就订不满，亏舱严重。航运企业成本基本不变，石油价格又这么高，肯定赔钱。"

"有的企业可能还行，有些小厂都关了。不出海的人，要么歇着，要么改行。"无奈之下的小崔也在寻找着兼职。他说，运到国外赔钱，还不如做国内生意，国内市场毕竟大，国家政策也提倡。

航企喊难：业绩改观不易　部分业务亏损加剧

行业"寒冬"之下，亏损成了不少航运企业的写照。"从上半年的情况看，（业绩）依然不怎么样。"中海海盛的人士对中国经济时报记者预计，目前市场还是供大于求，BDI指数（波罗的海干散货指数）也不是特别大，中期业绩肯定是预亏的，航运主业都是亏损的。

天津海运的人士对中国经济时报记者表示，所有的企业都面临同样的市场：运力过剩、运价没有太大的变化，航运市场的情况没有大的明显改善，还在恢复期中。

"行业没有什么利好，整个行业的航运主营业务都是低迷的。"宁波海运的人士对中国经济时报记者说，无论是造船还是航运，产能跟运力都过剩，目前还没有明显好转。价格也没有大的变化，国际运输价格仍然比较低，处于低迷期。

各显其能：航运企业极限"自救"

随着近年来国际经济形势的持续低迷，深圳航运业运力出现严重过剩，不少航运公司亏损日益严重，整个行业面临生存艰难的局面。深圳有不少船只目前处于半停运状态。"一些航运公司为了维持船只的良好性能，宁愿把船只以零租金的形式提供给合作伙伴使用。"

为了在"寒冬"里求得一席生存之地，航运企业各显其能。目前航运企业"自救"的方法大致可以分为四类。

第一类是"卖子求生"。比如，深陷巨亏泥沼的中国远洋，先后出售多项资产以期改善盈利状况。

第二类是"以此补彼"。比如，亚通股份2013年将加大房地产促销力度，以求改善公司经营情况。

第三类是"勤俭持家"。中海海盛的人士对中国经济时报记者称："尽量去揽货或者节约成本。买一些低价油、降低转速或者航速。反正采取各种各样的经营措施，尽量减少亏损。"

第四类是"背靠大树"。"我们采取增收节支的办法去应对。不过，有些运输成本是降不了的，比如油的成本降低起来很不容易。目前，我们已经跟大股东浙能集团在合作，关联交易的合同量增加很多，保证了公司业务和收入，帮助公司解困不少。"宁波海运的人士对记者说。不过，航运企业实施"自救"并非易事。

当前的航运市场缘何如此低迷

某航运企业负责人认为，造成航运业严重衰退有四大原因：世界经济复苏乏力；中国经济严重下滑；运力灾难性过剩；航运垄断的形成，比如来自于国外大货主特别是淡水河谷的垄断操控。

据中国船东协会常务副会长张守国介绍，近26年来的统计数据表明，航运总是"苦日子长、好日子短"，历史统计数据显示两者比例是1.7:1。航运周期时间已从早期的15年一个周期缩短到目前的6年到10年，其中低迷期近3年到7年，复苏繁荣期持续3年左右。

"当前，航运业正处于几十年一遇的特别困难时期，已有近五年的时间在挤泡沫，越来越接近复苏。"张守国说。

2013年，全球经济逐渐回暖，我国加强了固定资产投资，提升了矿石、煤炭需求；同时新船交付高峰已过，运力过剩情况有所缓解。尤其值得注意的是，前一段时间，由于中国很多电厂季节性补库存，干散货市场曾出现短期回升。

不过，对于航运业回暖的可持续性，不少业内人士存在质疑。多数人的看法是，供需不平衡预示着航企业绩短期内提升困难。与此同时，某大型航运企业负责人也呼吁，航运企业应"抱团取暖"实现均衡突破，通过撤单、推迟、拆解旧船等多种方式，避免运力在短时间内集中释放。控制船队的发展速度，优化船队结构，变同业竞争为互惠共赢，加强产业链上下游纵向整合。此外，大型企业要提高行为自律意识，审视和制定经营策略，维护市场秩序，不引发市场恶性竞争；中小企业不能盲目跟风造船，该停止造船就要停止造船，避免过度投资、过度投放运力。

任务三　物流企业竞争者分析

任务描述

中国邮政 EMS 的竞争者

21世纪以来，中国物流快递业进入了一个快速发展时期，但随着国外物流巨头的逐步渗入及国内民营物流快递公司的飞速发展，我国邮政EMS市场份额持续降低，业务收入增长缓慢。适时调整和完善EMS发展策略，成为中国邮政业面临的首要问题。国内特快中国速递服务公司为中国邮政集团公司直属全资公司，主要经营国际、国内EMS特快专递业务，是中国速递服务的最早供应商，也是目前中国速递行业的最大运营商和领导者。公司拥有员工20000多人，EMS业务通达全球200多个国家和地区以及国内近2000个城市。

请为EMS找出竞争者，并进行竞争者分析。

通过任务分析及相关知识的学习，使学生能够明晰物流市场的竞争者，并能学会用五力竞争模型对竞争分析。

《孙子·谋攻篇》中说："知己知彼，百战不殆；不知彼而知己，一胜一负；不知彼，不知己，每战必殆。"同样的，物流企业想要制定正确的营销战略和策略，为市场提供优质的服务，不仅要分析研究顾客，还必须研究竞争对手。对竞争对手进行分析，只有知己知彼才能取得竞争优势，并在商战中获胜。

一、竞争者分析的含义

其目的是为了准确判断竞争对手的战略定位和发展方向，并在此基础上预测竞争对手未来的战略，准确评价竞争对手对本组织的战略行为的反应，估计竞争对手在实现可持续竞争优势方面的能力。对竞争对手进行分析是确定组织在行业中战略地位的重要方法。

竞争者分析一般包括以下五项内容和步骤。

（1）识别企业的竞争者。识别企业竞争者必须从市场和行业两个方面分析。

（2）识别竞争者对手的策略。

（3）判断竞争者目标。

（4）判断竞争者的反应模式。

（5）做出竞争决策。

二、竞争者的类型

企业参与市场竞争，不仅要了解谁是自己的顾客，而且还要弄清谁是自己的竞争对手。从表面上看，识别竞争者是一项非常简单的工作，但是，由于需求的复杂性、层次性、易变性，技术的快速发展和演进、产业的发展使得市场竞争中的企业面临复杂的竞争形势，一个企业可能会被新出现的竞争对手打败，或者由于新技术的出现和需求的变化而被淘汰。企业必须密切关注竞争环境的变化，了解自己的竞争地位及彼此的优劣势，只有知己知彼，方能百战不殆。

我们可以从不同的角度来划分竞争者的类型。

（一）从行业的角度来看

在物流企业竞争中，受影响的主要因素有5种，也细分为5种力量，分别是新进入者、现有竞争者之间的竞争、替代产品的压力、客户讨价还价的能力和供应者的能力。下面分别作简单的分析。

1. 新进入者

新进入者是指新加入物流行业的企业。这些新进入者受物流行业利润的吸引，市场占有欲较强，大有后来者居上之势。它们给物流行业注入了新的活力，促进了市场的竞争和发展，同时也带来挑战和压力，威胁同行各企业的市场地位。

2. 现有竞争者之间的竞争

现有竞争者是指现有的物流企业同行，竞争的手段主要是价格竞争、广告战、产品竞争、增加顾客服务等。对竞争对手的分析主要包括以下几方面的内容：

（1）行业内竞争的基本情况：包括竞争对手的数量、规模、资金、技术、市场占有率等，研究的目的是找出物流行业中主要的竞争对手。

（2）主要竞争对手的实力：主要分析竞争对手的优势，是什么因素使其对企业构成了威胁。只有深入了解竞争对手的竞争实力，物流企业才有可能在知己知彼中制定有效的对策。

（3）竞争对手的发展方向：包括产品开发方向、市场拓展或转移方向，这是竞争对手的竞争格局和战略动向，分析的目的是制定出相应的竞争策略。

3. 替代产品的压力

替代产品是指同样的业务采用成本较低的方案完成任务。如空运费用较高，在发货时间要求不紧迫的情况下，客户大多数会选择轮船、火车、汽车等地面运输方式托运货物。尤其是轮船，不但运输量大，而且价格低。

4. 客户讨价还价的能力

客户讨价还价的能力是指客户向物流企业施加的压力，这种压力采取的手段主要有压价、要求提高服务质量、索取更多的服务项目等。

5. 供应者的能力

供应者的能力是指供应者向物流企业施加的压力，供应者的压力主要表现在以下几个方面：

（1）物流企业并不是供应者的主要客户物流服务商时，供应者往往会自抬身价。

（2）当供应者的产品成为物流企业的主要投入资源时，由于这种产品对物流企业产品的质量至关重要，使得供应者加大了提价的砝码。

（3）当供应者表现出前向联合的现实威胁时，物流企业与供应者争价时会处于劣势。

（4）当供应者所在企业由某个公司支配，且其集中化程度比物流企业高时，供应者在向较为分散的物流企业销售产品时，往往能在价格、质量及交货期上施加相当的影响。

拓展学习

波特五力模型

美国哈佛大学著名战略学家迈克尔·波特教授指出，一个行业中的竞争，远不只限于原有竞争对手之间，而是存在着五种基本的竞争力量，如图2-2所示。

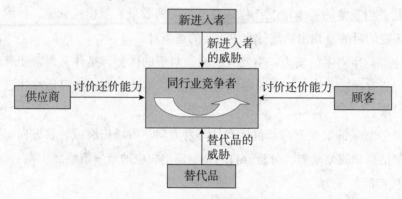

图2-2　波特五力竞争模型

（一）新进入者的威胁

所谓新进入者也称潜在进入者，可以是新创办的企业，也可以是由于实现多元化经营而新进入本行业的企业。新进入者往往带来新的生产能力和充裕的资源，与现有企业争夺市场份额和利润，从而对现有企业的生存和发展形成巨大的威胁。进入威胁的大小取决于进入障碍和现有企业的反击强度。

1. 进入障碍

进入障碍是指要进入一个产业需克服的障碍和需付出的代价。

如果一个产业的进入障碍比较高，新进入者的加入就比较困难，对产业内现有企业的威胁就比较小。反之则威胁较大。决定进入障碍高低的主要因素通常为：

（1）规模经济。规模经济是指生产单位产品的成本随生产规模（产量水平）的增加而降低。规模经济会迫使潜在进入者不得不面临两难的选择：要么以大的生产规模进入该产业，结果是大量投资引致市场整个投入量增加，利益分配格局剧烈变化，从而导致该产业现有企业的强烈抵制；要么以小的生产规模进入，结果是产品成本过高造成竞争劣势。这两种情况都会使潜在进入者望而却步。

（2）产品差异优势。指原有企业通过长期的广告宣传、用户服务和产品质量等获得的市场信誉和用户忠诚。产品差异形成的进入障碍，迫使新进入者必须在产品开发、广告宣传和用户服务等方面进行大量的投资，才有可能树立自己的信誉，并从原有企业手中夺取用户，取得一定的市场份额。

（3）资金需求。指企业进入某产业所需的物资和货币的总量。新进入者想要进入一个新的行业，并在竞争中获胜，不仅需要大量的资金，而且需要冒失败的风险，由此形成了进入障碍。不同的行业，对资金的需求量是不同的，像采矿业、计算机业、汽车业等对资金的需求量很大，使一般企业难以进入。

（4）销售渠道。新进入者在进入新产业时面临着与以往不同的产品分销途径与方式，一个产业原有的分销渠道已经为现有企业服务，新进入者要进入该产业销售渠道，就必须通过价格折扣、降低付款条件及广告合作等方法来说服原销售渠道接受自己的产品，这样做势必减少新进入者的利润，从而形成了进入障碍。特别是对于那些与现有企业建立了长期关系甚至是专营关系的销售渠道来说，进入壁垒更高，因此新进入者有时不得不投入巨资去开辟一条新的销售渠道。

（5）转换成本。指购买者变换供应者所付出的一次性成本。它包括重新训练业务人员、增加新设备、调整检测工具等引起的成本，甚至还包括中断原供应关系的心理成本等。这一切都会造成购买者对变换供应者的抵制。新进入者要想进入，就必须花费大量的时间和推出特殊的服务来消除行业内原有企业客户的这种抵制心理。

（6）与规模经济无关的固有成本优势。产业内原有企业常常在其他方面还具有与规模经济无关的固有的成本优势，新进入者无论达到什么样的规模经济状态都不能与之相比。比如，产品技术专利、资源的独占权、占据市场的有利地位、独有的技术诀窍等。如在烟草、金融、电信、某些战略资源等行业，国家规定了严格的准入制度。

2. 现有企业的反击强度

原有企业对新进入者的态度和反应，直接影响到进入的成功与否。如果现有企业对新进入者采取比较宽容的态度，新进入者进入某一产业就会相对容易一些；反之，如果现有企业非常在意甚至不满，就会对新进入者采取强烈的反击和报复措施，如在规模、价格、广告等方面加以遏制。这为新进入者增加了成功的难度。

一般来说，现有企业在以下几种情况下会对新进入者进入本产业反应强烈：

（1）现有企业资源条件充足，有能力对新进入者进行强烈的反击和报复。

（2）退出壁垒高，使企业深深陷于该产业，且资产的流动性较低。

（3）产业增长速度缓慢，吸收新进入者的能力有限。在这种情况下，新进入者势必要侵蚀现有企业的市场份额和利润，所以必然会遭到强烈的反击和报复。

（二）现有企业间的竞争

在同一个行业内部，存在着众多生产相同或相似产品的同业企业。同业企业之间始终存在着竞争。不过，其竞争的激烈程度往往因行业不同而不同，有的行业比较缓和，有的行业非常激烈。影响竞争激烈程度的主要因素有以下几个方面：

1. 同业企业的数量和力量对比

在同一个行业中，生产相同或相似产品的企业越多，竞争就越激烈。每一个企业为了在有限的市场中占领更大的份额，获取更多的利润，必然会在价格、质量、服务等方面与对手展开激烈的竞争，从而使整个行业的利润水平随之降低。

如果同业企业之间实力相差不大，处于相持不下的局面，这时，为了争夺市场和在行业中的领导地位，各企业之间的竞争也会趋向激烈，这将导致行业的不稳定。如果一个行业内仅有一个或少数几个大型企业处于支配地位，行业市场集中度高，则领导企业可通过价格领导制等方式在行业中起协调作用并建立行业秩序。

2. 行业发展的速度

一个行业在不同的寿命周期阶段，发展的速度也往往不同。

当行业的发展处于成长阶段，其发展速度比较快，由于市场的不断扩大和企业生存空间的加大，每个企业都可以较容易地在市场中找到自己的位置，因此企业考虑更多的是如何集中精力更好更快地发展壮大自己，而不会过多考虑竞争对手的情况，从而使企业间的竞争相对缓和。若行业处于成熟期，市场增长缓慢，这时，各企业为了保证自身的生存，必然导致你死我活的竞争。

3. 产品的差异化程度与用户的转换成本

同业企业之间的产品，如果差异性小，标准化、通用化水平高，则用户转换成本较低，容易导致企业之间激烈的竞争。反之，若同业企业之间的产品差异性比较大，各具特色，各自拥有不同的市场和用户，这时用户的转换成本高，企业间的竞争就不会太激烈。

4. 固定成本和库存成本

固定成本高的产业迫使企业要尽量充分利用其生产能力，以降低单位产品成本。当生产能力利用不足时宁愿降价以扩大销量也不愿使生产能力闲置，家电行业企业、汽车制造行业都是如此。

另一种情况与产品的库存成本问题有关。如果企业生产的产品不容易储存或库存成本较高（如一些鲜活农副产品），当产量过剩时企业就可能会不择手段地出货。这两种情况都必然导致行业竞争加剧。

5. 行业内生产能力的增加幅度

基于行业的技术特点或规模经济的要求，在一个行业内，如果每个企业都能按部就班地逐步扩大生产能力，竞争激烈程度就不会太高。反之，如果行业内企业在一定时间内迅速大幅度提高了生产能力，因为生产能力的提高已经提前透支了未来的增长因素，从而导致在一段时期内生产能力相对过剩，最终使竞争加剧。

6. 退出障碍

退出障碍是指企业在退出某个产业时需要克服的障碍和付出的代价，主要包括以下方面：

（1）具有高度专门化的资产，其清算价值低或转换成本高。

（2）退出的费用高。如高额的劳动合同违约费、员工安置费、设备备件费。

（3）已建立某种战略协同关系。如果企业退出，就会破坏这种协同关系，影响企业的产品形象、市场营销能力以及分享设备的能力等。

（4）心理因素。如退出产业会影响员工的忠诚度，经营者对个人事业前途充满畏惧等。

（5）政府和社会限制。如政府因担心增加失业人数、影响区域经济发展等，有时候会出面劝阻或反对企业退出该产业。

如果退出障碍比较高，即使经营不善的企业也要继续维持下去，竞争者的数目很难减少，从而加剧了现有企业之间的竞争。

（三）替代品的威胁

替代品是指那些与本行业的产品具有相同或相似功能的其他产品。

（1）如晶体管可以替代电子管，E-mail 可以代替电报、信函等。

（2）替代品的出现，会给行业内的所有企业带来冲击。

替代品往往在某些方面具有超过原有产品的竞争优势。

（1）比如价格低、质量高、功能新、性能好等，因此它有实力与原有产品争夺市场，分割利润，使原有企业处于极其不利的地位。

（2）企业应随时警惕替代品的出现，并预先制定出防范措施。

不过，当某些替代产品的出现代表着时代潮流，具有很强的市场吸引力的时候，企业采取完全排斥的态度，不如采取引进、吸纳新技术的态度更为有利。

1. 替代品与现有产品的相对价值价格比（Relative Value Price，RVP）

当本行业中生产的产品存在替代品时，生产替代品的企业会给本行业的现有企业带来一定的竞争压力。替代品的竞争压力越大，对现有企业的威胁就越大。所谓相对价值价格比，是指替代品价值价格比与现有产品价值价格比的比值，而一个产品的价值价格比是指提供给用户的价值与用户为它支付的价格之比。一般来讲，替代品及现有产品的价格是比较容易确定的，而估算替代品及现有产品的价值是比较困难的。替代品与现有产品的相对价值取决于以下几个方面：

(1) 替代品能向用户提供的价值差异性的大小；

(2) 用户是否能够感知替代品的价值差异，并承认其价值；

(3) 替代品使用频率是否比现有产品使用频率低；

(4) 替代品的交货和安装成本是否比现有产品低；

(5) 替代品价格的相对变动性和替代品可得性；

(6) 直接使用成本及间接使用成本的变化；

(7) 用户使用替代品前后经营业绩表现的差异；

(8) 替代品比现有产品在功能上的增加情况；

(9) 互补产品的成本及性能。

2. 用户转向替代品的转化成本

(1) 收集替代品的信息；

(2) 检验替代品是否能达到使用者所要求的性能标准；

(3) 用户的生产活动或价值活动需要重新设计；

(4) 使用替代品后的培训及学习成本有所增加；

(5) 使用替代品后，劳动者地位发生改变；

(6) 失败的风险；

(7) 需要对相应的软件、零部件和检测工具进行投资。

3. 用户使用替代品的欲望

在不同竞争环境下，在不同的行业中，不同的顾客，其替代的欲望是不同的。

（四）供应商的讨价还价能力

供应商是指从事生产经营活动所需要的各种资源、配件等的企业供应单位。往往通过提高价格或降低质量及服务的手段，向行业的下游企业施加集中的压力，并以此来榨取行业利润。供应商的讨价还价能力越强，现有产业的盈利空间就越小；反之则盈利空间大。

决定供应商讨价还价能力的因素主要有以下几点：

1. 行业集中度

供应商所在行业的集中度高于购买者的集中度，即供应由少数几家公司实行高度集中控制，并且由他们向分散而众多的企业提供产品时，供应商就很容易联手操纵市场，供应商处于强势地位，他们会迫使购买者在价格、数量、付款条件和交货方式等方面接受有利于供应商的条款。

2. 行业的重要性

当供应商向很多行业出售产品时，如果某行业的购买量在供应商的销售量中只占较小部分，则供应商有较强的讨价还价能力。如果本行业是一个重要的客户，供应商就会通过合理定价以及协助该行业的研究开发活动，或公关活动等方式来保护与该行业的关系。

3. 前向一体化的可能性

供应商实现前向一体化的可能性大，则对行业施加的竞争压力就大。相反，如果供应商难以实现前向一体化，则对行业施加的竞争压力就会比较小。比如，以原油开采为主业的石油公司（原油供应商）自己大量兴建石油化工厂，就会对石油化工产业（原油购买者）带来很大竞争压力。

4. 供应商的重要性

如果供应商的产品对买主生产过程或产品质量至关重要时，供应商就有较强的讨价还价能力，特别是当这种产品不能储存时，供应商的讨价还价能力会更强。

5. 产品差异化程度和转换成本的大小

如果供应商的产品与众不同，购买者对供应商的依赖性越强，供应商就会处于优势地位，在交易中持强硬态度。另外，如果购买者中途转换供应商需要付出巨大的代价，则变更供应商就会很困难，供应商讨价还价能力就很强。

6. 产品的可替代程度

如果供应商提供的产品可替代程度低，用户的选择余地小，则购买者只好接受供应商的价格及其他条件，以维持生产经营，这时，供应商讨价还价能力很强。相反，如果供应商产品的可替代性强，用户的选择余地很大，供应商则处于不利地位。

（五）顾客的讨价还价能力

顾客是企业产品或房屋的购买者，是企业服务的对象。顾客对本行业的竞争压力，表现为要求企业提供的产品尽可能价格低、质量高，并且能提供周到的服务。同时，顾客还可能利用现有企业之间的竞争对生产厂家施加压力。

影响顾客讨价还价能力的主要因素：

1. 顾客集中度

顾客采取集中进货的方式，或者进货批量较大，则对供方企业具有很大的讨价还价能力。

2. 顾客从供方购买产品占其成本的比重

顾客从本行业购买的产品在其成本中占的比重较大，他在购买时选择性较强，其讨价还价的欲望也会非常强烈，并会尽量压低价格。反之，如果所购产品在顾客成本中只占很小比例，则顾客对所购产品的价格并不十分敏感，花大力气去讨价还价的可能性也不大。

3. 顾客选择后向一体化的可能性

顾客实力强大，具有实现后向一体化的能力。顾客如果选择后向一体化经营方式，则他们可以在向外购买与自行生产两种方式之间进行选择，这就增强了顾客对供方的讨价还价能力。

4. 产品差异化程度和转换成本的大小

本行业产品的标准化程度高，顾客的转换成本小，因而，顾客对产品的挑选余地比较大，也会形成对本行业的压力。

5. 顾客对信息的掌握程度

如果顾客对所购产品的市场需求、市场价格、生产成本等信息有足够的了解，他们可能就此与供方进行充分的讨价还价。

（二）从市场方面看

1. 品牌竞争者

企业把同一行业中以相似的价格向相同的顾客提供类似产品或服务的其他企业称为品牌竞争者。如家用空调市场中，生产格力空调、海尔空调、三菱空调等厂家之间的关系。

品牌竞争者之间的产品相互替代性较高，因而竞争非常激烈，各企业均以培养顾客品牌忠诚度作为争夺顾客的重要手段。

2. 行业竞争者

企业把提供同种或同类产品，但规格、型号、款式不同的企业称为行业竞争者。所有同行业的企业之间存在彼此争夺市场的竞争关系。如家用空调与中央空调的厂家、生产高档汽车与生产中档汽车的厂家之间的关系。

3. 需要竞争者

提供不同种类的产品，但满足和实现消费者同种需要的企业称为需要竞争者。如航空公司、铁路客运、长途客运汽车公司都可以满足消费者外出旅行的需要，当火车票价上涨时，乘飞机、坐汽车的旅客就可能增加，相互之间争夺满足消费者的同一需要。

4. 消费竞争者

提供不同产品，满足消费者的不同愿望，但目标消费者相同的企业称为消费竞争者。如很多消费者收入水平提高后，可以把钱用于旅游，也可用于购买汽车，或购置房产，因而这些企业间存在相互争夺消费者购买力的竞争关系，消费支出结构的变化，对企业的竞争有很大影响。

（三）从企业所处的竞争地位来看

1. 市场领导者（Leader）

指在某一行业的产品市场上占有最大市场份额的企业。如柯达公司是摄影市场的领导者，宝洁公司是日化用品市场的领导者，可口可乐公司是软饮料市场的领导者等。市场领导者通常在产品开发、价格变动、分销渠道、促销力量等方面处于主导地位。市场领导者的地位是在竞争中形成的，但不是固定不变的。

2. 市场挑战者（Challenger）

指在行业中处于次要地位（第二、第三甚至更低地位）的企业。如富士是摄影市场的挑战者，高露洁是日化用品市场的挑战者，百事可乐是软饮料市场的挑战者等。市场挑战者往往试图通过主动竞争扩大市场份额，提高市场地位。

3. 市场追随者（Follower）

指在行业中居于次要地位，并安于次要地位，在战略上追随市场领导者的企业。在现实市场中存在大量的追随者，市场追随者的最主要特点是跟随。在技术方面，它不做新技术的开拓者和率先使用者，而是做学习者和改进者。在营销方面，不做市场培育的开路者，而是搭便车，以减少风险和降低成本。市场追随者通过观察、学习、借鉴、模仿市场领导者的行为，不断提高自身技能，不断发展壮大。

4. 市场补缺者（Niche）

多是行业中相对较弱小的一些中、小企业，它们专注于市场上被大企业忽略的某些细小部分，在这些小市场上通过专业化经营来获取最大限度的收益，在大企业的夹缝中求得生存和发展，如专营某条线路的物流服务者。市场补缺者通过生产和提供某种具有特色的产品和服务，赢得发展的空间，甚至可能发展成为"小市场中的巨人"。

综上所述，企业应从不同的角度，识别自己的竞争对手，关注竞争形势的变化，以更好地适应和赢得竞争。

三、确认竞争者的目标

在识别了主要竞争者之后，企业经营者接着应回答的问题是：每个竞争者在市场上寻求什么，什么是竞争者行动的动力？最初经营者推测，所有的竞争者都追求利润最大化，并以此为出发点采取各种行动。但是，这种假设过于简单。不同的企业对长期利益与短期利益各有侧重。有些竞争者更趋向于获得"满意"的利润而不是"最大利润"。尽管有时通过一些其他的战略可能使他们取得更多利润，但他们有自己的利润目标，只要达到既定目标就满足了。

也就是说，竞争者虽然无一例外关心其企业的利润，但他们往往并不把利润作为唯一的或首要的目标。在利润目标的背后，竞争者的目标是一系列目标的组合，对这些目标竞争者各有侧重。所以，我们应该了解竞争者对目前盈利的可能性、市场占有率的增长、资金流动、技术领先、服务领先和其他目标所给予的重要性权数。了解了竞争者的这种加权目标组合，我们就可以了解竞争者对目前的财力状况是否感到满意，他对各种类型的竞争性攻击会作出什么样的反应等。如一个追求低成本领先的竞争者对于他的竞争对手因技术性突破而使成本降低所作出的反应，比对同一位竞争对手增加广告宣传所作出的反应强烈得多。

企业必须跟踪了解竞争者进入新的产品细分市场的目标。若发现竞争者开拓了一个新的细分市场，这对企业来说可能是一个发展机遇；若企业发现竞争者开始进入本公司经营的细分市场，这意味着企业将面临新的竞争与挑战。对于这些市场竞争动态，企业若了如指掌，就可以争取主动，有备无患。

在了解竞争者之后，物流企业要决定自己的对策，主要是选择、区分不同的进攻对象和回避对象。物流企业要根据以下情形作出决策。

（一）迟钝型竞争者

某些竞争企业对市场竞争措施的反应不强烈，行动迟缓。这可能是因为竞争者受到自身在资金、规模、技术等方面的能力的限制，无法作出适当的反应；也可能是因为竞争者对自己的竞争力过于自信，不屑于采取反应行为；还可能是因为竞争者对市场竞争措施重视不够，未能及时捕捉到市场竞争变化的信息。

（二）选择型竞争者

某些竞争企业对不同的市场竞争措施的反应是有区别的。例如，大多数竞争企业对降价这样的价格竞争措施总是反应敏锐，倾向于作出强烈的反应，力求在第一时间采取报复措施进行反击，而对改善服务、增加广告、改进产品、强化促销等非价格竞争措施则不大在意，认为不构成对自己的直接威胁。

（三）强烈反应型竞争者

竞争企业对市场竞争因素的变化十分敏感，一旦受到来自竞争挑战就会迅速地作出强烈的市场反应，进行激烈的报复和反击，势必将挑战自己的竞争者置于死地而后快。这种报复措施往往是全面的、致命的，甚至是不计后果的，不达目的绝不罢休。这些强烈反应型竞争者通常都是市场上的领先者，具有某些竞争优势。一般企业轻易不敢或不愿挑战其在市场上的权威，尽量避免与其作直接的正面交锋。

（四）不规则型竞争者

这类竞争企业对市场竞争所作出的反应通常是随机的，往往不按规则出牌，使人感到不可捉摸。例如，不规则型竞争者在某些时候可能会对市场竞争的变化作出反应，也可能不作出反应；他们既可能迅速作出反应，也可能反应迟缓；其反应既可能是剧烈的，也可能是柔和的。

技能训练

一、训练内容

收集 EMS 的相关信息，并对其竞争者、供应商、客户、潜在加入者和替代者进行五力竞争模型分析。

二、训练要求

（1）将班级分成若干组，每组 4 ~ 6 人，由各小组组长进行成员分工，通过网络或书刊查阅 EMS 的相关基本资料，小组讨论界定 EMS 的竞争者、供应商、客户、快递行业的潜在加入者和替代者，并运用波特五力竞争模型进行详细的分析。

（2）要求小组成员均参与其中，分工明确，各负其责，各人要有完整的工作记录。

（3）各小组将收集的资料制作成课件，按时交给指导教师审核。

任务四　如何完成物流市场调研

任务描述

A 物流公司近期大客户流失率较高，公司为了搞清楚原因，需要进行市场调研。请为 A 公司设计市场调研方案。

任务目标

通过任务分析及相关知识的学习，使学生能够懂得物流市场调研的方法，并能学会用调查问卷法进行市场信息的收集。

相关知识

一、物流市场营销调研

（一）物流市场营销调研的含义与内容

物流市场营销调研，是指系统地设计、收集、分析并报告与物流企业有关的数据和研究结果。最主要的研究活动有：物流市场特性的确定、潜在市场的开发、市场占有率分析、销售分析、竞争分析。

（二）物流市场营销调研技术

主要有定量研究和定性研究。

定量研究一般是为了对特定研究对象的总体得出统计结果而进行的。

定性研究具有探索性、诊断性和预测性等特点。它并不追求精确的结论，而只是了解问题之所在，摸清情况，得出感性认识。

二、物流市场营销数据的收集

物流市场营销数据的收集主要有两种来源，即原始数据和二手数据。其中经过编排、加工处理的数据，称为二手数据；物流企业首次亲自收集的数据，称为一手数据或原始数据。

（一）二手数据的主要来源

这些二手数据可能存在于网络、报纸、杂志、政府出版物或商业、贸易出版物上，还可能需要从提供市场营销信息的企业购进等，这些通过不同途径获取的信息的可靠性与准确性又有多少呢，确实有一些人发现不同网站上描述的同一件事，但数据上却有非常大的偏差。所以营销调研人员及管理人员对这些二手数据必须进行严格审查与评估。

（二）评估二手数据的标准

1. 公正性

所谓公正性，是指提供该项数据的人员或组织不怀有偏见或恶意。

2. 有效性

所谓有效性，是指研究人员是否利用了某一特定的相关测量方法或一系列相关测量方法来收集数据。

3. 可靠性

所谓可靠性，是指从某一群体中抽出的样本数据是否能准确反映其整个群体的实际情况，所抽取的个体一定要具有代表性。

三、收集原始数据的主要方法

收集原始数据的方法有四种，即观察法、实验法、调查法和专家估计法。

（一）观察法

是指通过观察正在进行的某一特定市场营销过程，来解决某一市场营销调研问题。例如，有些企业超市的天花板上安装电视照相机，追踪顾客在店内的购物过程，据此来考虑重新陈列产品，以便顾客选购。

（二）实验法

1. 实验法定义

所谓实验法，是指将选定的刺激措施引入被控制的环境中，进而系统地改变刺激程度，以测定顾客的行为反应。

（1）实验主体，是指可被施以行动刺激，以观测其反应的单位。这个主体可以是消费者、商店及销售区域等。

（2）实验投入，在实验当中所改变的要素，实验投入可以是价格、包装、陈列、销售奖励计划或市场营销变量。

（3）环境投入，是指影响实验投入及其主体的所有因素，环境投入包括竞争者行为、天气变化、不合作的经销商等。

（4）实验产出，也就是实验结果。在市场营销实验里，这种结果主要包括销售额的变化、顾客态度与行为的变化等。

2. 实验设计的主要类型

（1）简单时间序列实验。没降价与降价了的销售额进行比较，来看价格因素对于整个销售额的影响。

（2）重复时间序列实验。比如，将展销时间延长数周，然后在一段时间内停止展销，再展销一段时间后又停止，如此进行几个循环，在每一个循环时间内都要注意销售变化并求出其平均值，来测定某个因素对最终结果的影响。

（3）前后控制组分析。是为了剔除掉时间因素的变化。

（4）阶乘设计。除了举办展销会，市场营销调研人员还可以对其他市场营销投入措施的影响力量进行实验。这样，实验结果对管理人员会更具说服力。例如，制造商试图对三种展销会、三种价格水平、三种保证措施进行实验。那么就会有 27 种实验投入组合。

（5）拉丁方格设计。如果实验投入因素之间不存在相互联系、相互影响的关系，则可用拉丁方格设计法，仅试验 9 种组合，简单估计投入的个别影响。这样，就可以减少多因素实验设计的成本费用。

（三）调查法

1. 调查方法

调查方法主要有三种，即电话访问、邮寄问卷以及人员访问。

人员访问在这三种方法中最富有灵活性，可以提出许多问题，并且还可以察言观色，及时补充、修正面谈内容。但是，采用这种方法需花费很高的成本。

电话访问可获得最迅速、最及时的信息。但如果调查的问题较多时，拒访率就会很高。

邮寄问卷是最有效的调查方法。相对人员访问与电话访问成本比较低。

2. 研究工具

一般来说是设置相应的问卷，设置问题形式有开放式和封闭式两种。

设置好问卷后开始实施相应的调查，调查过程中可以选择的方式有普查和抽样调查。普查在现实中用到的不多，企业多数都采用抽样调查。利用抽到的个体作为样本，通过样本表现出来的特征来推导出总体的样本。

3. 收集数据

在确定了研究战略之后，市场营销调研人员还必须进行数据实地调查、收集工作。这一阶段所花费的成本最高，可能出现的错误也最多。常见的主要问题如下：

（1）不在家。

（2）拒绝合作。

（3）回答偏差。

（4）访问人员偏差。

访问人员在面谈过程中可能无意识地带有偏差，这往往是由于性别、年龄、态度、语言等原因所致。

市场营销调研人员在开展研究调查的过程中，必须为能满足可靠性和有效性两种要求而努力。

4. 分析数据

调查法的最后一项工作，是从大量数据中抽象出重要的数据，来证实研究的结果。

过去一般所用的都是人工最后来汇总相应的结果,这样一方面耗费时间,另一方面也容易出错,而且成本高、效率低。现在有一些大型的统计软件,如 SAS、SPSS。所以现在多数都采取现代化的手法。

(四)专家估计法

当企业没有充足的时间来进行一项严谨的科学抽样调查,或即使使用科学研究方法也不能收集到适当的数据时,采取专家主观估计的数据也不失为一种好办法。

如果各估计值相差太远,则研究人员必须另找办法,他可以邀请各个专家一起讨论其差异原因,也可以运用某种加权平均法来综合各个专家的估计值。

四、物流服务调查问卷的撰写

调查问卷又称调查表或询问表,它是社会调查的一种重要工具,用以记载和反映调查内容和调查项目的表式。

(一)问卷的组成部分

一份正式的调查问卷一般包括以下三个组成部分:

第一部分:前言。主要说明调查的主题、调查的目的、调查的意义,以及向被调查者表示感谢。

第二部分:正文。这是调查问卷的主体部分,一般设计若干问题要求被调查者回答。

第三部分:附录。这一部分可以将被调查者的有关情况加以登记,为进一步的统计分析收集资料。

(二)问卷的功能

(1)能正确反映调查目的,具体问题,突出重点,能使被调查者乐意合作,协助达到调查目的。

(2)能正确记录和反映被调查者回答的事实,提供正确的情报。

(3)统一的问卷还便于资料的统计和整理。

问卷的设计是市场调查的重要一环。要得到对你有益的信息,需要提问确切的问题。最好通过提问来确定一个问题的价值,这样做可使你避免把时间浪费在无用或不恰当的问题上。要设计一份完美的问卷,不能闭门造车,而应事先做一些访问,拟订一个初稿,经过事前实验性调查,再修改成正式问卷。

（三）问卷设计的原则

问卷设计时应注意如下原则：

（1）问卷上所列问题应该都是必要的，可要可不要的问题不要列入。

（2）所问问题是被调查者所了解的。

所问问题不应是被调查者不了解或难以答复的问题。使人感到困惑的问题会让你得到的是"我不知道"的答案。在"是"或"否"的答案后应有一个"为什么"，回答问题所用时间最好不超过半小时。

（3）在询问问题时不要转弯抹角。

如果想知道顾客为什么选择你的店铺买东西，就不要问："你为什么不去张三的店铺购买？"你这时得到的答案是他们为什么不喜欢张三的店铺，但你想了解的是他们为什么喜欢你的店铺。根据顾客对张三店铺的看法来了解顾客为什么喜欢你的店铺可能会导致错误的推测。

（4）注意询问语句的措辞和语气。在语句的措辞和语气方面，一般应注意以下几点：

①问题要提得清楚、明确、具体。

②要明确问题的界限与范围，问句的字义（词义）要清楚，否则容易误解，影响调查结果。

③避免用引导性问题或带有暗示性的问题。诱导人们按某种方式回答问题使你得到的是你自己提供的答案。

④避免提问使人尴尬的问题。

⑤对调查的目的要有真实的说明，不要说假话。

⑥需要理解他们所说的一切。利用问卷做面对面访问时，要注意给回答问题的人足够的时间，让人们讲完他们要讲的话。为了保证答案的准确性，将答案向调查对象重念一遍。

⑦不要对任何答案作出负面反应。如果答案使你不高兴，不要显露出来。如果别人回答从未听说过你的产品，那说明他们一定没听说过，这正是你要做调查的原因。

（四）调查问卷提问的方式

调查问卷提问的方式可以分为以下两种形式：

1. 封闭式提问

也就是在每个问题后面给出若干个选择答案，被调查者只能在这些被选答案中选择自己的答案。

2. 开放式提问

就是允许被调查者用自己的话来回答问题。由于采取这种方式提问会得到各种不同的答案，不利于资料统计分析，因此在调查问卷中不宜过多。

（五）调查问卷的设计要求

在设计调查问卷时，设计者应该注意遵循以下基本要求：

（1）问卷不宜过长，问题不能过多，一般控制在 20 分钟左右回答完毕。

（2）能够得到被调查者的密切合作，充分考虑被调查者的身份背景，不要提出对方不感兴趣的问题。

（3）要有利于使被调查者作出真实的选择，因此答案切忌模棱两可，使对方难以选择。

（4）不能使用专业术语，也不能将两个问题合并为一个，以至于得不到明确的答案。

（5）问题的排列顺序要合理，一般先提出概括性的问题，逐步启发被调查者，做到循序渐进。

（6）将比较难回答的问题和涉及被调查者个人隐私的问题放在最后。

（7）提问不能有任何暗示，措辞要恰当。

（8）为了有利于数据统计和处理，调查问卷最好能直接被计算机读入，以节省时间，提高统计的准确性。

附调查问卷范例：

网络购物的物流服务质量调查问卷

您好！非常感谢您抽空来帮忙做这份问卷，此次问卷调查是为了进行网上购物的物流服务满意度调查研究，完全出于学术研究的目的，所有数据仅供学术分析使用，并且采取匿名形式，不会泄露您的任何信息，请您安心作答。

此份问卷分成三个部分：

一、基本信息

1. 您的性别是：

A. 男　　　　　　B. 女

2. 您的受教育程度是：

A. 初中及以下　　B. 高中、中专　　C. 大专　　D. 本科　　E. 硕士研究生

F. 博士生　　G. 其他

3. 您现在的工作是：

A. 白领和企业管理者　　　　B. 蓝领　　　　C. 国家机关和事业单位人员

D. 老师　　　　E. 私营业主　　　　F. 学生　　　　G. 其他

4. 您的年龄为：

A. 18 岁及以下　　　　B. 18 ~ 23 岁　　　　C. 24 ~ 28 岁

D. 29 ~ 35 岁　　　　E. 35 岁及以上

5. 您是否有过 C2C 电子商务网站（淘宝、拍拍、易趣）的网购经历：

A. 是　　　　B. 否（若答项为否，则答题到此结束，谢谢）

6. 在网购过程中，您是否会自己选择物流公司？

A. 会　　　　B. 不会（若选项为不会，则答题跳到第 9 题）

7. 在网购过程中，您一般选择的配送方是：（可多选）

A. 民营物流公司　　　　B. 中国邮政平邮　　C. 邮宝

D. 特快专递（EMS）　　　　E. 航空特快

8. 您选择的物流公司是：（可多选）

A. 申通　　　　B. 圆通　　　　C. 中通　　　　D. 汇通

E. 中国邮政　　　　F. 顺丰　　　　G. 韵达　　　　H. 天天

I. 宅急送　　　　J. 其他

9. 在网购过程中，您在意物流服务吗？

A. 很在意　　　　B. 在意　　　　C. 一般

D. 不太在意　　　　E. 很不在意

10. 如果在意，物流服务的优劣是否会影响到您再次购买的意愿？

A. 会　　　　B. 不一定　　　　C. 不会

二、物流服务的满意度

请您根据您在接受物流服务的过程中，对于目前的物流服务的满意度进行评价（1 ~ 5 分，1 为很不满意，5 为十分满意）。

	物流服务	很不满意（1）	不太满意（2）	一般（3）	满意（4）	十分满意（5）
物流人员服务质量	统一或整洁的服务和外表					
	员工的服务态度					
	发货前是否电话或短信提醒					
	是否主动提醒验货					

	物流服务	很不满意（1）	不太满意（2）	一般（3）	满意（4）	十分满意（5）
物流服务可靠性	货品完好性（没有损坏）					
	货品正确性（没有送错或者是丢件、少件等）					
	送货准时性（没有等待或等待时间可以接受）					
	二次配送及时性（如需换货时）					
	包装完好性（没有破损、可以防水等）					
	到货速度					
物流服务便利性	网络覆盖面					
	查询订单信息方便					
	订单信息更新及时					
	寄件或收件时手续简便					
	配送地点和时间点可接受					
物流服务响应性	退换货速度					
	遗失或损坏时的应急处理能力					
	客户投诉的处理速度					

三、物流服务的关注程度

在接受或选择物流公司提供的服务过程中，请您对以下物流服务的关注程度进行评价（1~5分，1为很不关注，5为十分关注）。

	物流服务	很不关注（1）	不关注（2）	一般（3）	关注（4）	十分关注（5）
物流人员服务质量	统一或整洁的服务和外表					
	员工的服务态度					
	发货前是否电话或短信提醒					
	是否主动提醒验货					

物流服务		很不关注 (1)	不关注 (2)	一般 (3)	关注 (4)	十分关注 (5)
物流服务可靠性	货品完好性（没有损坏）					
	货品正确性（没有送错或者是丢件、少件等）					
	送货准时性（没有等待或等待时间可以接受）					
	二次配送及时性（如需换货时）					
	包装完好性（没有破损、可以防水等）					
	到货速度					
物流服务便利性	网点分布广					
	实时追踪查询订单信息方便					
	寄件或收件时手续简便					
	配送地点和时间点可接受					
物流服务响应性	退换货的速度					
	遗失或损坏时的应急处理能力					
	客户投诉的处理速度					

谢谢您的参与，您的答题对于我的学术研究将带来莫大的帮助，对于问卷，如果您有好的建议，请告知，非常感谢！

技能训练

一、训练内容

对校园快递服务情况进行调研。

二、训练要求

（1）将班级分成若干组，每组 4~6 人，由各小组组长进行成员分工，根据调查的主旨设计调查问卷，并进行调查问卷的发放、填写和收集。

（2）要求小组成员均参与其中，分工明确，各负其责，各人要有完整的工作记录。

（3）各小组将收集的调查问卷进行分析，形成调研报告，按时交给指导教师审核。

项目实训

案例分析——"宝马"汽车成功扎根日本市场

一、背景资料

宝马汽车公司（BMW）在准备进入日本市场前经了解知道，当时日本已有闻名于世的丰田、日产、三菱、铃木和马自达等大汽车公司，并有2万家汽车经销店，只销日产汽车，不愿销外国汽车。

宝马汽车公司（BMW）在了解中还发现，日本人买汽车怕上当，喜欢向熟人买，而日本销售网络多样化是当时的突出特点，是可以利用的。宝马汽车公司（BMW）于是便与非汽车行业挂钩，通过他们的营业网，向他们的关系户出售 BMW 汽车。仅五年就创下了在日本年销14万辆汽车的纪录，成功地在日本扎下了根。

试分析宝马的成功说明了什么？

二、实训目标

1. 培养学生分析问题的能力。

2. 锻炼学生解决问题的能力。

三、实训内容与组织

1. 以组为单位说明宝马汽车公司（BMW）在准备进入日本市场前主要做了什么工作，该项工作的主要收获有哪些？

2. 以组为单位说明宝马汽车公司（BMW）是怎样分析这些因素之间关系的，以及是怎样利用这些因素之间关系的？

3. 6~8人一组，先利用10~15分钟完成小组交流。在此基础上进行组间交流，结合中外汽车生产和销售实际，分析中国汽车可以怎样走向世界？课后完成小组报告。

4. 教师做简单评价，并引导学生绘制因素分析流程图。

四、成果与检测

1. 以小组为单位完成一份3000字论证报告；

2. 小组打分基础上，教师进行综合打分，作为课程过程性考核的组成部分。

项目三 制定物流企业的 STP 战略

知识目标

1. 了解市场细分、市场定位的概念、依据、作用；
2. 熟悉物流市场细分标准和方法以及营销组合理论；
3. 掌握物流企业目标市场的选择、策略以及市场定位的方法。

技能目标

1. 能够对给定的物流企业进行市场细分；
2. 能够为给定的物流企业选择合适的目标市场；
3. 能够完成对物流市场营销组合的初步设计。

任务一 细分物流服务的市场

任务描述

宝供物流企业集团有限公司（P. G. LOGISTICS GROUP CO.，LTD.）创建于1994年，总部设在广州，是国内第一家经国家工商总局批准以物流名称注册的企业集团，是中国最早运用现代物流理念为客户提供物流一体化服务的专业公司，也是目前我国最具规模、最具影响力、最领先的第三方物流企业。宝供集团在全国50多个城市设立了50多个分公司或办事处，形成了覆盖全国的业务运作网络，为全球500强中的52家企业及国内一批大型企业提供物流一体化服务，并与他们建立了战略合作伙伴关系，成功地为这些企业在降低运营成本，提高服务水平方面创造了价值，提高了竞争力。宝供物流的客户主要有：宝洁、安利、联合利华、安佳、美赞臣、红牛、PHILIPS、LG、TCL、壳牌、三星等。

请为宝供物流进行市场细分并说明细分依据。

任务目标 ✦➡

通过任务分析，使学生明白物流服务需求的差异性，并据此对物流服务市场进行细分。

相关知识 ✦➡

一、物流市场细分的概念

所谓市场细分（Market Segmentation），就是根据构成总体市场的不同顾客的需求特点、购买行为和购买习惯，将他们细分为若干个相类似的顾客群体。也就是说把某一产品的市场根据影响顾客需求特点的明显标志，细分为几个小市场，然后对这些不同的细分市场，采取相应的整套市场营销策略，使企业生产或经营的产品更符合各种不同的需要，从而在各个细分的小市场中提高竞争能力、增加销售、获得较大的市场份额。

1956 年美国市场营销学家温德尔·史密斯提出，市场细分不是对产品进行分类，而是对顾客的需求和欲望进行分类。这一概念的提出及其应用的客观基础在于市场需求的差异性和企业生产经营能力的局限性。即一方面，企业的市场营销活动必须以顾客为中心，从顾客的需求出发，而市场中顾客的需求又是丰富多彩的；另一方面，企业拥有的生产经营资源总是有限的，而市场上也不可能找到标准的顾客群。因此，企业的经营者在制定营销策略时，必须首先确定那些最有吸引力，并将有能力为之提供最有效服务的市场部分作为企业的目标市场，来提高企业营销活动的效率。

物流市场细分是指物流企业根据客户需求的不同特征将整个市场划分成若干客户群的过程。每个客户群是一个具有相同特征的细分市场或子市场。经过市场细分，就可以将顾客进行归集（形成一个个小的市场，也称子市场或细分市场），更深入地了解每个顾客群的需求、购买行为、决策过程以及购后反应，物流企业就能更有针对性地面对不同的细分市场，采取相应的市场营销组合策略。

需要注意的是：第一，物流市场细分是对客户的需求进行细分，不是对产品（服务）进行细分。第二，物流市场细分是将具有相似需求特征的客户划分在同一个市场，并不意味着在这个细分市场内其他的需求差异不存在。第三，这些需求的差异性是客观存在的。

二、物流市场细分的作用和条件

（一）物流市场细分的作用

物流市场的需求复杂多样，这些需求都有待于企业去满足。但是，任何企业都没有能力去一一满足这些需求。企业只有通过市场细分，选择自己最合适的市场来服务，这有利于企业发掘市场机会。物流市场细分的具体作用如下：

1. 可以帮助物流企业更加准确地认识客户的需要

物流企业通过对市场进行细分，不仅可以了解整个物流市场的状况，而且还可以具体了解不同细分市场的不同需要，包括客户的满足程度、客户的现实需要和潜在需要。使物流企业能从客户的角度出发，提供客户所需要的服务，满足客户需求，从而提高企业自身的竞争力。

2. 有利于物流企业合理地利用资源

任何企业的资源都是有限的，企业要想利用有限的资源在市场竞争中取得竞争优势，只有通过市场细分，对客户的需求有较深入的了解，发现目标客户的需求特征，集中有限的人力、物力和财力，采取有针对性的营销策略，才可能在目标市场上取得更大的市场份额。

需要指出的是，市场细分作为一种策略，蕴含着这样一种思路：物流企业并非一味追求在所有市场上都占有一席之地，而是追求在较小的细分市场上占有较大的市场份额。这种价值取向不仅对大中型物流企业开发市场具有重要意义，对于小微型物流企业的生存和发展也极为重要。特别是小型物流企业因整体实力弱，无法与强大的竞争对手在整个市场上展开全面较量，但如果将其全部力量集中于某些大企业未曾涉及的某个细分市场，则可以把自己的劣势转变为局部市场的优势，从而提高企业的竞争能力，达到预期的经营目标。

（二）细分市场的原则

物流企业要使细分市场真正具有实用价值，保证细分市场能为企业制定有效的营销战略和策略服务，一般来讲，物流企业在进行市场细分的时候需要考虑以下原则：

1. 可衡量性

可衡量性是指物流企业用以细分市场的标准是可以衡量的。主要包括以下三个方面：第一，客户对物流服务有不同的偏好，对物流企业的营销策略具有明显的不同反应；第二，物流企业必须能够获取客户的准确情报；第三，物流企业对于各细分市场能进行定量分析且便于对市场进行可行性研究，使企业能选择较好的目标市场。

2. 盈利性

盈利性是指物流企业进入目标市场后能够获得预期的利润。如果物流市场的规模很小，不能为企业获取足够的盈利，就不值得进行细分。

3. 可进入性

可进入性是指细分后的市场应该是物流企业能够进入并能占有一定的份额，否则，市场细分便丧失了现实意义。例如，市场细分的结果，发现市场中已有很多竞争者，自己无力与之抗衡；无机可乘或虽有未被满足的需要，但因缺乏诸多先决条件，甚至货源无着落，难以揽货，则这种市场细分就没有什么意义。

4. 稳定性

稳定性是指在一定时期内，细分市场的标志及细分市场保持相对不变，可以使物流企业在该细分市场获得较为长久的发展。

三、物流市场细分的标准

根据物流市场的特点，可以用以下几类标准进行细分。

（一）地理区域

按此标准，一般可以将物流市场分为：

1. 区域物流

指在一定的时空内，具有某种相似物流需求的一定区域。通常是指省内或省际之间的物流，很多的中小型物流企业会选择某一特定的区域物流来作为自己的细分市场。

2. 跨区域物流

指在不同的区域内进行的物流活动。包括省际之间、行政区之间和国际物流。跨区域物流相对适合规模较大的国际物流公司。

（二）客户行业

同一行业的客户，其产品的构成差异不大，对物流的需求也是具有一定的相似性。不同行业的客户，其产品的构成存在很大差异，对物流需求各不相同。按客户行业一般可以将市场细分为：农业、工业、商业和服务业等细分市场。例如上海的某民营物流公司在市区配送方面很有优势，他们的客户都是大型的食品企业。如中远物流将自己的市场细分为汽车物流、家电物流和展品物流等。

（三）客户业务规模

按照客户对物流需求的规模细分市场，可以将客户分为：

1. 大客户

是对物流业务需求多的客户，它们是企业的主要服务对象，也是企业利润的主要来源。

2. 中等客户

是对物流业务需求一般的客户，是物流企业的次要服务对象。中等规模的客户，一般操作起来比较容易，而服务的利润空间比较高。

3. 小客户

是对物流业务需求较小的客户，是物流企业较小的服务对象。

（四）客户所有制性质

客户所有制性质对企业开发市场的成本、合作的难易程度、客户维护成本、合作层面的定位和利润空间等都有较直接的影响。根据客户所有制的性质，一般将客户分为：

1. 三资企业

指外商以合资、合作或独资的形式在大陆境内开办的企业。

2. 国营企业

指生产资料归国家所有的企业。

3. 民营企业

指生产资料归公民私人所有、以雇佣劳动为基础的企业。

4. 其他企业或组织

指除以上三种形式以外的其他企业或组织。

（五）物品属性

物流企业在进行物流活动过程中，由于物品属性的差异，使得企业物流作业的差别也很大。按客户物品的属性将市场分为：

1. 生产资料市场

指用于生产的物资资料市场，其数量大，地点集中，物流活动要求多且高。例如上海莲雄物流，在天津专门负责某化工集团的物流业务管理。

2. 生活资料市场

指用于生活需要的物资资料市场，其地点分散，及时性要求高。

3. 其他资料市场

指除以上两个细分市场以外的所有物质资料市场。

（六）服务方式

就是根据客户所需物流服务功能的实施和管理的要求不同而细分市场。按服务方式将物流市场分为：

1. 综合方式服务

就是客户需要提供两种或两种以上的物流服务。例如有实力的大企业在为其客户提供仓储、运输服务的同时，还为客户提供供应链一体化的咨询服务。

2. 单一方式服务

就是客户只需要提供某一种方式的服务，如只提供运输服务或只提供仓储服务等。

四、物流市场细分的步骤

为了确保市场细分的有效性，企业的市场营销人员应该了解和掌握细分市场的程序。美国市场学家杰罗姆·麦卡锡曾提出过一般的市场细分的步骤。

（1）确定市场范围：任何一个企业都有其自身的任务和目标，并以此作为企业制定生产经营和市场开拓战略的依据。因此物流企业的自身的任务和目标就成为其市场细分的出发点。

（2）列举潜在顾客的基本需求：物流服务的市场范围确定后，企业的市场营销人员可以将市场范围内的潜在顾客分为若干个专题小组，了解他们的动机、态度、行为等，从而比较全面地列出影响服务市场需求和顾客购买行为的各项因素，作为以后进行深入分析研究的基本资料和依据。

（3）分析潜在顾客的不同需求：顾客的不同需求是细分市场的基础。明确物流企业客户的不同需求对于服务市场的细分显得格外重要。

（4）剔除潜在顾客的共同需求：潜在顾客的共同需求是企业无论选择哪种细分市场作为目标市场时，都必须使之得到满足的。

（5）初步确定细分市场：对细分市场的初步确定是指为细分市场暂时命名，即在分析了潜在顾客的不同需求，进行了市场细分并剔除各细分市场上潜在顾客的共同需求后，各细分市场上剩下的需求各不相同，这是为了便于对各细分市场的特点作进一步的分析，根据各细分市场上顾客的特点暂时为各细分市场确定一个名字。

（6）分析各细分市场的特点：上述工作完成后，企业还需进一步对各细分市场顾客的需求及其行为特点作深入的分析与考察，确定已掌握了各细分市场的哪些特点，还需要对哪些特点进一步分析研究，从而决定是否需要再分或重新合并。

（7）测量各细分市场的大小：细分出来的市场必须大到足以使企业实现它的利润目标，这时细分市场对企业来说才是有用的。确定了细分市场的大小后，物流企业的目标市场就可以进行选择了。

技能训练

一、训练内容

（1）对宝供物流的服务市场进行细分。

（2）对宝供物流的细分市场进行需求分析，总结出需求特点及其特殊性。

二、训练要求

（1）将班级分成若干组，每组4~6人，由各小组组长进行成员分工，通过网络或书刊查阅宝供物流公司的相关资料。

（2）要求小组成员均参与其中，分工明确，各负其责，各人要有完整的工作记录。

（3）各小组将收集的资料制作成课件，按时交给指导教师审核。

拓展阅读

市场细分永不停息——来自万豪酒店的启示

万豪酒店（Marriott）是与希尔顿、香格里拉等齐名的酒店巨子之一，总部位于美国，现在，其业务已经遍及世界各地。

八仙过海，各显神通，不同的企业有不同的成功之道。就酒店业而言，上述企业在品牌及市场细分上就各有特色：希尔顿、香格里拉等这样单一品牌公司通常将内部质量和服务标准延伸到许多细分市场上；而"万豪"则偏向于使用多品牌策略来满足不同细分市场的需求，人们（尤其是美国人）熟知的万豪旗下的品牌有"庭院旅馆（Courtyard Inn）"、"波特曼·丽嘉（Ritz－Carlton）"等。

万豪酒店概况

在美国，许多市场营销专业的学生最熟悉的市场细分案例之一就是"万豪酒店"。这家著名的酒店针对不同的细分市场成功推出了一系列品牌：Fairfield（公平），Courtyard（庭院）、Marriott（万豪）以及Marriott Marquis（万豪伯爵）等。在早期，Fairfield（公平）是服务于销售人员的，Courtyard（庭院）是服务于销售经理的，Marriott（万豪）是为业务经理准备的，Marriott Marquis（万豪伯爵）则是为公司高级经理人员提供的。后来，万豪酒店对市场进行了进一步的细分，推出了更多的旅馆品牌。

在"市场细分"这一营销行为上，"万豪"可以被称为超级细分专家。在原有的四个品牌都在各自的细分市场上成为主导品牌之后，"万豪"又开发了一些新的品牌。

在高端市场上，Ritz – Carlton（波特曼·丽嘉）酒店为高档次的顾客提供服务方面赢得了很高的赞誉并倍受赞赏；Renaissance（新生）作为间接商务和休闲品牌与 Marriott（万豪）在价格上基本相同，但它面对的是不同消费心态的顾客群体——Marriott 吸引的是已经成家立业的人士，而"新生"的目标顾客则是那些职业年轻人；在低端酒店市场上，万豪酒店由 Fairfield Inn 衍生出 Fairfield Suites（公平套房），从而丰富了自己的产品线；位于高端和低端之间的酒店品牌是 Town Place Suites（城镇套房）、Courtyard（庭院）和 Residence Inn（居民客栈）等，它们分别代表着不同的价格水准，并在各自的娱乐和风格上有效进行了区分。

伴随着市场细分的持续进行，万豪又推出了 Springfield Suites（弹性套房）——比 Fairfield Inn（公平客栈）的档次稍高一点，主要面对一晚 75 ~ 95 美元的顾客市场。为了获取较高的价格和收益，酒店使 Fairfield Suites（公平套房）品牌逐步向 Springfield Suites（弹性套房）品牌转化。经过多年的发展和演化，万豪酒店现在一共管理着八个品牌。

万豪酒店的品牌战略

通过市场细分来发现市场空白是"万豪"的一贯做法，正是这些市场空白成了万豪酒店成长的动力和源泉。万豪一旦发现有某个价格点的市场还没有被占领，或者现有价位的某些顾客还没有被很好地服务，它就会马上填补这个"空白"。位于亚特兰大市的 Ritz – Carlton（波特曼·丽嘉酒店，现在已经被引入上海等国内城市）经营得非常好而且发展得很快，现在，该酒店甚至根本不用提自己是 Marriott（万豪）旗下的品牌。

"万豪"的品牌战略基本介于"宝洁"和"米其林"（轮胎）之间——"宝洁"这个字眼相对少见，而"米其林"却随处可见。 "米其林"在提升其下属的 B. F. Goodrich（固锐）和 Uniroyal（尤尼鲁尔）两个品牌时曾经碰到过一些困难和挫折，万豪酒店在旅馆、公寓、饭店以及度假地等业务的次级品牌中使用主品牌的名字时遇到了类似的困惑。与"万豪"相反，希尔顿饭店采用的是单一品牌战略，并且在其所有次级品牌中都能见到它的名字，如"希尔顿花园旅馆"等。"万豪"也曾经使用过这种策略，这两种不同的方式反映了它们各自不同的营销文化：一种是关注内部质量标准，一种是关注顾客需求。像"希尔顿"这样单一品牌企业的信心是建立在其"质量承诺"之上的，公司可以创造不同用途的次级品牌，但主品牌会受到影响。

一个多品牌的公司则有完全不同的理念——公司的信心建立在对目标顾客需求的了解之上，并有能力创造一种产品或服务来满足这种需求。顾客的信心并不是建立在"万豪"这个名字或者其服务质量上，其信心基础是"旅馆是为满足顾客的需求而设计的"。比如说，顾客想找一个可以承受得起的旅馆住上三四个星期，"城镇套房"可能就是其最好的选择，他并不需要为"万豪"额外的品质付费，他可能并不需要这样的品质，而且这种品质对他而言可能也没有任何价值。

万豪酒店创新之道

"万豪"会在什么样的情况下推出新品牌或新产品线呢？答案是：当其通过调查发现在旅馆市场上有足够的、尚未填补的"需求空白"或没有被充分满足的顾客需求时，公司就会推出针对这些需求的新产品或服务——这意味着公司需要连续地进行顾客需求调研。通过分析可以发现，"万豪"的核心能力在于它的顾客调查和顾客知识，"万豪"将这一切都应用到了从"公平旅馆"到"丽嘉"所有的旅馆品牌上。从某种意义上说，"万豪"的专长并不是旅馆管理，而是对顾客知识的获取、处理和管理。

"万豪"一直致力于寻找其不同品牌间的空白地带。如果调查显示某细分市场上有足够的目标顾客需要一些新的产品或服务特色，那么"万豪"就会将产品或服务进行提升以满足顾客新的需求；如果调查表明在某一细分目标顾客群中，许多人对一系列不同的特性有需求，"万豪"将会把这些人作为一个新的"顾客群"并开发出一个新的品牌。

万豪国际公司为品牌开发提供了有益的思路。对于一种现有的产品或服务来说，新的特性增加到什么程度时才需要进行提升？又到什么程度才可以创造一个新的品牌？答案是：当新增加的特性能创造一种新的东西并能吸引不同目标顾客时，就会有产品或服务的提升或新品牌的诞生。

万豪公司宣布开发"弹性套房"这一品牌的做法是一个很好的案例。当时，万豪将"弹性套房"的价格定在75～95美元，并计划到1999年3月1日时建成14家，在随后的两年内再增加55家。"弹性套房（Springfield Suites）"源自"公平套房（Fairfield Suites）"，而"公平套房"原来是"公平旅馆（Fairfield Inn）"的一部分。"公平（Fairfield）"始创于1997年，当时，华尔街日报是这样描绘"公平套房"的：宽敞但缺乏装饰，厕所没有门，客厅里铺的是油毡，它的定价是75美元。实际上，对于价格敏感的人来讲，这些套房是"公平旅馆"中比较宽敞的样板房。现在的问题是："公平套房"的顾客可能不喜欢油毡，并愿意为"装饰得好一点"的房间多花一点钱。于是，万豪通过增加烫衣板和其他令人愉快的东西等来改变"公平套房"的形象，并通过铺设地毯、加装壁炉和早点房来改善客厅条件。通过这些方面的提升，万豪酒店吸引到了一批新的目标顾客——注重价值的购买者。但后来，万豪发现对"公平套房"所做的提升并不总是有效——价格敏感型顾客不想要，而注重价值的顾客对其又不屑一顾。于是，万豪考虑将"公平套房"转换成"弹性套房"，并重新细分了其顾客市场。通过测算，万豪得到了这样的数据：相对于价格敏感型顾客为"公平套房"所带来的收入，那些注重价值的顾客可以为"弹性套房"至少增加5美元的收入。

在一个有竞争的细分市场中进行产品提升要特别注意获取并维系顾客。对于价格敏感型顾客，你必须进行产品或服务的提升以避免他们转向竞争对手。如果没有竞争或者没有可预见的竞争存在，那么就没有必要进行提升。其实，竞争通常总是存在的，关键是要通过必要的提升来确保竞争优势。面对价格敏感型顾客，过多的房间并不能为"公平旅馆"创造竞争优势。

结语

现在，物流服务业也像酒店行业一样正发生着剧烈的变化。作为物流经营者，必须经常问自己：我是准备在竞争中提升产品或服务以保护自己的市场，还是准备为新的细分市场开发新的产品？如果选择前者，要注意使产品或服务的提升保持渐进性，从而降低成本，因为现有的顾客往往不想支付得更多。如果选择后者，新的产品或服务必须包含许多新的目标顾客所期待的东西，进一步讲，是需要有一个不同的品牌——该品牌不会冲击原有品牌，而新的顾客能够接受这种新产品或服务并愿意为此支付更高的价格。万豪酒店通过创造出"弹性套房"成功地将一种"使价格敏感型顾客不满"的模式转换成为一种"注重价值的顾客"的模式，这是一个很典型的案例。

说到底，这其实就是营销上的STP战略，即市场细分（Segmentation）、选择（Targeting）和定位（Positioning）战略。品牌战略归根结底是围绕着细分市场来设计和开发的，清晰的品牌战略来自于清晰的STP战略。在产品和服务严重同质化的今天，在大家为同一块市场拼得头破血流的时候，我们是否应该从战略高度来考虑突破和创新呢？但愿万豪酒店的案例能给我们带来一定的启发。

任务二 选择物流服务的目标市场

中远物流的目标市场

中远物流的目标是"做中国最好的物流服务商、最好的船务代理人。中远物流全系统要以培养核心竞争力为目标，有效整合物流资源，以传统运输代理业务为基础，做大做强综合性的运输服务体系，为国内外广大船东和货主提供更优质的服务"。中远物流将加大力度，构建物流业务体系，树立中远物流品牌，增强物流项目设计和管理、重点拓展汽车、家电和展品物流市场，积极开发冷藏品、危险品等专项物流领域。开辟2条中远铁路专线；依托高速公路网，逐渐建立完整、全方位的国内干线配送和城际快运通道；发展国际航运代理市场，促进以北京、上海、广州为三大集散中心的中远物流空运网络建设。

请分析，中远物流为什么重点拓展汽车、家电和展品物流。

任务目标

通过任务分析，使学生明白物流目标市场选择的方法及重要性。

相关知识

由于企业的资源有限，任何物流企业都不可能满足物流服务的所有市场需求，而只能满足其中一部分客户的需求，为了保持效率，物流企业必须把这一部分客户找出来，确定为自己的主攻市场即目标市场，并对目标市场采取相应的策略。

一、物流目标市场认知

（一）物流目标市场的含义

物流目标市场就是物流企业为满足现有的或潜在的顾客需求而设定的细分市场。换言之，目标市场就是物流企业投其所好，为之服务的对象。选择和确定目标市场，明确物流企业的具体服务对象，关系到物流企业任务和目标的落实，是物流企业制定营销战略和策略的基本出发点。

（二）物流目标市场的选择过程

物流目标市场的选择过程就是指物流企业在按各种标准将市场细分后，确定目标市场的过程。在这个过程中，可以运用 SWOT 等分析方法，对各个细分市场的发展潜力、增长率、竞争状况及物流企业所拥有的资源能力，竞争优势等进行评估，选择的过程就是评估的过程。一般来讲，物流企业在选择目标市场时需要依据以下基本条件：

1. 有适当的规模和发展潜力

即目标市场应具备一定的规模，使企业能赢得长期稳定的利润。这是非常重要的条件，如果没有一定的物流需求规模，物流企业就不能体现行业的规模效应，无法取得可观的利润，该市场也就构不成现实的市场和企业的目标市场。

2. 有足够的吸引力

所谓吸引力主要是指长期盈利能力的大小，一个市场可能具有适当规模和增长潜力，但从获利观点看不一定具有吸引力。决定物流市场是否具有吸引力的主要因素有：竞争者的数量和质量，物流需求欲望的强弱和专业能力的大小，各类辅助手段的完善程度和质量等。物流企业必须充分估计这些因素对长期获利所造成的机会和威胁，以便做出明智的抉择。

3. 符合企业的目标和资源

理想的目标市场还必须结合物流企业的目标与实力来考虑。有些细分市场虽然规模适合，也具有吸引力，但如果不符合物流企业自身发展目标，就只能考虑放弃；如果符合物流企业发展目标，但企业在人力、物力、财力等条件上不具备相当的实力，无法在市场上夺得相当的市场占有率，则也不应该选其为最终市场。

二、物流目标市场的选择模式

物流企业通过对不同的细分市场进行评估，会发现一个或几个细分市场可以作为目标市场。企业应该进入哪几个细分市场？通常有五种模式可供选择：

（一）密集型单一市场

这是最简单的方式，即企业只选择一个细分市场作为自己的目标市场，进行集中营销。也就是物流企业只提供单一形式的物流服务，满足单一客户群的需要。

选择这种模式的优点是：企业能更好地了解客户目标市场的需求，服务目标市场，在市场上树立良好信誉；一旦公司在细分市场上处于领导地位，将获得很高的投资收益。但由于投资过于集中，这种策略的风险较大。

（二）有选择的专门化市场

物流企业选择几个细分市场作为自己的目标市场，针对各种不同的客户群提供不同的物流服务。企业采用这种策略时通常属于以下情况：被企业选中的每一个细分市场都具有吸引力，并且符合企业的经营目标和资源状况，但各细分市场之间很少或者根本没有联系，然而在每个细分市场上企业都可能获利。

采用这种策略的最大优点是：可以分散企业的经营风险，即使某个细分市场失去吸引力，企业仍可在其他细分市场上获利。但企业投入的成本较高，需要耗费较多的人力物力资源。

（三）产品专门化

物流企业针对各类客户的需要只提供一种形式的物流服务。企业可以通过这种策略，摆脱对个别市场的依赖，降低经营风险，在某类服务方面能树立起良好的声誉，成为该类服务的专家。

（四）市场专门化

市场专门化是指企业专门为满足某个客户群体的各种需要服务。即物流企业向同一客户群提供不同种类的物流服务。这种策略有利于巩固与客户的关系，降低交易成本，获得良好声誉。

（五）完全市场覆盖

完全市场覆盖策略是指企业利用各种服务产品满足不同客户群体的需要的策略。即物流企业选择全面进入各个细分市场，为所有客户群提供他们所需要的各种物流服务。这种策略往往为大型企业采用。

三、目标市场营销策略

企业选择的目标市场模式不同，提供的物流服务就不同，占领目标市场的营销策略也就不一样。概括起来，企业进入目标市场的主要营销策略有以下几种：

（一）无差异市场营销策略

无差异市场营销策略就是企业忽略各细分市场之间的差异，把它们看作是一个同质性的大市场，企业针对这个市场只提供一种服务、制定一个营销计划，去满足所有客户的需求。

采用无差异市场营销的理由是规模效益。这样做可以降低经营成本，获得较高的利润。但它难以长期满足客户的多种需求，应变能力较差，由于成本低，高额的利润会导致竞争者加入，风险较大。这种策略适用于那些适应性强、差异小且有广泛需求的物流服务。

（二）差异化市场营销策略

差异化市场营销策略是指企业经过市场细分，选择两个或两个以上的细分市场作为自己的目标市场，企业针对不同的细分市场设计不同的物流服务形式、推出不同的营销方案。

企业采用这种策略往往比无差异营销策略赢得更大的总销售额，但也会增加成本，主要增加服务改进成本、管理成本和促销成本。当成本增加的速度超过利润增长的速度时，企业应减少经营的服务，使每种服务适应更多的客户群的需要。该策略适用于实力雄厚的大中型物流企业。

（三）集中性市场营销策略

集中性市场营销策略是指企业只选择一个或少数几个细分市场作为自己的目标市场，集中力量搞好专业化开发和经营，占领一个或少数几个细分市场的策略。

采用这种策略，企业的营销对象比较集中，有利于在物流服务方面提高专业化程度，提高对客户及其需求的了解程度，在客户中树立突出形象；有利于集中使用资源，节约营销费用，在市场上获取较高的市场占有率，确立企业在市场上的优势地位。但由于目标市场狭窄，应变能力差，风险较大。该策略适用于资源有限、实力较小的中小型物流企业，或新进入的物流企业。

（四）"一对一"营销

"一对一"营销是营销者通过与每一位客户进行一对一的沟通，明确并把握每一位客户的需求，采用不同的方式去满足他们，以更好地实现企业利润的活动过程。

四、目标市场选择要考虑的因素

物流企业在选择目标市场策略时，应考虑以下因素：

（一）企业自身资源实力

主要指人力、物力、财力和技术状况。企业实力雄厚，供应能力强，可采用无差异性或差异性市场策略；如果资源少，无力兼顾整个市场，宁可采用密集性策略，进行风险性营销。某些产品产量较少、市场占有率低的企业，动不动就宣称什么它的"产品行销数十个国家和地区"，这未必是良策。

（二）服务市场的类似性，或市场同质性

不同的市场具有不同的特点，各类市场消费者的文化、职业、兴趣、爱好、购买动机等都有较大差异。消费者的需要、兴趣、爱好等特征大致相同或甚为接近，即市场类似程度大、同质性高，可采用无差异性市场策略；市场需求差别大，消费者的挑选性强，则宜采用差异性市场策略或密集性市场策略。

（三）产品同质性

是指消费者所感觉产品特征相似的程度。产品的特征不同，应分别采用不同的市场策略，选择不同的目标市场。有些产品，如米、面、煤、盐等日常生活消费品，虽然事实上存在品质差别，但多数消费者都很熟悉，认为它们之间并没有特别显著的特征，不需要作特殊的宣传介绍。对这类同质性高的产品，可实施无差异性市场策略。但另外一些产品，如家用电器、照相机、机械设备以及高档耐用消费品，其品质、性能差别较大，消费者选购时十分注意其功能和价格，并常以它们所具有的特性为依据，对这类同质性低的产品，宜采用差异性或密集性策略。

（四）产品生命周期

一般有投入期、成长期、成熟期和衰退期四个阶段。企业应随产品生命周期的发展而变更目标市场策略，尤其要注意投入期及衰退期两个极端时期。当新产品处于投入期时，重点在于发展顾客对产品的基本需求，一般很难同时推出几个产品，宜采取无差异性市场策略，以探测市场需求与潜在顾客。当然，企业也可发展只针对某一特定市场的产品，采取密集性市场策略，尽全力于该细分市场。当产品进入衰退期，企业若要维持或进一步增加销售量，宜采用差异性市场策略，开拓新市场。或采取密集性市场策略，强调品牌的差异性，建立产品的特殊地位，延长产品生命周期，避免或减少企业的损失。

（五）竞争者市场策略

目标市场策略的选择，往往视竞争者的策略而定。商场如战场，在激烈的竞争中，知己知彼方能百战不殆。当竞争者在进行市场细分并采用差异性市场策略时，该企业如采取无差异性策略，就不一定能更好地适应不同市场的特点，必然与竞争者抗衡；而当强有力的竞争者实施无差异性策略时，因可能有较次要的市场被冷落，这时该企业若能采用差异性市场策略，乘虚而入，定能奏效。由于竞争双方的情况经常是复杂多变的，在竞争中应分析力量对比和各方面的条件，掌握有利时机，采取适当策略，争取最佳效果。

（六）竞争者的数目

市场竞争的激烈程度，常迫使企业不得不采用适应竞争格局的策略。当竞争对手很多时，消费者对产品的品牌印象便很重要。为了使不同的消费者群都能对本企业产品建立坚强的品牌印象，增强该产品的竞争力，宜采用差异性或密集性市场策略。在竞争者甚少，甚至处于独占地位时，消费者的需求只能从本企业产品得到满足，就不必采用成本较高的差异性市场策略。

技能训练

一、训练内容

（1）收集学校所在地中国邮政物流的基本资料。

（2）分析其目标市场并进行营销策略的初步制定。

二、训练要求

（1）将班级分成若干组，每组4~6人，由各小组组长进行成员分工，通过实地考察、网络或书刊查阅相关资料。

（2）要求小组成员均参与其中，分工明确，各负其责，各人要有完整的工作记录。

（3）各小组将收集的资料制作成课件，按时交给指导教师审核。

拓展阅读

宝洁成功的目标市场战略

一提到宝洁公司，最为人们所熟悉的就是宝洁公司旗下的各大品牌，光是洗护发用品的品牌就多得数不清，比如最早在中国推广的海飞丝、潘婷、飘柔等。无数消费者对自己所用的洗发护发用品感到非常满意，而且还感觉到似乎这款洗护发产品是专门为自己量身定做的，当外在及内在的需求被充分满足之后更加对自己用的这款洗发水爱不释手，不再给其他洗护发用品考虑的余地。在这过程中，相信有一大部分的人在享受宝洁产品的同时似乎都可能已经忘了这些琳琅满目的品牌都是一个公司做出来的。这应该就是宝洁公司的成功之处了，也许我们从宝洁公司洗护发产品的营销推广分析会发现成功企业之所以能获得成功的真谛。下面我们就来探寻一下宝洁中国洗护发产品从无到有，从少到多，从有到精的变化过程。

一、合理严密的市场细分

1988年以前宝洁公司还未进入中国市场，而他们进军中国市场的计划却酝酿已久。据了解，宝洁进军中国市场之前已经进行了长达两年的市场调查，专门为中国的消费者研制生产了"海飞丝"，满足中国消费者的需要，继而又陆续推出了其他品牌，飘柔、潘婷等，并且都获得成功。同时宝洁公司在进入中国市场时看中了年轻男女富有个性的生活和先导消费的特点从而取得了高额的市场占有率。另外，宝洁又看到了不同的社会阶层、群体及不同的文化与生活习惯有着不同的消费心理，一直力求为不同国家、不同阶层和群体研制和开发相应的新产品的宝洁自然不会放过这样的机会。从这些我们可以看出宝洁公司做市场细分的标准和我们学的理论知识是多么吻合，总结一下，宝洁公司细分市场的标准包括地域、年龄、性别、职业、阶层等。

二、目标市场的正确选择

对市场进行细分还远远不够，这只是完成了市场策略的第一步，还要对众多的细分市场进行评估并从中寻找一个或多个适合企业自身，企业又力所能及的细分市场作为营销对象。

宝洁公司进入中国市场后首选的目标市场是青年人，青年人有着求新、好奇、透支消费、追求名牌、喜欢广告、注重自我等心理特点，宝洁公司正是抓住了这一点，研制和开发了满足青年人消费需求的产品，利用具有青春活力的青年男女做广告，引导和刺激青年人的消费心理。同时，宝洁公司不断地拓展目标市场，从而扩大市场占有率。

宝洁在目标市场上的作为并没有因此而停止，因为竞争的市场变幻频繁，顾客的需求也并不都是一成不变的，因此仅仅依靠在产品推出前的市场调研是远远不能跟上消费者需求变化的。为此，为了更深入地了解中国消费者的需求，宝洁公司建立了完善的市场调研系统，开展消费者追踪并尝试与消费者建立持久的沟通关系。

三、准确的市场定位

市场定位是指明确或明显化企业品牌形象及产品价值，以帮助目标顾客正确认识并理解企业区别于竞争对手的形象的行为过程。宝洁公司一直奉行"生产和提供世界一流的产品和服务，以美化消费者的生活"的宗旨，崇尚消费者至上原则。宝洁将自己的品牌定位为"以高取胜"，产品一向以高价位、高品质著称，P&G（宝洁）公司的一个高级顾问曾这样说道："P&G永远不甘于屈居世界第二品牌的地位，我们的目标是争取第一。"宝洁公司进入中国市场以来也始终不渝地坚守自身的市场定位。

在准确的市场定位方面我们可以举一个小小的例子，就是宝洁洗护发产品的品牌命名。宝洁公司是非常讲究它旗下产品的命名的，既要求产品有真实的质量，又要让产品有一个非常响亮的名字，一个绝妙的命名能够带来的效果是非常明显的，首先给人的第一印象就非常深刻，才有继续了解的好奇，引发美妙的联想，拉近了宝洁产品与顾客心灵的距离，增进了消费者对企业的信赖感。这样的做法不仅产生了巨大的营销效果，又节省了一大笔营销费用。

另外在提升品牌认知度上，宝洁还通过在全国范围内聘请形象代言人、在高校设立奖学金、与国家部门联合主办公益活动等。针对不同的消费市场群体，宝洁采用不同的营销策略。在农村，宝洁开展全国性的路演活动。在城市，宝洁对自己公司产品在销售终端的摆放都有严格要求，由此可见一斑。

四、结论与启示

宝洁公司自从进入中国市场以来，凭借其自身的优势，其产品逐渐为中国消费者所接受，并占领了越来越多的市场，这与宝洁公司在中国的目标市场选择策略与营销策略等有着密切的关系。但是，宝洁公司就整个市场的营销活动来说还存在着一些不足和缺陷。宝洁公司必须要不断的自我完善才能升得更高，走得更远。

宝洁公司在洗护发产品的品牌建立和维护上都做的非常完善，仅在洗护发产品市场上的品牌就有许多，其产品涵盖范围之广令人惊叹。然而要明白市场饱和永远是个极限状态，一定会还有一些市场需求没被发掘，一旦被发掘出来，也许又会成就一个有影响力的企业。

宝洁公司的成功给我国同类行业乃至其他行业给予了极大的启示。首先，我们要不断地发展优势品牌，提高产品的品牌效应。其次，在这个商品琳琅满目的时代，我们要不断寻找市场的空缺点，做消费者需要的产品。最后，我们要充分、合理、有效地利用媒体的宣传作用，提高产品的知名度。

另外，在市场重心由卖方市场逐渐转移到买方市场的营销时代，用户的任何需求只要是合法的都有可能成为企业的营销机会，时刻关注顾客需求，即时调整产品的生产以适应消费者的需求是企业从激烈的市场竞争中存活的王道，因为产品能不能得到认可是由用户决定的。

任务三　进行物流服务市场定位

任务描述

西南航空公司的战略定位

美国西南航空公司（简称西南航空）是一家在固定成本极高的行业中成功实施低成本竞争策略的优秀公司。它从20世纪70年代在大航空公司夹缝中谋求生机的小航空公司一跃发展成为美国的第四大航空公司，持续30余年保持远高于行业平均水平的利润和远低于行业平均值的成本。

20世纪70年代，美国的航空业已经比较成熟，利润较高的长途航线基本被瓜分完毕，新进入者很难找到立足的缝隙；短途航线则因单位成本高、利润薄而无人去做。在这种情况下，成立不久的西南航空审时度势，选择了把汽车作为竞争对手的短途运输市场。因此，西南航空在必需运营的各个细节中，围绕低成本这一战略定位，想方设法化解所有比传统航空公司更大的成本压力。

细节之一，关于飞机。西南航空只拥有一种机型波音737，公司的客机一律不搞豪华铺张的内装修，机舱内既没有电视也没有耳机。单一机型的做法能最大限度地提高飞机的利用率，因为每个飞行员都可以机动地驾驶所有飞机，此外，这样做简化了管理，降低了培训、维修、保养的成本。同时，西南航空将飞机大修、保养等非主业业务外包，保持地勤人员少而精。比如，西南航空的飞机降落以后，一般只有4个地勤人员提供飞机检修、加油、物资补给和清洁等工作,人手不够时驾驶员也会帮助地勤工作。

细节之二,关于转场。在坚持只提供中等城市间的点对点航线的同时,西南航空尽可能选用起降费、停机费较低廉的非枢纽机场。这样做不仅直接降低某些费用,而且也保证了飞机快速离港和飞机上限量供应等低成本措施的可行性。为了减少飞机在机场的停留时间,增加在空中飞行的时间也就是挣钱的时间,西南航空采用了一系列规定以保证飞机的高离港率:没有托运行李的服务;机舱内没有指定的座位,先到先坐,促使旅客尽快登机;建立自动验票系统,加快验票速度;时间紧张时,驾驶员帮助地勤,乘务员帮助检票;不提供集中的订票服务等。这些特色使得西南航空70%的飞机滞留机场的时间只有15分钟,而其他航空公司的客机需要一两个小时。对于短途航运而言,这节约下的一两个小时就意味着多飞了一个来回。

细节之三,关于客户服务。选择低价格服务的顾客一般比较节俭,所以西南航空意识到,自己的客户乘坐飞机最重要的需求就是能实惠地从某地快速抵达另一地。于是,公司在保证旅客最主要满意度基础上,尽一切可能地将服务项目化繁为简,降低服务成本。比如,飞机上不提供正餐服务,只提供花生与饮料。一般航空公司的空姐都是询问"您需要来点儿什么,果汁、茶、咖啡还是矿泉水",而西南航空的空姐则是问:"您渴吗?"只有当乘客回答"渴"时才会提供普通的水。

请分析低成本为西南航空公司带来的市场定位机会。

任务目标

通过任务分析,使学生明白市场定位的步骤及其对物流企业的重要意义。

相关知识

一、物流市场定位知识认知

物流企业在继续市场细分和选择目标市场后,不管采用何种目标市场营销策略都必须进一步考虑在拟进入一个或多个细分市场时应推出具有何种特色的服务产品,并且要努力做到使服务产品与营销组合在顾客心目中占据一个与众不同的位置,以体现自身的独特性,这就需要制定和实施市场定位策略。

市场定位(Market Positioning)是在20世纪70年代由美国营销学家艾·里斯和杰克·特劳特提出的,其含义是指企业根据竞争者现有产品在市场上所处的位置,针对顾客对该类产品某些特征或属性的重视程度,为本企业产品塑造与众不同的,给人印象鲜明的形象，并将这种形象生动地传递给顾客，从而使该产品在市场上确定适当的位置。市场定位并不是你对一件产品本身做些什么，而是你在潜在消费者的心目中做些什么。市场定位的实质是使本企业与其他企业严格区分开来，使顾客明显感觉和认识到这种差别，从而在顾客心目中占有特殊的位置。

物流市场定位是指物流企业根据市场竞争状况和自身资源条件，建立和发展差异化优势，以使自己的服务在消费者心中形成区别并优越于竞争者服务的独特形象。定位为物流服务差异化提供了机会，使每家企业及其服务在客户心目中都占有一席之地，形成特定的形象从而影响其购买决定。

例如，通过与国际知名物流企业在获利能力、技术水平、运营能力等方面的对比分析，中远物流该公司在五年发展规划中将自己定位于"国内领先、国际知名"的综合物流服务商，通过科学研究和过滤，筛选出具有吸引力的细分市场，确定了6大服务品牌。

宝供物流企业集团服务的企业大多集中在企业的生产、流通环节，其定位于企业供应链物流服务也是顺理成章的事情。

在市场定位上，物流企业应该遵循"不熟不做"的原则、"集中一点"（即专业化服务）的原则，"重点客户，重点服务"的原则、"延伸服务"（即服务品种创新）的原则、"精益求精"（即服务技术创新）的原则。要体现以"客户为中心"的物流服务精神；以"降低客户的经营成本"为根本的物流服务目标；以"伙伴式、双赢策略"为标准的物流服务模式；以"服务社会、服务国家"为价值取向的物流服务宗旨。

在具体进行物流市场定位时要符合以下要求：

（1）明晰性和优越性。能以一种突出、明晰的方式表现出其他物流企业所没有的差异性，而且这种差异性具有优越性。

（2）可沟通性和可接近性。差异性是可以沟通的，是顾客能理解和感受的，而且顾客有能力购买这种差异性。

（3）不易模仿性和差异性。与众不同的差异是其他竞争者难以模仿的，而且物流企业将通过差异性获得利益。

二、物流市场定位的步骤

物流市场定位的基本步骤和其他服务市场定位相似，一般如下：

（一）分析市场和竞争对手

企业进行市场定位，首先要进行市场分析：分析市场构成、潜在客户的需求。明确哪些是自己的竞争对手，研究他们的策略，评价自己的强弱之处，制定以与众不同为基础的战略。主要弄清以下问题：什么企业在市场上竞争？他们都针对哪些细分市场？

（二）了解潜在客户如何评价竞争对手

主要了解客户对物流服务的感受，他们认为哪些是重要的决定性的因素？什么动机使他们选择一种或者另一种服务，他们认为自己所找的企业比其他对手有什么优势？

（三）确定竞争对手的定位

了解哪些服务因素是与竞争对手的对比中要优先被感受到的，是如何被感受到的。

（四）分析客户的构成

了解客户的预期要求，特别要确定物流服务在客户的经营中所起的作用和占有何种地位。

（五）选择定位设计

如果客户的感受与企业所希望的不同，就需要决定是否需要干预和怎样干预。企业在这个阶段要作各种量化分析：各种方案的成本与收入的估算；利润的估计。同时，弄清达到这种定位需要什么样的人力和财力资源？竞争对手会作出何种反应？最后企业选择定位设计，要让自己的服务与其他的竞争对手不同，按照潜在客户的要求提供特色服务，并向潜在客户宣传自己的服务。

三、物流服务市场定位方法

物流企业的市场定位是物流企业为了将自己的物流服务有针对性地进行推广或销售的一种客户定位，是企业将服务推出市场的最佳切入点。企业可以从以下几个方面进行市场定位。

（一）按经营层面定位，实际上是物流公司的"产品"定位

在品牌树立阶段，物流企业应该明确定位自己的核心经营层面。有了核心经营层面，才有可能形成核心优势，树立品牌形象。物流公司可选择以下几个经营层面：

1. 运作层

企业只提供比较初级的物流管理服务，物流企业本身不涉及客户内部的物流管理和控制，只是根据客户的要求，整合社会物流资源，完成特定的物流服务。

2. 管理层

管理层的服务包括销售预测、库存的管理和控制等专业的物流环节，对物流公司的管理水平要求很高，因此能够提供专业化的物流管理的物流企业，往往可以得到较大的利润空间。但由于要深入到企业的销售、市场、生产、财务等环节，因此市场对此类服务的接受有一定的障碍。

例如，华润物流在同一个客户的合作中，除了进行动作层面的整合外，还为客户提供内仓的库存管理。华润物流根据客户的生产计划，确定内仓的原材料库存，提供原材料库存分析。

3. 规划层

服务内容包括物流设施、物流体系和物流网络的规划，这是物流领域中最富技术含量的一块领域，由于其专业性太强，主要由咨询公司完成这一任务。

4. 混合型

混合型的经营模式是企业不断拓展自己的经营层面，在核心能力得到加强的基础上，向其他经营层面延伸。

（二）按主导区域定位

主导区域的定位是企业设定自己的核心业务的覆盖范围，在主导区域内，企业依靠自身的物流网络能够完成相关的物流服务。主导区域可以是一个城市、一个地区、一个省、一个大区或全国。确定主导区域要考虑以下几个因素：

1. 自身的投入能力

物流企业服务主导区域覆盖面的区域越大，投入的资金越多。

2. 管理水平

主导区域覆盖面越广，管理难度越大。如果管理能力不强，过快地扩展自己的覆盖网络可能造成管理的失控和客户服务质量的降低。

3. 客户的需求

对现有的客户群进行分析，将业务比较多的区域设为主导区域。

4. 营运成本

一般来讲，主要区域覆盖面越广，表明提供服务的能力越强，同时有利于企业品牌的宣传，但需要的成本也越高。如果企业投入能力不足，对于主导区域不能覆盖的地方业务，可以通过联盟等协作办法解决。

（三）按主导行业定位

物流企业为了建立自己的竞争优势，一般将主营业务定位在一个或几个行业。因为不同的行业，其物流的运作模式是不同的。专注于特定行业可以形成行业优势，增强自身的竞争能力。物流企业在我国现阶段可以重点考虑的行业有：电脑、家电、通信、电子、汽车、化工、食品、服装、医药、家具等。

（四）按客户关系定位

物流企业与客户的关系可分为普通合作伙伴关系和战略合作伙伴关系。普通合作伙伴关系是合作双方根据双方签订的合作文件进行业务往来，在合作过程中双方的职责有比较明确的界限；战略合作伙伴关系双方职责不再有明确的界限，合作双方为了共同的利益，在很大程度上参与对方的经营决策。

（五）按服务水平定位

服务水平分为基本服务、标准服务、增值服务三种。因为服务水平与客户满意度和运营成本紧密相连，服务水平越高，客户满意度越高，但会带来营运成本的提高。确定服务水平的一般原则如下：

（1）对于重点客户，一般要提供增值服务。

（2）对于可替代性强的业务，也要提供增值服务。

一般的运输、仓储等业务，可替代性强，如果只是提供基本服务，往往很难将自己与竞争对手区分开来。在此情况下，可以开发增值服务项目。

（3）服务水平的确定是动态的过程，必须适时调整。

四、物流企业市场定位策略

企业作为一个整体，在客户的心目中是有一定的位置的。怎样使自己在客户心目中占据一个明显而突出的位置呢？企业定位可根据自身的资源优势和在市场上的竞争地位作出以下选择：

（一）市场领先者定位策略

市场领先者是在行业中处于领先地位的企业，其相关服务在市场上的占有率最高。采用领先者定位策略的企业必须具备以下优势：客户对品牌的忠诚度高、营销渠道的建立及高效运行、营销经验的迅速积累等。如国际快递业巨头联邦快递就采用市场领先者的定位策略。

（二）市场挑战者定位策略

在相同的行业中，当居次位的企业实力很强时，往往以挑战者的姿态出现，攻击市场领导者和其他的竞争者，以获得更大的市场占有率，这就是市场挑战者定位策略。

挑战者的挑战目标可以是以下三种：攻击市场主导者；攻击与自己实力相当者；攻击地方性小型企业。

（三）市场跟随者定位策略

市场跟随者定位策略是指企业跟随市场领导企业开拓市场、模仿领导者的服务项目开发、营销模式的定位策略。但"跟随"并不是被动地单纯地跟随，而是设法将独特的利益带给它的目标市场，必须保持低成本和高服务水平。采用这种定位策略有三种战略可供选择：紧密跟随、距离跟随、选择跟随。

1. 紧密跟随

指企业在各个细分市场和营销组合方面，尽可能模仿主导者，不与主导者发生直接冲突。

2. 距离跟随

指跟随者在主要方面如目标市场、产品创新、价格水平和分销渠道等方面追随主导者，但仍与主导者保持若干差异。

3. 选择跟随

指企业在某些方面紧跟主导者，在另一方面又发挥自己的独创性。

（四）市场补缺者定位策略

市场补缺者定位策略是指企业专心关注市场上被大企业忽略的某些细小部分，在这些小市场上通过专业化经营来获取最大限度的收益，在大企业的夹缝中生存和发展的定位策略。

采用这种策略的企业主要战略是专业化市场营销，就是在市场、客户、渠道等方面实行专业化。在选择补缺基点时，通常选择两个或两个以上的补缺基点，以减少市场风险。

技能训练

一、训练内容

（1）选定东营市一家民营物流企业。

（2）对民营物流企业进行实地调研。

（3）为企业进行切合实际的市场定位。

二、训练要求

（1）将班级分成若干组，每组4~6人，由各小组组长进行成员分工，对物流企业进行实地调研。

（2）要求小组成员均参与其中，分工明确，各负其责，要有完整的工作记录。

（3）各小组将收集的资料制作成课件，按时交给指导教师审核。

拓展阅读

宝供的服务营销案例分析

1994年，美国宝洁公司需要物流合作伙伴，刘武成为宝洁的物流供应商，并成立了名为"宝供"的公司。"宝供"的含义是为宝洁提供储运服务。由此可见，宝供并未有意识地将品牌作为企业的发展战略之一。"宝供"一直作为企业名称和符号与企业一同成长，由于宝供在中国第三方物流领域的卓越实践，使"宝供"本身也赢得了中国第三方物流企业认知度榜首的地位。

宝供的物流服务体现在为顾客提供基于供应链的一体化物流服务。宝供的一体化是业务纵向的深度，宝供基于供应链一体化物流服务的核心是，综合运用现代物流设施设备，以信息网络系统为纽带，从供应链的优化角度，为客户提供集商品的储存、分拣、配送、加工、包装、订单处理、库存管理、分销覆盖、交叉作业、国际集装箱集散、信息处理等综合一体化服务。宝供目前已规划建设的物流基地达15个，分布在宝供业务的主要地区。

宝供定位的供应链是极具前景的现代物流服务领域，供应链物流的需求将可能会按照以下顺序逐步实现，来华的跨国公司→中国的国际化公司，商业流通企业→国内大型制造型企业→国内大型原材料生产企业→国内中小型企业。供应链的形成是个循序渐进的过程，由于供应链物流服务的专业性和地域性，使得提供供应链物流服务的企业的业务范围不能随意地扩展。

宝供的战略定位是"准"。宝供的准时物流服务定位的选择是在宝供向现代物流企业转型中逐步确定的。由于宝供服务的企业大多集中在企业的生产、流通环节，其定位于企业供应链物流服务也是顺理成章的事。宝供从给宝洁当学生，到建立信息系统，再到建立物流基地，逐步体会到更准确、更敏捷、更及时、更高效的准时物流服务的精髓，宝供战略定位的变化自始至终都围绕着一个"准"字，从储运—物流—供应链，到货运代理—物流资源整合—物流资源一体化。

分析：

1. 宝供在物流市场营销中明确提出了战略定位：顾客提供基于供应链的一体化物流服务，以及提供准时物流服务定位的选择。这就表明了宝供物流服务营销中服务项目，产品和服务相结合。

2. "宝供"的含义是为宝洁提供储运服务，充分说明了宝供与客户之间的关系，一个是供应方，一个是仓储，运输环节。成功第三方物流企业最为重要的一点就是要搞清楚建立什么样的关系，物流组织与客户之间的关系。

3. 宝供从供应链的优化角度出发，为客户提供集商品的储存、分拣、配送、加工、包装、订单处理、库存管理、分销覆盖、交叉作业、国际集装箱集散、信息处理等综合一体化服务。明确了物流服务的供求特点，运输、仓储等物流服务能力一般不能存储，在多数情况下，生产服务与服务消费是同一过程。满足同时性是生产服务的主要供求特点之一。

4. 宝供基于供应链一体化物流服务的核心是，综合运用现代物流设施设备，规划建设的物流基地达15个，借鉴国际先进的物流理念及网络信息系统，可以将供应链上、下游企业集于一地，减少中间环节，提高物流效率，使一体化物流服务得以实现，同时，这些软硬件设施也可以打造出宝供发展新的竞争优势。从中可以看出物流服务设施设备是成功运营的关键之一。显然，交通运输、物流服务都涉及车辆、设备之间的差别，硬件内容对服务系统有着深刻的影响。

任务四　制定物流服务营销组合策略

德邦物流的营销策略组合

德邦物流主要是从事国内物流仓储、运输、结算为一体的第三方物流服务供应商。公司拥有宽大的信息网和先进的 Internet 物流管理系统运输各种货物，仓储设备配置精良，可根据客户具体特点，设计策划"个性化"物流配送方案，并提供全过程全方位全天候的综合物流方案。不仅提供各地区、各类型客户需求的信息交递平台，而且还提供从生产、销售到市场跟踪的信息网络服务。

德邦物流公司坚持以"客户为中心"的服务理念，坚持以"安全高效准确即时"为服务目标，逐步实施现代科学物流发展战略，业务配送以上海为中心，面对珠江三角洲，借助自身货运专线辐射全国，目前已为多家大型零售商、采购商和知名产品制造商提供最优质的物流服务。公司成立至今得到了飞速的发展，已承载了多家大型公司的运输业务，其中以华为技术、艾美特、比亚迪、南玻、信义玻璃为代表。

请为德邦物流设计营销组合策略。

任务目标

通过任务分析，使学生明白营销组合的内容、发展，及其对物流市场营销的指导。

相关知识

一、营销组合概述

市场营销组合是企业综合运用并优化组合多种可控因素，以实现其预期经营目标的活动总称。由于企业营销环境的不断变化，西方企业界和学术界不断提出一些新的组合观点。下面对这些观点作一些简单介绍。

（一）"4Ps"理论

4Ps营销组合理论是指美国市场学者金·麦卡锡1960年在其《基础市场营销学》中提出来的。他把市场营销的诸多要素归纳为"4Ps"，即产品（Product）、价格（Price）、渠道（Place）、促销（Promotion）四大类的组合策略。

产品（Product）：确定产品的种类、项目、功能、服务目标定位和服务品牌等。研究客户需求欲望，并提供与客户需要相适应的产品或服务，注重产品的功能，要求产品有独特的卖点，把产品的功能诉求放在第一位。

价格（Price）：包含基本价格、价格组合、支付方式，根据不同的市场定位和市场竞争环境，制定不同的价格策略，产品的定价依据是产品的质量、性能、服务、竞争产品状况、客户的价格承受能力，企业产品的品牌战略和品牌的含金量。

渠道（Place）：含直接渠道和间接渠道，企业并不直接面对消费者，而是注重经销商的培育和销售网络的建立，企业与消费者的联系是通过分销渠道来进行的。

促销（Promotion）：就是通过广告，人员推销，营业推广和公共关系等方式和手段，与客户进行沟通，使企业和产品获得客户的认同，从而激发客户购买的欲望。推销员要注重销售行为的改变来刺激消费者，以各种有效的促销行为，吸引其他品牌的消费者或导致提前消费来促进销售的增长。

4Ps的提出奠定了管理营销的基础理论框架。该理论以单个企业作为分析单位，认为影响企业营销活动效果的因素有两种：可控因素和不可控因素。

不可控因素是企业不能够控制的，如社会、技术、经济/自然环境、政治、法律、道德、地理等环境因素，这也是企业所面临的外部环境。

可控因素是企业可以控制的，如产品、价格、分销、促销等营销因素。企业营销活动的实质是一个利用内部可控因素适应外部环境的过程，即通过对产品、价格、分销、促销的计划和实施，对外部不可控因素做出积极动态的反应，从而促成交易的实现和满足个人与组织的目标，用科特勒的话说就是"如果公司生产出适当的产品，定出适当的价格，利用适当的分销渠道，并辅之以适当的促销活动，那么该公司就会获得成功"。所以市场营销活动的核心就在于制定并实施有效的市场营销组合。

这四个方面每一个因素的变化，都会要求其他因素响应变化。这样就形成了营销组合体系根据实际的要求而产生的营销因素组合，变化无穷，推动着市场营销管理的发展和营销资源的优化配置。营销因素组合的要求及目的就是，用最适宜的产品，以最适宜的价格，用最适当的促销办法及销售网络，最好的满足目标市场的消费者的需求，以取得最佳的信誉及最好的经济效益。因此至今为止，4Ps 理论模型仍然是营销决策实践中一个非常有效地指导理论。

（二）"4Cs" 理论

4Cs 理论是 20 世纪 80 年代美国营销专家劳特朋提出来的。他认为市场营销应该先把产品放在一边，要赶紧研究顾客需求（Consumption）；不要再卖企业所制造的产品，而要卖顾客想购买的产品；要尽快了解顾客为满足其需求而愿意付出的成本（Cost）；要思考如何给顾客以方便（Convenience）；要加强与顾客的沟通（Communication），并且认为沟通的本质是围绕人、研究人，以人为中心的一门学问，只要深入人心，切实为他人着想，就能达到沟通目的。因此，他认为应按顾客的需要设计产品，按顾客的要求生产产品，按顾客喜爱的方式使顾客便利地获得产品。以成本（Cost）代替售价（Price），将"价格＝成本＋利润"的思维方式更改为"利润＝价格－成本"，即通过降低成本和售价使利润稳定甚至提高，让利于顾客，使企业与顾客双赢；以沟通（Communication）代替促销（Promotion），体现企业的人文关怀，减少企业的急功近利；以便利（Convenience）代替渠道（Place），降低渠道在营销管理中的博弈作用，通过与各级销售商的战略联盟，为顾客提供方便、快捷、直接的服务。4Cs 理论主张以顾客为导向，对顾客的研究更加深入具体，对顾客的关注程度进一步提高，其精髓是顾客服务。

4Cs 营销理论以消费者需求为导向，重新设定了市场营销组合的四个基本要素：

1. 瞄准消费者需求（Consumption）

物流企业首先要了解、研究、分析消费者的需要与欲求，而不是先考虑企业能提供什么样的物流服务。现在有许多企业开始大规模兴建自己的物流中心、分拨中心等，然而一些较成功的物流企业却不愿意过多地把资金和精力放在物流设施的建设上，他们主要致力于对物流市场的分析和开发，争取做到有的放矢。

2. 消费者愿意支付的成本（Cost）

这就是要求物流企业首先要了解物流需求主体满足物流需要而愿意付出多少钱（成本），而不是先给自己的物流服务定价，即向消费者要多少钱。该策略指出物流的价格与客户的支付愿意密切相关，当客户对物流的支付愿意很低时，即使某物流企业能够为其提供非常实惠但却高于这个支付愿意的价格时，物流企业与客户之间的物流服务交易也无法实现。因此只有在分析目标客户需求的基础上，为目标客户量体裁衣，实行一套个性化的物流方案才能为客户所接受。

3. 消费者的便利性（Convenience）

此策略要求物流企业要始终从客户的角度出发，考虑为客户提供物流服务能给客户带来什么样的效益。如时间的节约，资金占用减少，核心工作能力加强，市场竞争能力增强等。只有为物流需求者对物流的消费带来效益和便利，他们才会接受物流企业提供的服务。

4. 与消费者沟通（Communication）

即以客户为中心，实施营销策略，通过互动、沟通等方式，将物流企业的服务与客户的物流需求进行整合，从而把客户和物流企业双方的利益无形的整合在一起，为用户提供一体化、系统化的物流解决方案，建立有机联系，形成互相需求、利益共享的关系，共同发展。在良好的客户服务基础上，物流企业就可以争取到更多的物流市场份额，从而形成一定的物流服务规模，取得规模效益。

4Ps 与 4Cs 的相互关系：

众所周知，4Ps 与 4Cs 是互补的而非替代关系，即 Customer，是指用"客户"取代"产品"，要先研究顾客的需求与欲望，然后再去生产、经营那个和销售顾客确定想要买的服务产品；Cost，是指用"成本"取代"价格"，了解顾客要满足其需要与欲求所愿意付出的成本，再去制定定价策略；Convenience，是指用"便利"取代"地点"，意味着制定分销策略时要尽可能让顾客方便；Communication，是指用"沟通"取代"促销"，"沟通"是双向的，"促销"无论是推动策略还是拉动战略，都是线性传播方式。在对企业内部员工进行市场细分的基础上，借用市场营销的基本策略组合：4Ps——产品（Product）、价格（Price）、渠道（Place）和促销（Promotion）可以帮助企业人力资源部门更好地完成各种人力资源管理"产品"的"生产"与"推广"。

4Ps营销组合向4Cs营销组合的转变：

1. 从"产品（Production）"转变到"顾客（Consumer）"

在4Ps营销组合中，产品策略是企业根据目标市场定位和顾客需求所作出的与产品开发有关的计划和决策。其主要内容是：为满足用户需要所设计的产品的功能、产品的品质标准、产品特性、包装设计、产品品牌与商标、销售服务、质量保证，还包括产品生命周期中各阶段的策略等。在4Cs营销组合中，顾客策略更强调企业从顾客需求和利益出发，生产满足消费者需要的产品的价值。因此，从4Ps的"产品"转变到4Cs的"顾客"，实际上就是指在产品开发的基础上企业应当更注重消费者的需要，在满足消费需求中获取利润，实现企业和顾客之间的双赢。这是市场营销观念的转变，被公认为现代市场营销学的"第一次革命"。过去，市场是生产过程的终点；而现在，市场则成为生产过程的起点。

2. 从"价格（Price）"转变到"成本（Cost）"

在4Ps营销组合中，价格策略是企业实现产品价值的策略，定价是企业整体营销活动之一。选择定价策略主要的依据是企业定价目标和定价导向。企业定价目标主要是获取利润目标和占有市场目标。为了保持和扩大市场占有率，企业应考察市场环境并结合自身实力，兼顾企业的近期与远期利益，在不同时期制定不同的占领市场的定价目标。在4Cs营销组合中，成本策略是企业考虑顾客在满足需求时需要承担的成本，而不是从企业的角度考虑要达到的利润目标。从4Ps的"价格"到4Cs的"成本"的转变，实际上就是企业从考虑盈利目标转变到考虑满足顾客需要的成本。对于企业来说，成本策略就是强调"忘掉价格，考虑消费者为满足需求而愿意支付多少"。

3. 从"渠道（Place）"转变到"便利（Convenience）"

在4Ps营销组合中，在分销渠道策略上，企业应当考虑选择何种有效的途径，将产品从生产者转移到消费者手中。在分销渠道中，有一系列的机构或个人参与商品的交换活动，他们同构成商品流通的有序环节。这种有序环节是连接生产与消费的桥梁与纽带。在4Cs营销组合中，方便策略是企业在分销渠道上考虑顾客购买商品的方便程度。从4Ps的"分销渠道"到4Cs的"便利"的转变，实际上是企业从依据自身需要转变到依据顾客的便利程度来构建分销渠道。便利策略是企业根据顾客的利益和需要构建分销渠道，以减少流通环节，降低流通成本，从而将流通成本让利给顾客。随着生产力的提高和竞争的加剧，商家越来越注重减少中间环节，降低成本，直接把产品提供给消费者。

4. 从"促销（Promotion）"转变到"沟通（Communication）"

在4Ps营销组合中，促销是企业向顾客进行单向的营销信息传递，而顾客对企业促销信息的反映无法反馈到企业，难以做到企业与顾客之间的双向沟通与交流。在 4Cs 营销组合中，沟通策略是企业与顾客之间进行双向的营销信息沟通，使顾客参与到企业的产品开发和生产之中。麻省理工学院专门研究技术创新过程的学者埃里·冯希佩尔仔细研究了科学仪器创新的源泉，得出以下结论：归类为第一产品的十一种主要的新发明，全部来自使用者的构想；在 66 种主要产品改良中，85% 的改良归功为使用者的构想。由此可看出，企业促销的任务不仅是传递信息，而更应注重沟通。促销的目标是引起消费者对企业或商品的注意和兴趣，激发消费者的购买欲望，加速消费者的购买行动从 4Ps 的"促销"转变到 4Cs 的"沟通"，实质上是企业从单向营销信息灌输转变到与顾客之间双向的、互动的信息交流。沟通策略就是强调"忘掉促销，考虑双向沟通"。从心理学角度来说，沟通就是"请注意消费者"，在市场日益成熟的今天，肯定是"请注意消费者"比"消费者请注意"更有利于企业的长期发展。宝洁公司的成功之道之一就是注重和消费者的沟通，他们的营销灵感就来源于顾客的意见。

（三）"4Rs" 理论

4Rs 营销理论（The Marketing Theory of 4Rs）是由美国整合营销传播理论的鼻祖唐·舒尔茨（Don E. Schuhz）在 4Cs 营销理论的基础上提出的新营销理论。

4Rs 分别指 Relevance（关联）、Reaction（反应）、Relationship（关系）和 Reward（回报）。该营销理论认为，随着市场的发展，企业需要从更高层次上以更有效的方式在企业与顾客之间建立起有别于传统的新型的主动性关系。

4Rs 理论的营销四要素：

1. 关联（Relevance）

即认为企业与顾客是一个命运共同体。建立并发展与顾客之间的长期关系是企业经营的核心理念和最重要的内容。

2. 反应（Reaction）

在相互影响的市场中，对经营者来说最现实的问题不在于如何控制、制定和实施计划，而在于如何站在顾客的角度及时地倾听和从推测性商业模式转移成为高度回应需求的商业模式。

3. 关系（Relationship）

在企业与客户的关系发生了本质性变化的市场环境中，抢占市场的关键已转变为与顾客建立长期而稳固的关系。与此相适应产生了 5 个转向：从一次性交易转向强调建立长期友好合作关系；从着眼于短期利益转向重视长期利益；从顾客被动适应企业单一销售转向顾客主动参与到生产过程中来；从相互的利益冲突转向共同的和谐发展；从管理营销组合转向管理企业与顾客的互动关系。

4. 回报（Reward）

任何交易与合作关系的巩固和发展，都是经济利益问题。因此，一定的合理回报既是正确处理营销活动中各种矛盾的出发点，也是营销的落脚点。

二、物流服务营销组合策略

物流服务营销组合需要系统考虑服务产品、价格、渠道（地点）、促销、人员、有形展示、过程等多个因素，形成一体化的服务解决方案。

（一）产品策略（Product Strategy）

产品策略是指与物流企业提供的服务（或产品）有关的策划与决策。物流企业向目标市场提供什么产品，不能从企业本身的角度出发，而应站在顾客的立场上去考虑，充分理解在顾客的心目中，本企业的产品是什么？本企业如何满足目标市场的需求？物流企业提供的产品是一种服务产品，是为满足顾客（货主）位移需要的服务产品，它的核心是物流企业借助运输工具和信息技术实现货物在空间上的位移。它包括了若干子因素：产品（服务）的设计、包装、品牌、组合等。而物流企业应该站在客户的角度去考虑提供什么样的服务，物流服务主要是借助运输工具和信息技术帮助客户实现货物在空间上的位移。

（二）价格策略（Pricing Strategy）

价格策略是指物流企业如何根据客户的需求与成本提供一种合适的价格来吸引客户。它包括了基本价格、价格的折扣与折让、付款方式等。价格优势对企业分享市场和利润至关重要。物流企业应该根据客户的需求，合理地对运输工具、路线、运距、费率等进行系统优化，并根据企业针对的目标市场和客户群体，结合客户期望值和竞争者提供的服务水平，制定适当的服务标准和价格水平。

（三）分销渠道策略（Placing Strategy）

分销渠道策略是指物流企业如何选择服务（产品）从供应商顺利转移到客户的最佳途径。物流服务一般采用直销的方式最多，许多时候也会采用中介机构，常见的有代理、代销、经纪等形式。

（四）促销策略（Promoting Strategy）

促销策略是指物流企业利用各种媒体向客户传递对自己有利的信息、以引起客户的兴趣，提高企业知名度的各种措施。它包括了广告、人员推销、营业推广、公关等各种市场营销沟通方式。

（五）人员策略（People Strategy）

物流服务产品是由人来提供的，营销人员的行为和素质直接影响到产品质量的高低。要建立高效的营销队伍，要把握好个人、企业、顾客三者之间的关系，使物流服务增值。

（六）有形展示策略（Physical Evidence Strategy）

在物流服务中，物流企业应该向外界主要是顾客实施有效的服务展示策略，从而赢得顾客和社会满意。要注意加强员工培训，规范员工的行为、态度、文明用语等，树立高素质员工形象；改善顾客经常接触的业务部门的环境条件，为顾客提供良好、适时的服务环境；服务承诺要做到"一诺千金"，坚守诚信；要文明安全作业，注重环保；建立有效的顾客投诉处理机制，及时处理顾客投诉问题；建立界面友好的物流服务信息系统。

（七）过程策略（Process Strategy）

所谓"过程"是指物流服务产生和提供的过程。要方便顾客、简化缩短办事、作业流程，实行"一站式服务"，一单到底、一个窗口、一次性收费。不断运用新技术和创新管理，满足顾客对物流服务更快捷、更便利、更经济、更安全的要求，同时实现物流服务过程的低成本、高效率和快节奏。如网上发布信息、查询、订立合同、结算、即时监控等。

三、物流市场营销组合的特点

从物流市场营销组合的内容可以看出物流市场营销组合具有以下几个特点：

（一）可控性

物流市场营销组合的四大因素是企业可以控制的。

（二）动态性

物流市场营销组合不是固定不变的静态组合，而是变化无穷的动态组合。

（三）整体性

物流市场营销组合是根据企业营销目标制定的整体策略，它要求企业在制定市场营销组合时，要追求整体最优，而不是各个因素最优。

四、德邦物流的营销策略组合

(一) 公司产品营销策略

目前德邦物流的产品服务包括精准卡航、精准城运、精准汽运、精准空运。精准卡航指的是公司的物流配送全部采用进口 VOLVO/SCANIA 等全封闭厢式卡车，以最优的路线为客户的货物运输和派送；车辆自身严密电子系统控制，方便 GPS 全球定位，短信、电话、网络实现全程货物跟踪，保证货物快速安全到达；精准城运指的是公司实现了珠三角、长三角、京津唐、山东、川渝区域城市之间快速送达，限时未到，最高按运费 3 倍赔付，为顾客提供保证性服务，增加企业的可信度；精准汽运指的是德邦物流的网络横贯东西、纵穿南北、遍布全中国；每日准点发车，运输路线持续优化，专线通达全国；精准空运指的是公司以开单预配的航班为计算当日，保证货物在次日24：00 前送达目的站机场；在全国 40 多个城市设有空运代理点，与全国所有机场保持良好合作关系。

(二) 公司价格营销策略

德邦物流目前采取组合价格策略，根据深圳货运市场情况对不同细分市场采取不同的价格策略。针对各个地区不同程度上采取等级价格策略。该价格策略实施有利于公司发展大客户，鼓励集中货源以便于管理，同时也实现了收益的最大化。对于市场供不应求的航线，采取浮动价格策略，如上海至深圳、上海至北京、上海至天津等路线，经常出现需求远大于供给的情况。市场部门根据即时的情况灵活的制订相应的价格，既控制了物流配送能力的最优分配，又不失时机的为公司创造更高收益。对于货量大、商誉高的客户，采用协议的方式给予固定的价格。这一价格策略深得各大客户的赞许，同时也确保了公司货源的稳定。

(三) 公司品牌营销策略

德邦还在厦门大学开设了德邦物流奖学金，鼓励学生勤奋学习、刻苦钻研，并积极参加社会实践。此外，为了获得丰厚的人才资源，德邦物流与高校展开了合作。并为高校大学生提供大量实习就业岗位。这些都体现了德邦的营销手段，同时有很好的社会效应，造成很深刻的影响。此外，公司还在车体、店面、户外、网站、人员服务及工作制服等方面加强德邦物流的品牌营销。

（四）渠道营销策略

在现代市场经济条件下，生产者与消费者之间在地点、时间、数量、品种、信息、产品估价和所有权等方面存在着差异与矛盾。企业生产出来的产品，只有通过一定的市场分销渠道，才能在适当的时间、地点、以恰当的价格供应给广大消费者和用户，从而克服生产者和消费者之间的差异和矛盾，满足市场需求，实现企业的市场营销目标。首先，公司可以采用广告、电话、电视直销等直接渠道，并利用互联网加强网络营销；其次，可以寻找采购代理商，采购对于本企业来说是新建立的产品线，所以还不能够提供完善的采购服务，所以要寻找采购代理商进行代理；最后，公司可以与经纪商建立长期的合作关系，把企业洽谈业务的环节交由经纪商负责，集中企业的精力进行物流服务。

（五）促销策略

物流企业的服务特性使其沟通与促销和产品的促销有一定的差别，因此为了进行有效的促销管理，物流服务促销必须遵循其特有的原则，进行周密的安排与计划。对于德邦物流而言，首先，要加强企业推销人员素质的培养，增强其销售手段的技能。推销人员要熟悉本企业的发展历史、经营理念、企业文化、交货地点、企业规模、经营目标、企业的优势及未来的发展等，取得客户的信任和支持；推销人员要向顾客详细介绍物流企业的服务项目、服务承诺、服务费用、交货方式、交货时间、交货地点、付款条件等，吸引顾客采用本企业的服务；推销人员还要帮助企业收集和反馈市场信息，包括客户信息、市场供求信息和竞争对手的信息，从而使企业在竞争中立于不败之地。其次，在企业成本允许的情况下，加强广告方面的费用。通过在电台、电视广播等视听媒体做广告；通过报纸、杂志、印刷品等传递广告；在街头、建筑物、车站、码头、体育场、旅游点等公共场所，在允许的路牌、霓虹灯等地方张贴广告；通过邮政直接投递企业介绍、产品说明等函件等方式做广告使广大的企业了解本公司。最后，对于长期选择本公司服务的企业予以价格折扣、赠送与企业相关的小礼品并向其提供服务促销和展示促销；对与企业进行合作的中间商予以现金折扣、特许经销、代销、试销和联合促销等策略；对于企业的推销人员推出推销员竞赛、红利提成和特别推销金等方式调动其积极性。

五、国际市场营销组合策略

（一）国际市场促销策略概述

促销是企业将产品或服务的有关信息通过传播，帮助消费者认识商品或服务所带来的利益，进而诱发消费者的需求，激发他们的欲望，促使他们采取购买或消费行为，以实现销售的一种活动。促销分为直接促销和间接促销。直接促销又称人员促销，间接促销又称非人员促销。各种促销组合的特点如表 3 – 1 所示。

表 3 – 1　　　　　　　　　　　各种促销组合的特点

	人员销售	广告	营业推广	公共关系
沟通方式	直接的	间接的	一般为间接的	一般为间接的
信息传递者对沟通情况的控制能力	高	低	较低	较低
信息反馈速度	迅速	延迟	各自不一	延迟
信息反馈的数量	多	几乎没有	较少	几乎没有
信息流方向	双向	单向	多为单向	单向
受众接受信息的速度	慢	快	较快	快
信息的弹性	随顾客不同而变化	统一不变的	统一可变的	不能直接控制

促销基本策略主要有两种，一是推动策略，是指以零售商为主要促销对象，把产品推进分销渠道，最终推给消费者；另一个是拉引策略，指以最终消费者为促销对象，利用大量的广告和其他宣传措施，刺激消费者向零售商购买，如图 3 – 1 所示。

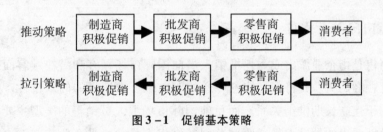

图 3 – 1　促销基本策略

（二）国际广告策略

所谓国际广告策略，就是指国际广告的信息传播策略。由于国际广告活动是在国际市场范围内展开的，它必须要解决的一个重要问题就是如何以有效的策略执行并实施广告信息的传播。国际广告策略有一体化策略和本土化策略。

制定国际广告策略，首先必须有一个具体的广告目标。广告目标总的来说，一是通过广告在公众中树立企业或产品的良好形象；二是引起和刺激公众对本企业产品的兴趣并导致购买。当然，最终的目标是为了盈利。

但国际广告要实现其目标，必须使广告能适应目标市场所在国的各类环境因素，在此基础上选择广告的方式和广告的媒体。

从事国际化经营的企业都面临着国际广告标准化或差异化的选择。所谓标准化，是指企业在不同国家的目标市场上，使用主题相同的广告宣传。而国际广告的差异化则是指企业针对各国市场的特性，向其传送不同的广告主题和广告信息。

国际广告标准化的主要优点是可以降低企业广告促销活动的成本；充分发挥企业人、财、物的整体效益；易于与企业营销总目标保持一致并以统一的整体形象传递给目标市场国，从而增强消费者对企业及产品的印象。但是，国际广告标准化也有其不尽如人意之处，其中最主要的是没考虑到各国市场的特殊性，特别是在特殊性成为矛盾的主要方面时，标准化的策略更显得力不从心，所以很多企业采取差异化的国际广告策略。

国际广告差异化策略的主要优点在于适应不同文化背景的消费者的需求；利于克服当地市场的进入障碍；针对性较强。其缺点是企业总部对各国市场的广告宣传控制较差，甚至出现相互矛盾，影响企业形象。

总之，无论是选择标准化还是差异化广告策略，其目的都在于将有关信息传递给消费者，使消费者理解及接受这些信息，促进企业产品的销售。

广告内容的设计是一项较为复杂的工作，既要有科学性，又要有艺术性，而且必须与广告目标紧密相连，为实现广告目标服务。设计一则成功的广告，要求广告设计者具有较高的创造力和想象力。广告设计者还必须将广告人的广告目标融于广告内容之中。广告目标是广告设计的指导思想，广告创意是广告目标的信息传递和体现形式。

（三）国际人员销售

人员销售是指企业派出或委托推销人员向国际市场顾客和潜在顾客面对面地宣传产品，促进顾客购买。其特点是信息传递的双向性、推销目的的双重性、推销过程的灵活性、利于建立长期供销关系。而目前国际市场上人员销售的类型主要有四种，一是企业经常性派出的外销人员或跨国公司的销售人员，二是企业临时派出的有特殊任务的推销人员和售后服务人员，三是企业在国外有分支机构的推销人员，四是利用国际市场的代理商和经销商进行推销。

国际推销人员来源于本国公司、目标市场所在国或第三国。对于这些销售人员的培训也是多方面的，例如企业资料、产品知识、技术知识、市场情况、竞争对手情况、推销技巧、必要的法律知识和商务知识等。而对国际推销人员评估也有许多种，大致为横向比较，纵向比较，对推销人员的工作态度、品行、素质等进行评价，评估时要考虑目标市场的特点以及不同社会文化因素等的影响。

（四）国际公关与营业推广

国际公共关系通常指这样一类公共关系活动，即一个组织在本国以外地区所进行的公共关系活动，或对国外有着显著影响的公共关系工作。一般来说，国际公共关系分企业国际公共关系和政府国际公共关系两种。其活动方式有新闻和记者招待会，公益服务活动，书面、视听资料，建立企业的统一标识，电话咨询服务，参加及组织联谊活动等。

国际营业推广是人员推销、广告和公共关系以外的能刺激需求、扩大销售的活动。营业推广的特点是促销效果明显、辅助性促销方式、不宜长期使用。其方式对于消费者市场与中间商的不同又划分开来。对于消费者市场而言，营业推广的方式有赠送样品、代价券、包装兑现、廉价包装等；对于中间商来说，则可以用购买折扣、资助、推销奖金的方式。

技能训练

一、训练内容

（1）天地华宇物流公司的基本情况及主要服务市场。

（2）分析天地华宇物流公司的竞争对手。

（3）对天地华宇物流公司进行物流服务营销组合设计。

二、训练要求

（1）将班级分成若干组，每组4~6人，由各小组组长进行成员分工，通过网络或书刊查阅相关资料。

（2）要求小组成员均参与其中，分工明确，各负其责，各人要有完整的工作记录。

（3）各小组将收集的资料制作成课件，按时交给指导教师审核。

拓展阅读

《智慧》的营销

一天，林肯来到华盛顿大街上，忽然发现一家名为《智慧》的杂志社门前围满了人，于是他也好奇地靠了上去，发现在华丽的墙上竟然打了一个小洞，洞旁写着醒目的几个大字"不许向里看"。然而好奇心还是驱使人们争先恐后地向里观望。林肯也顺着小洞向里看，原来里面是用五彩缤纷的霓虹灯组成的《智慧》杂志广告画面，他觉得这份杂志很有创意。后来林肯看到《智慧》杂志内容丰富、排版活泼、版式大方、装帧精致、设计新颖、印刷质量精美，也订了一份《智慧》杂志。

一天他处理完公务后，顺手拿起一本新到的《智慧》翻阅起来，翻着翻着，突然发现这本杂志的中间几页没有裁开，他很是扫兴，便顺手将这本杂志丢在一边。晚上，他躺在床上想看看书，突然想起了翻过的《智慧》杂志，越想越好奇，为什么杂志会出现这样的错误。突然使他想起《智慧》搞的那次促销活动，林肯心中隐约感到这里面一定有名堂。他便翻身下床，找到这本杂志，像一名侦探一样，小心翼翼用小刀裁开连页。在几页连页中，居然有一页内容被纸糊住了。他想，被糊住的地方大概是印错了，但印错的内容到底是什么呢？

他继续用小刀撬起糊纸，下面竟然写着这样几个字：恭喜您，您用您的好奇心和接受新事物的能力获得了本刊 1 万美元的奖金……林肯对编辑部这本启发读者的智慧和好奇心的做法非常欣赏，便提笔给编辑部写了一封信。不久，林肯接到了编辑部的 1 万美元和回信，信中写道：总统先生，在我们这次故意印错的 500 本杂志中，只有 8 个人从中获得了奖金，绝大多数人采取了寄回杂志调换刊物的做法，看来您的确是位智者。

这本杂志就是风靡世界至今的《读者文摘》。

项目实训

一、实训目标

（1）训练学生如何选择目标市场。

（2）训练学生如何实施市场定位策略。

二、实训内容与组织

假定你是学校所在地顺丰速运的市场营销经理，分析研究"谁是你的客户"，找准你的目标市场，实施市场定位策略。

在市场调研与营销环境分析的基础上，确定并描绘你的客户。

（1）描述你的当前客户。

（2）他们来自何处。

（3）他们买什么。

（4）他们每隔多长时间购买一次。

（5）他们买多少。

（6）他们怎样买。

（7）他们怎样了解你的企业。

（8）他们对你的公司、产品、服务怎么看。

（9）他们想要你提供什么。

根据以上资料，确定这一产品的市场定位，并拟出市场定位建议书。

三、成果与检测

（1）各组成员对本组的市场定位建议书进行全班说明，由各组组长组成的评委小组进行评定。

（2）实训指导教师现场讲评。

附作业提纲：

在市场调研与营销环境分析的基础上，确定并描绘你的客户。

1. 描述你的当前客户：年龄段、性别、收入、文化水平、职业、家庭大小、民族、社会阶层、生活方式。

2. 他们来自何处？本地、其他地方。

3. 他们买什么？产品、服务、附加利益。

4. 他们每隔多长时间购买一次？每天、每周、每月、随时、其他。

5. 他们买多少？按数量、按金额。

6. 他们怎样买？赊购、现金、签合同。

7. 他们怎样了解你的企业？网络、广告、报纸、广播、电视、口头、其他（要注明）。

8. 他们对你的公司、产品、服务怎么看？（客户的感受）

9. 他们想要你提供什么？（他们期待你能够或应该提供的好处是什么？）

10. 根据以上资料，确定这一产品的市场定位，并拟出市场定位建议书。

项目四　设计物流服务的产品策略

知识目标 ➕➤

1. 了解物流服务产品的概念及特性、新产品的开发策略；
2. 熟悉物流服务产品组合策略、品牌策略；
3. 掌握产品生命周期各阶段的营销策略。

技能目标 ➕➤

1. 能够辨别物流产品组合中的长度和深度；
2. 能够应用产品组合策略进行营销活动。

任务一　物流服务产品的整体认知

任务描述 ➕➤

中远物流的产品组合

中国远洋物流公司是中国远洋运输集团（COSCO）下属的、规模和实力位于国内行业前列的公共物流企业。中远物流为国内外广大货主和船东提供现代物流、国际船舶代理、国际多式联运、公共货运代理、空运代理、集装箱场站管理、仓储、拼箱服务；铁路、公路和驳船运输、项目开发与管理以及租船经纪等服务。

中远物流总部在北京，下设大连、北京、青岛、上海、宁波、厦门、广州、武汉八个区域公司，在韩国、日本、新加坡、希腊和中国香港设有代表处，并与国外40多家货运代理企业签订了长期合作协议；在中国国内29个省、市、自治区建立了300多个业务网点，形成了功能齐全的物流网络系统。中远物流凭借国际化的网络优势，在细分市场的基础上，重点开拓了汽车物流、家电物流、项目物流、展品物流，为客户提供高附加值服务。

请分析中远物流的产品组合及特性。

任务目标

通过任务分析，使学生能够明白物流产品组合的概念及策略。

相关知识

一、物流产品知识认知

（一）物流产品的概念

产品是物流企业市场营销组合中的一个重要因素。产品策略直接影响和决定着其他市场营销组合因素策略的实施，对企业的营销成败的关系重大。在现代市场经济条件下，每一个企业都应致力于产品质量的提高和组合结构的优化，以更好地满足市场需求，提高企业产品的市场竞争力，取得更好的经济效益。菲利普·科特勒认为，产品是指能够提供给市场并引起人们的注意、获取、使用或消费，以满足某种欲望或需要的任何东西。它包括各种有形物品、服务、地点、组织和创意。

现代物流市场营销的核心是满足客户的需要和欲望，从现代物流营销观念来考察产品的内涵，也就是从客户的角度来看，物流企业的"产品整体概念"主要指物流企业提供的各种物流服务，物流企业服务的本质是满足客户的需求。

（二）物流产品的层次

物流企业产品整体概念把服务分为三个层次，即核心产品、有形产品和附加产品。

1. 核心产品

核心产品也称实质产品，是指产品能够提供给购买者的基本效用或益处，是购买者所追求的中心内容，是顾客真正要买的东西，因而在产品整体概念中也是最基本、最主要的部分。顾客购买某种产品并不是为了占有或者获得某种产品本身，而是为了获得满足某种需要的效用或利益。西奥多·莱维特曾经指出：购买者"并不是要买1/4英寸的钻头，而是要买1/4英寸的钻孔"。营销人员必须找到每一种产品给顾客带来的核心利益，并且出售这些利益，而不仅仅出售各种外部特征。

物流企业的核心产品通常是为客户提供符合其需要的位移效用、储存场所和利益。

2. 有形产品

有形产品是指产品在市场上出现时的具体物质外形。它是产品的形体、外壳，核心产品只有通过有形产品才能体现出来。产品的有形特征主要指质量、功能、款式、品牌、包装。产品的基本效用必须通过某些具体的形式才得以实现。营销人员应首先着眼于顾客购买产品时所追求的利益，以求完美地满足顾客的需要。

物流企业的有形产品一般是指为货主提供运输服务的车辆、船舶、飞机等工具的类型及型号、基础设施布局及环境、航班、车次、航次等状况。

3. 附加产品

它是客户在购买产品时所得到的附加利益的总和。它包括产品的说明书、保证、安装、维修、运送、信贷、技术培训、流通加工等增值物流服务。

物流企业的附加产品通常是指提供财务、金融、咨询、培训等服务。

（三）产品整体概念的意义

产品整体概念是市场经营思想的重大发展，它对企业经营有着重大意义。

（1）物流产品是有形特征和无形特征构成的综合体。

（2）产品整体概念是一个动态的概念。

（3）对产品整体概念的理解必须以物流市场需求为中心。

（4）产品的差异性和特色是市场竞争的重要内容。

（5）把握产品的核心产品内容可以衍生出一系列有形产品。

（四）物流企业的产品特征

物流企业提供的产品是一种服务，物流企业服务在发展中已逐步形成鲜明的特征，突出表现以下三个方面：

1. 服务关系契约化

物流企业的服务是通过契约形式来规范物流经或者与消费者之间的关系的。物流经营者根据契约规定的要求，提供多功能乃至全方位一体化的物流服务，并以契约来管理提供的所有物流服务活动及其过程。

2. 服务方式个性化

首先，不同的物流消费者存在不同物流服务需求，物流企业根据不同的要求，提供针对性强的个性化物流服务和增值物流服务。其次，物流服务的经营者也因为市场竞争、物流资源、物流能力的影响，不断强化物流服务的个性化和特色化，以增强在物流市场的竞争能力。

3. 服务功能专业化

物流企业所提供的是专业的物流服务。从物流设计、物流操作过程、物流技术工具、物流设施到物流管理必须体现专门化和专业水平，这既是物流消费者的需要，也是物流企业自身发展的基本要求。

二、物流产品组合策略

（一）物流产品组合的概念

1. 物流产品组合

物流产品组合是指物流企业生产经营的全部产品的结构，它既反映企业的经营范围，又反映企业市场开发的深度。考察一家物流企业里的各种服务包括：采购服务、运输服务、仓储服务、包装服务、配送服务、流通加工服务、物流信息服务。例如将物流企业的上述服务组合就可以成为：

组合 A：运输服务＋仓储服务＋配送服务

组合 B：仓储服务＋流通加工服务＋配送服务

物流产品组合包含了产品线和产品项目这两个概念。

2. 物流产品线

物流产品线又称产品大类或产品系列，是指物流产品组合中使用功能相似，分销渠道、客户群体类同的一组产品。例如仓储服务、运输服务，快递服务等，分别可以形成相应的产品线。

3. 物流产品项目

物流产品项目指在某一产品大类中的不同外观、不同属性、不同规格和不同价格的具体产品。物流产品项目就是物流产品的品种，或者说所有列入物流企业销售目录中的产品的名称。

例如物流企业提供的仓储服务、运输服务分别为两个产品线。仓储服务中的不同规格，如提供的自动化立体仓服务即为产品项目。

（二）物流产品组合策略

一般地讲，物流企业扩大产品组合的宽度，增加产品组合的深度，加强产品线的关联度，可能就会扩大销售，提高市场占有率或降低成本，增加利润。因此，物流企业对产品组合的宽度、深度、关联性有多种选择，形成不同的产品组合策略。

1. 全线全面型策略

这种策略也称产品组合的扩展策略，它是扩大产品组合的广度，又增加产品组合的深度。采用这种策略的条件就是企业有能力顾及"整个市场的需要"。广义的全线全面型就是尽可能增加产品组合的广度和深度，不受密度的约束，即广度和深度都大，但密度小的产品组合。采用这种策略的物流企业的经营范围较广，生产的产品差异性较大，以此来满足多种细分市场的需求。

其优点是：扩大经营范围，有利于充分利用企业的现有资源，扩大销售额，分散经营风险，增加产品线的深度，可以占领更多细分的市场，提高市场占有率和竞争力，可以减少市场季节性波动和需求波动。

但缺点也是明显的：需要投入更多的资金来增加产品线，要求拥有多种生产技术、销售渠道、促销手段，管理更加复杂化。如果经营管理不善，将影响企业的声誉和增加风险。采用这种产品组合的主要是大型的第三方物流企业。

2. 市场专业型策略

这种策略是指物流企业向某个专业市场（或某类客户）提供所需的各种产品，也就是其广度和深度都较大，但密度较小的产品组合。它是以特定专业市场的需求导向来确定产品线和产品项目，各产品线之间并不强调生产技术的关联性。例如中海物流从服务需要出发（客户主要是 IBM），设置配送中心、交通运输管理、市场信息咨询等服务项目来满足 IBM 的需求。

这种策略的优点是：有利于在特定的专业市场建立相对优势，有利于与特定消费者进行信息交流，有利于利用相同的销售渠道。

缺点是：集中在狭窄的专业市场，风险较大；生产多种产品，批量少，开发成本和生产成本高；要求拥有较多的资金、生产技术和生产设备，这是一般中小型物流企业所不具有的。

3. 产品专业型策略

这种策略是指物流企业只提供同一大类不同品种的服务产品来满足各类客户的需要。这种策略的优点是：充分利用原有生产技术和生产设备，减少了设计成本、管理成本和广告宣传费用，有利于满足不同消费者对服务产品的不同需求和树立品牌形象。缺点是：提供同一类服务产品容易受到产品市场生命周期的影响，容易受到替代产品的威胁。

4. 有限的产品专业型策略

这是企业只生产或销售一条产品线中有限期的几个或一个产品项目的策略。专业化程度高，但局限性也很大。例如我国的国储，过去主要作为国家的紧缺物资的安全储备仓库。值得庆幸的是，目前的国储正在改制，改造后的国储将以全新的面貌加入市场竞争中——华储物流公司，发挥其原有的专业化的优势，以弥补其局限性。

（三）物流产品组合的调整策略

物流企业总是要根据其外部环境和内部条件经常地调整自己的产品组合，使之经营保持最佳状态，具体为：

1. 扩大原有的产品组合

（1）高档产品策略和低档产品策略。高档产品策略是指在原有的产品线中增加高档的产品项目，以提高企业声望，如海尔物流建立的高层自动化仓库，华储物流正在全力打造的银行监管仓库、海关监管仓库，都是在原有的仓储服务中加入高附加值仓储服务，以提高本企业的形象；低档产品策略是指在原有的产品线增加低档的产品项目，以扩大批量。

（2）产品系列化策略。即把原有的产品项目扩大成一个系列。系列化的方法有很多，如品质系列化、用途系列化、功效系列化等。

（3）增加产品线的策略。增加产品线，既可以增加关联性大的产品线，也可以增加关联性小的产品线。

2. 缩减原有的产品组合

缩减原有的产品组合，虽然增加了企业的经营风险，但使企业可以集中力量，发挥专业化生产的优势，提高劳动生产率，改进服务质量，减少资金短缺，稳定产销关系。物流中的供应链管理思想，很好地体现了这一点。

3. 高档产品策略

高档产品策略就是在原有的产品线内增加高档次、高价格的产品项目。如中远集团的中日绿色快航，中海集团北方公司开辟的"五定班列"，物流公司开辟的"五定班列"集中了集装箱和铁路运输的综合优势，离海最远的新疆物流只要四天时间便可以运抵天津港。

技能训练

一、训练内容

分析中远物流产品组合的深度和广度。

二、训练要求

（1）将班级分成若干组，每组 4～6 人，由各小组组长进行成员分工，通过网络或书刊查阅相关资料。

（2）要求小组成员均参与其中，分工明确，各负其责，各人要有完整的工作记录。

（3）各小组将收集的资料制作成课件，按时交给指导教师审核。

海尔的产品多元化战略

所谓多元化发展战略，就是指企业采取在多个相关或不相关产业领域中谋求扩大规模，获取市场利润的长期经营方针和思路。海尔集团在发展多元化战略经营的过程中遵循以下原则：一是把自己最熟悉的行业做大、做好、做强，形成自己的核心能力，在这个前提下进入相关产品经营；二是进入一个新的行业，做到一定规模之后，一定要进入这个行业的前列。目前，海尔已建立了一种适应多元化经营的既有竞争又有合作、极富弹性的企业生产组织体系。多元化有利于企业规模发展和素质提升，优柔寡断，将丧失十分有利的政策环境和发展时机。

一、海尔集团的发展阶段

回顾海尔集团成长的历程，大致经历了四个阶段：第一阶段是 1984—1991 年的名牌发展战略，只做冰箱一种产品，通过 7 年的努力，逐步建立起品牌的声誉与信用。第二阶段是 1991—1998 年的多元化战略，按照"东方亮了再亮西方"的原则，从冰箱到空调、冷柜、洗衣机、彩电，每 1 ~ 2 年做好一种产品，7 年来重要家电生产线已接近完整。第三阶段是从 1998 年开始的国际化战略发展阶段，即海尔到海外去发展。第四阶段：全球化品牌战略阶段（2006 年至今）。

其中，多元化是重要的成长方式。海尔多元化战略经营堪称中国企业的成功典范。具体而言，海尔的发展阶段大致如下：

（一）单一产品——电冰箱

自从 1984 年到 1991 年年底共 7 年时间内，海尔只生产一种产品——电冰箱。是一个专业化经营企业。1991 年海尔集团销售收入 7.24 亿元，利润 3118 万元。"海尔"牌电冰箱成为中国电冰箱史上第一枚国产金牌，是当时中国家电唯一的驰名商标，并通过美国 UL 认证出口到欧美国家。同时，海尔集团 OEC 管理法基本形成，全国性销售服务网络初步建立起来。

（二）制冷家电——电冰箱、电冰柜、空调

1991 年 12 月 20 日，以青岛电冰箱厂为核心，合并青岛电冰柜总厂、空调器厂，组建海尔集团公司，经营行业从电冰箱扩展到电冰柜、空调器。到 1995 年 7 月前，海尔集团主要生产上述制冷家电产品即海尔集团用了 3 年时间进入电冰柜、空调行业，并成为中国的名牌产品。1994 年海尔销售收入达到 25.6 亿元，利润 2 亿元，分居全国轻工行业的第二名和第十二名。

（三）白色家电——制冷家电、洗衣机、微波炉、热水器等

1995 年 7 月，海尔集团收购名列全国第三的洗衣机厂——青岛红星电器股份有限公司，大规模进入洗衣机行业。其后通过内部发展生产微波炉，热水器等产品。1997年 8 月，海尔与莱阳家电总厂合资组建莱阳海尔电器有限公司，进入小家电行业，生产电熨斗等产品。至此，海尔集团的经营领域扩展到全部白色家电行业，用时两年。

（四）全部家电——白色家电、黑色家电

1997 年 9 月，海尔与杭州西湖电子集团合资组建杭州海尔电器公司，生产彩电、VCD 等产品，正式进入黑色家电领域。至此，海尔集团几乎涉足了全部家电行业，成为中国家电行业范围最广，销售收入超过 100 亿元的企业。与此同时，海尔集团控股青岛第三制药厂，进入医药行业。海尔还向市场推出整体厨房，整体卫生间产品，进入家居设备行业。

（五）进军知识产业

1998 年 1 月，海尔与中科院化学所共同投资组建"海尔科化工程塑料研究中心有限公司"，从事塑料技术和新产品开发。4 月 25 日，海尔与广播电影电视总局科学研究所合资成立"海尔科广数字技术开发有限公司"，从事数字技术开发与应用。6 月 20日，海尔与北京航空航天大学，美国 C-MDLD 公司合资组建"北航海尔软件有限公司"，从事 CAD/CAM/CAE 软件开发。

这表明，海尔集团开始进入知识产业，而且上述知识产业的产品都是海尔为了发展所需要的，两者形成一体化关系。

海尔多元化的特点：

（1）根据企业能力控制多元化的节奏，量力而行、步步为营地发展，其核心基础是海尔不断提高的企业管理、品牌及销售服务能力。

（2）根据行业相关程度进入新行业。多元化经营的成功率与老新行业之间的相关程度呈正相关，即相关程度高，成功率高，相关程度低，其成功率低。海尔集团的多元化正是根据行业相关程度，从高相关到中相关，再到低相关发展。

（3）针对不同情况采取不同的进入方式。进入新行业一般有三种不同的方式：一是内部发展，主要依靠企业自身的经营资源进入新行业；二是外部并购，通过合并收购其他企业进入新行业；三是以合资合作为主的战略联盟，通过与其他企业建立合资合作等形式的战略联盟进入新行业。海尔集团进入新行业的方式是综合运用这三种方式的。

（4）进入某行业后，通过扩大产销规模，努力成为全国同行业的前三名。

二、多元化战略中的管理创新 —— OEC 管理法

（一）OEC 管理法简介

"OEC"管理法 —— 英文 Overall Every Control and Clear 的缩写。

O —— Overall 全方位

E —— Everyone 每人

Everything 每件事

Everyday 每天

C —— Control 控制

Clear 清理

"OEC"管理法也可表示为：日事日毕，日清日高。即每天的工作每天完成，每天工作要清理并要每天有所提高。

（二）OEC 管理的基本框架

OEC 管理法由三个基本框架：目标系统、日清控制系统和有效激励机制组成，是海尔生存的基础，并成为海尔企业集团对外扩张、推行统一管理的基本模式，也是海尔走向世界的最好发展资本。

1. 目标系统

目标体现了企业发展的方向和要达到的目标。目标提出的高度必须依据市场竞争的需要，低于竞争对手就毫无意义。海尔刚开始生产冰箱时，确定争中国第一的目标，1988 年夺得了冰箱行业第一块金牌。随即又确定创国际名牌的目标，从出口策略上坚持先难后易，先进入发达国家，形成高屋建瓴之势，再进入发展中国家。目前产品已出口 102 个国家和地区。

目标的实施首先是将总目标运用目标管理的方法，分解为各部门的子目标，再由子目标分解为每个员工的具体目标值，从而使全公司总目标落实到具体的责任人身上。在日清日高管理法中，目标的建立有这样几个重要特征。

（1）指标具体，可以度量。如在质量管理上，海尔把 156 个工序的 545 项责任进行价值量化并汇编成小册子，小到一个门把螺钉都有明确规定。

（2）目标分解时坚持责任到人的原则。各项工作都按标准进行分解，明确规定主管人、责任者、配合者、审核者、工作程序、见证材料、工作频次，从而做到企业内的每件事都有专人负责，使目标考核有据可循。海尔对每一台冰箱的 156 道工序，从第一道工序开始即规定不准出二等品。

（3）做到管理不漏项。企业中的每件物品（大到一台设备，小到一块玻璃）都规定具体的责任人，并在每件实物旁边明显标示出来，保证物物有人管理。不但车间、办公室的玻璃，就连材料库的 1964 块玻璃，每块玻璃上也均标有责任人。

这样一个目标系统就保证企业内所有工作、任何一件事情、任何一样物品，都处于有序的管理控制状态。企业内的所有人员，上至总经理下到普通工作人员，都十分清楚自己每天应该干什么、干多少、按什么标准干、要获得什么样的结果，从而保证了企业各项工作的目的性和有效性，减少了浪费与损失。

2. 日清控制系统

日清系统是目标系统得以实现的支持系统。海尔在实践中建立起一个每人、每天对自己所从事的每件事进行清理、检查的"日日清"控制系统。

它包括两个方面：一是"日事日毕"。即对当天发生的各种问题（异常现象），在当天弄清原因，分清责任，及时采取措施进行处理，防止问题积累，保证目标得以实现。如工人使用的"3E"卡，就是用来记录每个人每天对每件事的日清过程和结果。二是"日清日高"。即对工作中的薄弱环节不断改善、不断提高。要求职工"坚持每天提高1%"，70天工作水平就可以提高一倍。

"日清"控制在具体操作上有两种方式：一是全体员工的自我日清；二是职能管理部门（人员）按规定的管理程序，定时（或不定时）地对自己所承担的管理职能和管理对象进行现场巡回检查，也是对员工自我日清的现场复审。组织体系的"日清"控制，可以分为生产作业现场（车间）和职能管理部门的"日清"两条主线。两者结合就形成了一纵、一横交错的"日日清"控制网络体系。无论是组织日清还是个人自我日清，都必须按日清管理程序和日清表进行清理，并将清理结果每天记入日清管理台账。

日清体系的最关键环节是复审。没有复审，工作只布置不检查，便不可能形成闭环，也不可能达到预期效果。所以在日清中重点抓管理层的一级级复审。复审中发现问题，随时纠偏。在现场设立"日清栏"，要求管理人员每两小时巡检一次，将发现的问题及处理措施填在"日清栏"上。如果连续发现不了问题，就必须提高目标值。

3. 有效激励机制

激励机制是日清控制系统正常运转的保证条件。海尔在激励政策上坚持的原则：公开、公平、公正。通过"3E"卡，每天公布职工每个人的收入，不搞模糊工资，使员工心理上感到相对公平。二是要有合理的计算依据，如海尔实行的计点工资，从12个方面对每个岗位进行了半年多的测评，并且根据工艺等条件的变化不断调整。所谓"计点工资"，是将一线职工工资的100%与奖金捆在一起，按点数分配，在此基础上又进一步，在一、二、三线对每个岗位实行量化考核，从而使劳动与报酬直接挂钩，报酬与质量直接挂钩，多劳多得。

在激励的方法上，海尔更多地采用及时激励的方式。如在质量管理上利用质量责任价值券，员工们人手一本质量价值券手册，手册中整理汇编了企业以往生产过程中出现的所有问题，并针对每一个缺陷，明确规定了自检、互检、专检三个环节应负的责任价值及每个缺陷应扣多少钱，质检员检查发现缺陷后，当场撕价值券，由责任人签收；操作工互检发现的缺陷经质检员确认后，当场予以奖励，同时对漏检的操作工和质检员进行罚款。质量价值券分红、黄两种，红券用于奖励，黄券用于处罚。

任务二　制定物流服务的品牌策略

DHL 的品牌之路

为了充分利用其覆盖全球的服务网络，DHL 选择了品牌整合之路，全球统一启用红黄两色的全新标识，争雄一体化快递物流市场。

此次 DHL 品牌整合，汇集了德国邮政全球网络旗下的三大知名快递和物流公司：德国邮政欧洲快递，有欧洲第一包裹快递之称；敦豪环球快递公司，在国际航空快递业发展迅猛；丹沙，全球空运老大和知名的海运公司，同时承运欧洲的陆路运输。新的 DHL 将整合这三大公司的资源发展物流，其综合性配送服务将涵盖物流的所有关键环节；凭借领先的"一站式"综合服务能力，DHL 将成为全球最大的快递与物流公司。

DHL 新整合下的品牌拥有四大服务支柱：DHL 快递，DHL 货运，DHL 丹沙空运、海运以及 DHL 解决方案。DHL 快递负责所有包裹、文件和一般性货物的派送，DHL 丹沙海运及空运致力于海空运输以及特定行业的货物运输，DHL 解决方案为客户提供综合物流与供应链方案，DHL 货运负责欧洲地区拼柜和整柜运输。此次整合的中心在于使客户可通过统一渠道使用该公司所有的快递和物流服务，为全球的客户带来更大便利，优化客户服务。

请分析：(1) DHL 为什么要进行品牌整合？

(2) 品牌整合能为 DHL 带来怎样的发展？

任务目标

通过任务分析，使学生能够明白品牌对于物流服务的重要性及其在物流营销中的作用。

相关知识

品牌是产品管理中重要的方面，品牌既提供了顾客识别产品的手段与方法，也是企业赢得竞争的重要营销工具，由此，品牌已成为资本和经济中的"原子核"。

一、品牌知识认知

物流营销关于品牌的定义是：品牌是一个象征或设计或其组合。它可用来辨识一个卖者或卖者集团的货物或劳务，以便同竞争者的产品相区别。

品牌的概念，包括两个基本含义：

（1）品牌由各种可作为标志物的东西组成，如名称、符号、图案等；

（2）品牌基本作用是标记在产品上用于辨别经销者是谁。

具体说，品牌包括以下三个方面：

（1）品牌名称（Brand Name）。指品牌中能够被发音，能被语言读出来的部分。如"海尔"品牌中的"Haier 海尔"。

（2）品牌标记（Brand Mark）。指品牌中能够辨别，但不能由发音或由语言明确读出的部分。如"海尔"品牌中的两个拥抱的儿童形象。

（3）商标（Trade Mark）。商标是个法律术语，凡是取得了商标身份的那部分品牌都具有专用权。

商标和品牌区别：

如果品牌主将其品牌全部进行商标登记注册并获得许可，品牌（全部）就是商标；如果品牌主只将其品牌中的某一部分用于商标登记注册，则商标只是品牌的一个部分。在"海尔"品牌中，"Haier 海尔"旁边有一个"（R）"标记，表示这部分是取得了商标权的。所以，对于"海尔"品牌来讲，它的商标与品牌名称是同一个标志物。可以看出，品牌标记（两个拥抱的儿童形象）就不是商标。

二、品牌的作用

品牌的基本作用是提供产品的营销者身份辨识。但是，在营销活动中，品牌并非辨识符号的简单组合，而是一个复杂的识别系统，它包括以下六个层次。

（一）属性

一个品牌对于顾客来讲，首先给他或她带来的是使用这个品牌的产品属性。如"奔驰"代表高档、制作优良、耐用性好、昂贵和有声誉；"海尔"代表适用、质量和服务等。属性是顾客判断品牌接受性的第一个因素。

（二）利益

如同顾客不是购买产品而是购买利益一样，顾客购买某个品牌的产品时，也不是真正购买它的属性而是购买利益。因此，品牌的每种属性，需要体现顾客利益。

（三）价值

品牌在提供属性和利益时，也包含营销价值和顾客价值。就营销价值来说，就是市场上的"名牌效应"。即一个品牌如果被目标顾客喜爱，用它来标记任何产品，营销时都非常省劲，营销者不必再为此过多花费促销费用。

（四）文化

品牌可附加象征一种文化或文化中某种令人喜欢或热衷的东西。文化中，最能使品牌得到高度市场认可和赞同的是文化所体现的核心价值观。"可口可乐"代表美国人的崇尚个人自由的文化；"奔驰"代表德国人的严谨、纪律和追求效能的文化；"联想"能够代表科技发展无限性、"海尔"能够代表中国文化中追求的祥和亲善、"长虹"则能体现出更多的中华民族自尊自强要求。

（五）个性

品牌可以具有一种共性，也可以具有个性。品牌的个性表现为它就是"这样的"，它让使用者也能具有对"这样"的认同或归属感。"可口可乐"那种随意挥洒的字体造型，让人感到一种追求自我的个性；"海尔"那两个拥抱的儿童的标记，使人想到的人际间的亲情和睦。

（六）使用者

品牌通过上述各层次的综合，形成特定的品牌形象，必然表现为它应有特定的使用者，"苏姗娜"不能用于老年人使用的化妆品上；同样，像"娃哈哈"这种品牌用到成人用品上会使人感到别扭。

三、品牌策略

品牌策略是企业营销管理的重要方面。企业是否给其产品规定适当的名字，是企业营销部门首先考虑的问题。企业通过精心设计品牌，并向政府申请注册取得批准，可以增加产品的价值。品牌策略一般有以下几种：

（一）品牌化策略

这是指企业的营销部门给其销售的产品确定相应的品牌。是否需要命名品牌，这是企业营销部门首先要考虑的问题。历史上的产品大都没有品牌，但商品经济发达的今天，绝大部分产品都确定了品牌，这是因为品牌化虽然可能会使企业增加部分成本，但却能给企业带来诸多好处。不过，由于品牌的使用特别是名牌的创立需要花费不少费用，有的企业也采用非品牌化策略。这主要是节约品牌包装等的费用，使产品以较低价格出售。价格低使产品具有相当的竞争力，成本低则使企业能保证适度的利润。

（二）品牌所有权策略

生产企业如果决定给一个产品加上品牌，通常会面临三种品牌所有权选择，一是生产商自己的品牌；二是销售商的品牌；三是租用第三者的品牌。一般地说，生产商都拥有自己的品牌，他们在生产经营过程中确立了自己的品牌，有的更被培养成为名牌。但是，20 世纪 90 年代开始，国外一些大型的零售商和批发商也在致力于开发他们自己的品牌。这主要是因为这些销售商希望借此取得在产品销售上的自主权，摆脱生产商的控制，压缩进货成本，自主定价，以获取较高的利润。此外，也有一些生产商利用现有著名品牌对消费者的吸引力，采取租用著名品牌的形式来销售自己的产品，特别是在企业推出新产品或打入新市场时，这种策略更具成效。

（三）家族品牌策略

决定使用自己品牌的企业，还面临着进一步的品牌策略选择。主要有以下策略选择：

1. 统一品牌策略

这是指企业决定其所有的产品使用同一个品牌。这样可使企业节省品牌设计、广告宣传等费用，有利于企业利用原有的品牌声誉，使新产品顺利进入市场。但统一品牌策略具有一定的风险，如果其中有某一种产品营销失败，可能会影响整个企业的声誉，涉及其他产品的营销。

2. 个别品牌策略

这是指企业决定其不同的产品采用不同的品牌。这样可以分散产品营销的市场风险，避免某种产品失败所带来的影响；也有利于企业发展不同档次的产品，满足不同层次消费者的需要。但使用个别品牌策略，企业要增加品牌设计和品牌销售方面的投入。

3. 品牌延伸策略

这是指企业利用已成功的品牌来推出改良产品或新产品。那些著名的品牌可以使新产品容易被识别，得到消费者的认同，企业则可以节省有关的新产品促销费用。如金利来从领带开始，然后扩展到衬衣、皮具等领域；娃哈哈集团从儿童营养液扩展到果奶、纯净水、营养八宝粥、AD 钙奶、红豆沙、绿豆沙等。但这种策略也有一定的风险，容易因新产品的失败而损害原有品牌在消费者心目中的印象。因此，这一策略多适用于推出同一性质的产品。

4. 多品牌策略

这是指企业决定对同一类产品使用两个或两个以上的品牌名称。这是由美国 P&G 公司首创的。这样可以抢占更多的货架面积，扩大产品的销售，争取那些忠诚度不高的品牌转换者，同时也能占领更多的细分市场。如与 P&G 公司合资的广州宝洁公司就是这种策略的典型，它拥有海飞丝、飘柔、潘婷、沙宣等品牌。多种品牌还可以加强企业内部的竞争机制，提高经济效益。

（四）品牌更新策略

企业确立一个品牌，特别是著名品牌，需要花费不少费用。因此，一个品牌一旦确定，不宜轻易更改。但有时，企业也不得不对其品牌进行修改。品牌更新通常有两种选择：

（1）全部更新，即企业重新设计全新的品牌，抛弃原品牌。这种方法能充分显示企业的新特色，但花费及风险均较大。

（2）部分更新，即在原品牌基础上进行部分的改进。这样既可以保留原品牌的影响力，又能纠正原品牌设计的不足。特别是在 CIS 导入企业管理后，很多企业在保留品牌名称的基础上对品牌标记、商标设计等进行改进，既保证了品牌名称的一致性，又使新的标记更引人入胜，取得了良好的营销效果。

四、物流企业品牌策略

作为物流企业常用的品牌策略有：

（一）品牌兼并策略

品牌兼并策略指物流企业通过兼并或被兼并的手段，增强物流服务的一体化能力，壮大自己的实力的策略。在激烈的市场竞争中，第三方物流公司要想进行业务延伸，通过实施兼并策略，增强其管理水平和技术含量，是一个可能的选择，由资源整合走向品牌兼并。采用这种策略的优点在于：增加企业实力，增强竞争能力。

（二）品牌一体化策略

品牌一体化策略指物流企业通过股份控制或联合、联盟等实现品牌一体化的策略。物流企业的办事处、分公司以及相应的产能服务资源（堆场、仓库、车队等）及载体在地域上网络化，就全国各大城市点甚至就全世界各大城市的机构进行资源整合，因此往往通过股份控制或联合、联盟等品牌一体化的品牌营销战略来实现。

采用这种策略的优点在于：可分摊费用，降低成本。

（三）品牌形象策略

品牌形象策略是指将企业的标志、企业名称、企业的色彩等视觉要素设计独具特色，让人一目了然，给人以强烈印象的策略。物流企业要具备较强综合能力，而物流企业的综合能力不仅体现在产能服务上（服务规范，服务硬件体系：堆场、设备、仓库等）和地域优势上，更体现在市场的行销能力和服务品质，而两者均体现在企业的形象识别上即品牌形象号召力上。

采用这种策略的优点在于：将企业精神和企业文化形成一种具体的形象，向公众传播，使公众产生一种认同感和价值观，以达到促销的目的。

（四）副品牌

副品牌是指大型物流企业以一个品牌涵盖企业的系列产品，同时各个产品打一个副品牌，以副品牌来突出产品个性形象。采用副品牌后，广告宣传的重心仍是主品牌，副品牌一般不单独对外宣传，要依附主品牌进行联合广告活动，传播面广，且张扬了产品的个性形象。

（五）多品牌

多品牌是指同一物流企业在同一产品上设立两个或多个相互竞争的品牌，这虽然会使原有品牌的销量略减，但几个品牌加起来的总销量都比原来只有一个品牌时多。

多品牌策略的好处：一是许多客户都是品牌转换者，有求新好奇的心理，喜欢试用新品牌；二是多品牌可把竞争机制引进企业内部，使品牌之间相互竞争，提高效率；三是多品牌可使企业多拥有几个不同的细分市场，即使各牌之间差异不大，也能各自吸引一群客户。

技能训练

一、训练内容

（1）选定一家知名物流企业。

（2）对物流企业进行品牌分析。

二、训练要求

（1）将班级分成若干组，每组4~6人，由各小组组长进行成员分工，通过网络或书刊查阅相关资料。

（2）要求小组成员均参与其中，分工明确，各负其责，各人要有完整的工作记录。

（3）各小组将收集的资料制作成课件，按时交给指导教师审核。

拓展阅读

品牌塑造注意的五个关键元素

品牌的内涵与外延还涵盖如下的众多元素：IBS 品牌认证标准化体系、品牌规划、品牌定位、品牌命名、商标注册、品牌核心价值、品牌核动力与加速度提升、播种"品牌核心力"构建品牌"自组织系统"、"品牌波特制"与品牌指数模型、品牌元素周期、品牌物理模型、CIS、品牌与质量、品牌与广告、品牌代言人、品牌营销、品牌公关、品牌文化、品牌整合营销传播、品牌与"事件营销"、品牌管理、品牌经营、品牌延伸、品牌信用、品牌网络、反品牌作用等。

好的质量并不代表好的品牌，知名的品牌一定是好的质量。质量控制属于管理范畴，而品牌推广则隶属营销领域。品牌企业，品牌产品、知名商标、品牌美誉度、知名度是由消费者来评点，由市场来决定的。以前的"酒香不怕巷子深"、"皇帝女不愁嫁"的时代已经一去不复返，你不深入巷子，你不挨家挨户推销你的香酒，你的酒就卖不出去，因为有太多的美酒会关到喜好美酒人的家外。

从以上品牌的众多元素及现实消费情况着眼，结合品牌标准化体系的过程：不健康（商标）、健康（品牌）、健将（名牌）一个渐进的过程。特别提出企业品牌塑造注意的五个关键点：

一、高品质

质量直接关系到企业的生死攸关。产品的高质量是竞争者手中的王牌，同时也是竞争对手较难模仿的竞争利器，因为它凭借企业整体系统管理能力来保障，它比任何形式的促销手段更能让顾客信服。从另一个角度来说，由于高品质，它不但为消费者带来品牌价值，而且能带来较大的使用附加值。

二、别具一格

每个知名品牌都是高质量的代名词，但也有各自的独特性。正是这种不同造就了各种各样的知名品牌。它们各自的社会资源及独特的成长经历都能转化为自身企业的秘密武器或企业的核心竞争力。如同全世界 50 多亿人口，要找到两个面孔一模一样的人极难，找到两个面孔加成长经历一模一样的人是不可能的事情。这些都是由社会的复杂性及经济、市场竞争无序及组织与个人的能力差异不同而造成的结果。如格兰仕300 万台微波炉收支平衡的市场区隔策略、海尔的 OEC 内部管理模式、可口可乐的独特配方、保密的肯德基炸鸡配方、微软超级创新研发能力等，正是因为其拥有与众不同的品牌精髓，才能使其永远流行。

三、领先战略

一种产品要立足于市场，必须有"绝活"。永远保持某个领域的领先地位，是许多知名品牌成名的法宝。这方面可以分为两类形态，一是靠先行者之利的"百年老店"，代表企业如可口可乐有其深厚的文化底蕴，品牌价值高居全球榜首，其生命周期长、辐射范围广的品牌。从 1886 年诞生至今已有一百多年的历史，但它仍没有进入成熟期，更没有衰退的迹象，在不断流淌的历史长河中，可口可乐日益强盛、经久不衰。

二是与时俱进，引领时代潮流、闪电般兴起的高科技新秀。其特点是把握市场能力超强和超强的技术研发能力，如谷歌，联想等企业。

四、整体营销力

品牌之所以能够成为知名品牌，关键是靠营销。要对产品进行整体营销策划、包括研究市场、选择目标市场、制定营销策略、产品策略、价格策略、分销策略和促销策略，并保证这些策略的有效实施，只有这样才能真正创造出知名品牌。

中国市场经济进程经历了两个时代：广告力时代与品牌力时代。在广告力时代，广告成为中国企业最重要和最有效的产品宣传与促销方式。由于市场处于尚未完全发育成熟阶段，因此，企业并不需要每一块木板都很长，只需突出广告这一块长板，就可以控制一方天下，独自做大。在营销力时代，由于市场逐渐走向成熟，广告的作用日渐衰落，再不是灵丹妙药，广告作为一种常规的营销手段，与渠道、价格、公关、促销等其他方式与手段一起为企业的整体营销贡献力量。

企业除了整体的综合竞争力之外，绝大时间比拼的是整体营销能力，也是一种最原始、最直接的竞争方式，并且是一种此消彼长的过程。而且永远是个"一箭双雕"的过程，营销做得好，既可增加企业市场份额，提升利润、增强企业的竞争力及抗风险能力；又可挤压竞争对手的市场生存空间，培养顾客的忠诚度，提升品牌知名度。企业才能争得更大的生存空间和发展机会，活得好，活得长。

五、高雅文化

产品有生命周期的，具有阶段性的局限，文化才是永恒的。无文化的产品可能会畅销一时，但绝不会风光无限，这是因为不少策划家将产品赋予其永恒文化内涵，才使得其品牌得以永久存在和生生不息。人们追求劳斯莱斯，不单只是为了解决出行方便的问题，更是为了显示身份与地位；孩子们迷恋麦当劳、肯德基不单只是为了满足口味，而是同时在追寻那快乐和温馨的氛围；美国富翁搭载飞船上太空，不是为了科研考察，而是为了显示身份地位及满足好奇心。

总之，拥有高品质、别具一格与众不同的特色、领先的战略、强势的整体营销力及高雅的文化、技术创新的精神通过不断的强化，具备这些条件后，才有可能成为国内知名品牌甚至世界知名品牌。

任务三　物流产品市场生命周期及策略

铁路货运线路的兴衰

发达国家的铁路运输经历了一个从兴盛到衰退，而后重新崛起的过程，其铁路货运发展经验对我国铁路发展具有启示作用。

交通基础设施的超前发展成就了美国的经济霸主地位。1850~1910 年美国共修筑铁路 37 万余公里。1916 年，美国铁路营业里程达 408745 公里，超过当时世界其他国家铁路的总和。

美国铁路网的基本架构那时已经形成，横贯美洲大陆的铁路，保证了美国西部的开拓，促进了经济发展。铁路运输成为交通运输行业最重要的骨干，1929 年美国城市间货运周转量中，铁路占到了 74.9%。

第二次世界大战以后，在西方发达国家，尤其在北美，由于公路和航空高速发展，北美拆除了大量不具备经济合理性的铁路、铁路市场份额迅速下降等原因，铁路进入了迅速衰退时期。美国铁路货物运输的市场份额从"二战"胜利时的 69% 迅速下降到 1960 年的 44%，到 20 世纪 80 年代达到历史最低点 35% 左右。

值得注意的是，与旅客运输不同，尽管这一时期铁路货物运输市场份额迅速下降，但铁路货物运输量却仍然保持增长态势，美国铁路货物周转量从 1960 年的每公里 8531 亿吨，增长到 1980 年的 12654 亿吨，增长了 48.3%。这充分反映出铁路在大宗物资运输中的不可替代性。

1980 年，美国通过了《斯塔格斯铁路法》，基本上全面解除了对铁路的管制，从而改变了 50 年来优先发展公路建设的政策趋势。1995 年 12 月签署的州际商务委员会终止法进一步全面解除了对铁路等运输系统在市场准入、定价、融资及其他重要商业行为、经营活动方面的管制。一系列的举措降低了铁路运营的成本，铁路逐渐恢复活力。

尽管已经形成了发达庞大的公路系统，铁路仍在大宗货物运输和联合运输中发挥着不可替代的重要作用。美国铁路通过引入双层集装箱运输方式和新型驮背运输方式，大量采用信息技术，启用电子商务系统，筹建铁路智能交通系统，满足货主的需求。

美国铁路承担的全国货物周转量份额从 20 世纪 80 年代历史上的最低点 35% 左右开始回升，1990 年恢复到 40%，此后一直保持这一份额，远远高于其他运输方式（公路约占 30%，水运约占 13%，管道约占 17%）。

交通运输是经济发展的重要环节，降低运输成本是提高经济增长效率的重要手段。铁路运输优势得以发挥，大大降低了美国经济的运行成本。华盛顿 Eno 运输基金会的数据表明，1981 年运输和物流成本在美国经济产值中所占比重为 16.2%，2002 年已下降至 8.7%。

而且，从全球发展趋势来看，大陆性国家铁路货物运输市场份额大幅下降的趋势已经从根本上扭转，近十年来基本保持稳定，但铁路运输量却随着全社会运量的高速增长有大幅度增长。如美国铁路货物运输近十年来市场份额始终稳定在 40% 左右，但货物运输周转量却增长了 43%；加拿大铁路货物运输周转量增长了 21.1%；俄罗斯铁路货物运输周转量增长了 58.7%；印度铁路货物运输周转量增长了 52.8%。

从货运结构变化看，铁路融入现代物流的趋势越来越明显。在各种运输方式都经历了大发展后，运输网规模渐渐稳定，运输结构不再突变，发达国家开始强调各种运输方式的联合与协作，多式联运和集装箱运输在世界范围内快速发展。发达国家铁路货物运输中集装箱运输比例迅速增加，都达到 30% 以上。

请制定出铁路货运的生命周期图表。

任务目标

通过任务分析，使学生能够明白产品生命周期的内涵，不同阶段物流服务的营销策略。

相关知识

一、产品生命周期认知

（一）产品生命周期概念

产品生命周期，是指产品从投入市场开始，直到产品被市场所淘汰，最终退出市场为止所经历的全部时间。

产品生命周期一般可分为四个阶段：投入期、成长期、成熟期和衰退期。典型的产品生命周期曲线如图 4-1 所示。

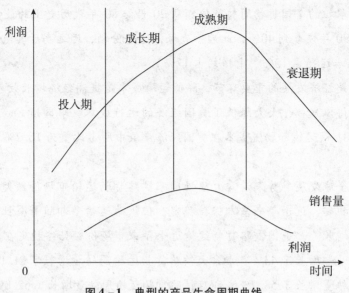

图 4 - 1　典型的产品生命周期曲线

(二) 物流企业产品市场周期理论的概念及特点

物流服务作为一种特殊的产品，同实物产品一样，也有其产品的市场生命周期。

物流产品市场生命周期是指一项物流服务投入市场直到它完全退出市场所经历的时间。与实物产品的市场生命周期相比，物流产品的市场生命周期中，成熟期能延续的时间往往相当长。如运输这一物流服务，它已经有着悠久的发展历史，从大航海时代兴盛至今不衰，并且有着持续不断发展下去的趋势。

物流产品市场生命周期的特点：

在产品生命周期的导入期、成长期、成熟期和衰退期四个阶段，各个阶段在销量、竞争、成本、利润上都有不同的特点。

1. 导入期的特点

（1）新产品投入市场、消费者不太了解，质量不稳定，销售渠道和服务不适应消费者的需求，所以销量不大且增长缓慢。

（2）客户数量小，成本较高，再加上广告推销的费用大，可能会出现亏损。价格太高抑制需求，价格太低时增大回收资金的困难。

（3）竞争对手较少，有利于企业的产品定位和发展市场空间。

但在导入期时，企业还不能清晰地把握客户的需求风险，可能导致开发的失败。"南有苏宁，北有国美"，随着国美电器对南方市场的不断开发，总部设在南京的苏宁电器也开始了其北方市场的开发，2003 年 10 月，首先开发的市场就是沈阳，从而进一步推动了沈阳的第三方物流企业的发展——华储物流，华储物流为适应市场的发展及客户的特殊要求，正全力打造海关监管和银行监管仓库，投入 500 万元资金，但成效如何还有待于市场的进一步检验。

2. 成长期的特点

（1）客户已经熟悉产品，有的已经产生偏爱。由于促销的推动，吸引更多的客户，需求量快速上升。

（2）客户需求量增加，大大提高了产品质量并降低成本，价格可以进一步下降，对有价格弹性较大的产品，降价进一步刺激销量的上升。

（3）产品开始畅销并吸引了竞争者加入。

从总体市场来看，产品已经出现利润并且在不断增长。

3. 成熟期的特点

（1）市场达到饱和，销量达到最高峰并处于相对稳定状态。市场上出现多种品牌的产品，广告和削价竞争变得十分突出。

（2）市场需求量进一步扩大，达到顶峰，成本降得更低，但价格也随之降低，在成熟阶段的后期，总利润也在下降。

（3）竞争更加激烈，具有规模和品牌实力的企业市场占有率逐渐提高，一些企业被挤出市场。一些企业着手产品的改革创新，采用差异策略或集中策略瞄准目标市场。

目前，物流运输服务就处于成熟阶段，快递物流业务竞争更是空前，2003 年 10 月 UPS 大幅降低价格，全球邮政物流叫苦连天，为求生存，物流成本要求降得更低。

4. 衰退期的特点

（1）客户的需求已发生转移，市场的销量开始下降，广告与推销等手段失去作用。

（2）市场上产品供大于求，价格进一步下跌，客户需求量迅速下降，整个市场的总利润开始下降甚至出现负利润。

（3）竞争日渐淡化。一部分企业退出市场，一部分企业采了收割策略维持运行。

二、物流产品生命周期各阶段的营销策略

物流产品处于不同阶段，物流企业要制定不同的营销策略。

（一）投入期营销策略

根据这一时期的特点，物流企业营销策略的重点，缩短物流产品的市场投入时间，突出"快"字。

1. 物流产品策略

进行物流产品定型，完善物流产品性能，稳定物流产品质量，为物流产品进入成长期大批量生产做准备。

2. 价格和促销策略

在投入期，物流产品的价格和促销费用，对能否尽快打开物流产品销路有很大关系。价格与促销费用依不同产品、不同市场，可以采取以下几种策略。

（1）高价高促销策略。该策略以高价配合大规模促销活动，先声夺人，占领市场，希望在竞争者尚未反应过来之前，就收回投资。采取这种策略，往往是该物流产品需求弹性小，市场规模大，并且潜在竞争者较多。

（2）高价低促销货略。为早日收回投资，仍以高价问世，但为减少促销成本，只进行有限的促销活动。采取这种策略，往往是该物流产品需求弹性小，市场规模不大，竞争性小。

（3）低价高促销策略。它常可使物流产品以最快的速度渗入物流市场，并为物流企业带来最大的市场占有率。实施这种策略，往往是该物流产品的市场容量相当大，消费者对物流产品不了解，且对价格十分敏感，潜在竞争比较激烈，必须抢在激烈竞争前使物流产品大量上市。

（4）低价低促销策略。低价格的目的在于促使物流市场尽快接受该物流产品，低促销费用的作用在于降低销售费用，增强竞争力。采用这一策略，往往市场容量较大，顾客对该项新产品的价格十分敏感，有相当多的潜在竞争者准备加入竞争行业。

3. 渠道策略

对于大多数新产品，企业一般采用比较短的分销渠道。

（二）成长期营销策略

针对这一时期的特点，物流企业的营销重点就是怎样比竞争者提供更好的产品，怎样更好地满足消费者需要，突出"好"字。

1. 产品策略

努力提高物流产品质量，增加新的产品特色和式样，改进包装，实行物流产品差异化策略。增强企业创名牌意识，树立产品独特形象。

2. 价格策略

使产品价格保持在适当水平。这时若采用高价策略，会失去许多顾客；若采用低价策略，因产品已被广大消费者接受，企业将失去该得的利润。

3. 分销策略

完善分销渠道，扩大商业网点。

4. 促销策略

改变广告宣传的重点，把广告宣传的重心从介绍产品转到使广大购买者深信本企业的产品上。

（三）成熟期营销策略

在这一时期，物流企业应当采取进攻与防御并进的策略，营销重点是尽量延长成熟期时间，稳定市场占有率。

1. 物流产品改进策略

物流产品改进策略即将物流产品的性能、品质等予以明显改革，以便维护老用户，吸引新顾客，从而延长成熟期，甚至再次进入投入期（即再次循环）。此外，提供新的服务也是产品改进策略的重要内容。

2. 市场改进策略

市场改进策略即指寻求新用户。市场开发可以通过下述三种方式实现：

（1）开发产品的新用途，寻找新的细分市场。例如，华宇物流在全国 630 多个城市设立分支机构，为其进行揽货业务，同时调整产品，使物流服务产品的质量进一步提高。

（2）刺激现有老顾客，提高产品使用率。

（3）调整营销组合，重新为物流产品定位，寻求新的买主。例如，物流企业可以降低价格、强化广告及其他促销手段。

3. 营销组合改进策略

这种策略是通过改变市场营销组合因素来延长产品的成熟期，例如，通过降价、开辟多种销售渠道、有奖销售等来刺激消费购买。在这一策略中，最常用的是通过降低价格来吸引顾客，提高竞争能力。但采用此种策略的主要缺点是：容易被竞争者模仿而加剧竞争，又可能使销售费用增加而导致利润损失。

（四）衰退期营销策略

在衰退期，由于技术的进步，消费者需求偏好发生变化，或者由于激烈的竞争，导致生产过剩，使得销售额、利润下降。通常有以下几种策略可供选择：

1. 集中策略

即把物流企业的资源集中使用在最有利的细分市场，最有效的销售渠道和最易销售的品种上，调整运输线路结构和密度，减少衰退的航次、车次、航班。

2. 收缩策略

维持最低数量的运力，大幅度降低促销水平，尽量减小销售和推销费用，满足市场上尚存的少部分物流服务的需要，以增加目前的利润。

3. 放弃策略

对于衰退比较迅速的物流产品，应当机立断，放弃经营。可以采取完全放弃的形式，如停开已经衰退而且亏损严重的运输线路营运；也可以采取逐步放弃的方式，使其所占用的资源逐步转向其他产品。

 **技能训练**

一、训练内容

（1）分析 EMS 所处的生命周期。

（2）根据所处生命周期的特性进行营销策略的设计。

二、训练要求

（1）将班级分成若干组，每组 4~6 人，由各小组组长进行成员分工，通过网络或书刊查阅相关资料。

（2）要求小组成员均参与其中，分工明确，各负其责，各人要有完整的工作记录。

（3）各小组将收集的资料制作成课件，按时交给指导教师审核。

任务四　开发物流新产品

任务描述

像送鲜花一样送啤酒

"把最新鲜的啤酒以最快的速度、最低的成本让消费者品尝。"青啤人如是说。为了这一目标，青岛啤酒股份有限公司与香港招商局共同出资组建了青岛啤酒招商物流有限公司，双方开始了物流领域的全面合作。自从合作以来，青岛啤酒运往外地的速度比以往提高 30% 以上，山东省内 300 公里以内区域的消费者都能喝到当天的啤酒，300 公里以外区域的消费者也能喝到出厂一天的啤酒。而原来喝到青岛啤酒需要 3 天左右。青岛啤酒的"总鲜度管理"，要实现生产 8 天内送到顾客手里的目标，必须考虑批发商的库存，如果工厂控制在 5 天以内，批发商必须在 3 天内出手，否则将无法达到目的。因此，公司在考虑批发商的库存等因素后决定控制出货量。

请分析如何像送鲜花一样送啤酒，为青岛啤酒设计新的物流服务。

任务目标

通过任务分析，使学生理解物流新产品开发的流程。

一、物流新产品开发概述

从物流市场营销角度看，物流新产品是指在某个目标市场上首次出现的或者是物流企业首次向市场提供、能满足某种消费需求的产品。只要物流产品整体概念中任何一部分具有创新、变革和改变，就算物流新产品。

不过，物流企业面对的一个问题是，它们必须开发物流新产品，但是形势却极不利于成功。解决这个问题的方法是，认真策划物流新产品的开发计划，并且为找到和开发新产品建立系统的新产品开发程序。

二、新产品开发程序

新产品开发程序的八个主要阶段如图4－2所示。

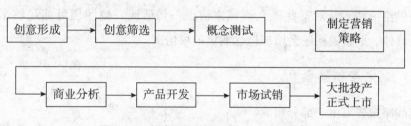

图4－2 新产品开发程序的八个主要阶段

（一）创意形成

新产品开发始于创意形成，即系统化地搜寻新产品主意。为了找到几个好主意，物流企业一般都要进行许多创意。物流新产品创意的主要来源包括内部来源、顾客、竞争对手、销售商和供应商及其他。

许多物流新产品创意来自物流企业内部。物流企业可通过正规的调研活动找到新创意，还可获取科学家、工程师和制造人员的智慧。还有，物流企业的高级管理人员也会突发灵感，想出一些新产品创意。物流企业销售人员是又一个好来源，因为他们每天都与顾客接触。

好的新产品创意还来自对顾客的观察和聆听，物流企业可通过调查或集中座谈了解到顾客的需要和欲望。通过分析顾客提问和投诉发现能更好地解决消费者问题的新产品。

竞争对手是新产品创意的又一个好来源。物流企业观察竞争对手的广告及其他信息,从而获取新产品的线索。它们购买竞争对手的新产品,观察产品是怎样动作的,分析产品的销售,最后决定物流企业是否应该研制一种自己的新产品。

销售商和供应商也会有许多好的新产品创意。销售商接近市场,能够传递有关需要处理的消费者问题以及新产品可能性的信息。供应商能够告诉企业可用来开发新产品的新概念、技术和物资。

(二) 创意筛选

创意形成阶段创造了大量的新产品开发创意。接下来几个阶段的目的是减少创意的数量。第一个创意减少阶段是创意筛选。筛选的目的是尽可能快地找到好创意,放弃坏创意。由于在后面几个阶段产品开发的成本将会飞涨,所以,企业必须采用能转变成盈利性产品的创意。

(三) 概念测试

概念测试是指用几组目标消费者来测试新产品概念。新产品概念可用符号或实物的形象提供给消费者。对某些概念测试来讲,一句话或一幅图便可能足够了。但是,对概念更具体、形象的阐述会增加概念测试的可信度。

(四) 制定营销策略

营销战略报告书由三部分组成:

第一部分描述目标市场,计划中的产品定位,以及在开始几年内的销售额、市场份额和利润目标。

第二部分概述产品第一年的计划价格、销售及营销预算。

第三部分是描述预计的长期销售额、利润目标及营销组合战略。

(五) 商业分析

管理部门一旦对产品概念及营销战略做出了决策,那么,接下来便可以估计这项建议的商业吸引力了。商业分析,是指考察新产品的预计销售、成本和利润,以便查明它们是否满足企业的目标。如果满足,那么,产品就能进入产品开发阶段了。

(六) 产品开发

到此时为止,就许多新产品概念而言,产品还只是一个口头描述,一幅图画,或者是一个粗糙的模型。如果产品概念通过了商业测验,那么,就可以进入产品开发阶段。在此,市场研究与开发或者工程部门可以把市场概念发展成实体产品。

（七）市场试销

如果产品通过了性能及消费者测试，那么，接下来的一步便是市场试销了，在这一阶段，产品及营销方案被放到更加逼真的市场环境中去。市场试销使营销商在进行大笔投资、全面推广产品之前通过营销产品获得经验。

（八）正式上市

市场试销为管理部门提供所需信息以便做出最终决策。是否要推出新产品，设立新产品的企业首先必须决定推出时机。要考虑新产品上市对企业原有服务销量的冲击、产品的季节性需求变化、产品的改进结果。一般选择在企业同类老产品进入衰退阶段、新产品处在季节性需求旺季时作为上市的时机。接下来，企业必须决定在哪里推出新产品，是在单一的地点，还是在一个地区；是面向全国市场，还是国际市场。

技能训练 ➕▶

一、训练内容

（1）分析青岛啤酒物流服务的新需求。

（2）设计完整的需求满足方案，即产品开发方案。

二、训练要求

（1）将班级分成若干组，每组4~6人，由各小组组长进行成员分工，通过网络或书刊查阅相关资料。

（2）要求小组成员均参与其中，分工明确，各负其责，各人要有完整的工作记录。

（3）各小组将收集的资料制作成课件，按时交给指导教师审核。

拓展阅读 ➕▶

开发狩猎靴：了解顾客需求

L. L. Bean 公司位于美国缅因州，是美国著名的生产和销售服装及户外运动装备的公司，于1912年开始生产狩猎靴。到20世纪90年代，公司已经发展到十亿美元资产，持续三十多年年增长率都超过20%。为顾客着想这一理念始终贯穿于新产品开发的过程中。

（1）了解顾客的真实感受。针对公司的狩猎靴，产品开发小组就要选定那些经常狩猎的人，设计一些问题，使其能够详细描述狩猎活动的感觉和环境，进而了解其对狩猎靴的感觉和希望。在访谈中，面谈者的工作就是要有一种非引导的方法来提出开放性的问题。"你能给我讲述一下最近狩猎的一次经历、一个故事吗？""告诉我你最好的狩猎故事，它是怎样的经历？"然后是非常安静地听顾客尽情讲述。两人小组的另外一位负责记录，一字一句地记录，不加过滤，不做猜测。通过这些在狩猎者家中或者具体的狩猎场所访谈，可以获得狩猎者的真实想法，而不是提问者的想法。小组人员的工作更多的是聆听。当结束一次面谈的时候，小组尽快详细回顾并整理面谈内容，因为这时会谈的场景和内容在脑海还保存着清晰的记忆，能很快找出那些关键的印象并深刻地描述出来。这样面谈20位狩猎者，产品开发小组获得了丰富的狩猎者的狩猎经历资料。

（2）转化为产品需求和设计思想。所有的面谈结束后，整个开发团队进入隔离阶段，集中精力研究顾客需求，努力将顾客的语言翻译成一连串关于新的狩猎长靴要满足的需求。由于收集了丰富的材料，队员们在白板上贴了数百个即时贴的便条，每个便条都是一个需求陈述。他们必须将所有的这些需求浓缩成更加易于管理、便于利用的需求数目。团队采取投票的方式来将需求按重要性排列，每一个投票都代表了他们面谈的猎人的需求。几个回合的投票逐渐地减少需求的数目。然后，团队成员将剩下的需求进行分组排列，再排列，形成更小的需求组。大家在归纳需求组的过程中并不相互讨论，这就迫使队员对自己所想不到的一些相互关联进行思考，而这种关联是别人正在思考而自己看来可能并不明显的。所以，这时候队员都在进行学习，团队逐渐地达成了一种共识。

最后，数量有限的几个需求组形成了，团队成员讨论关于每一组需求的新的陈述。作为一个团体，大家必须清楚这些小小的即时贴上的意见是否完全抓住了队员思考的问题，描述是否准确。通过大量细致的工作，团队将每组的内容转化为一个陈述。这个流程进一步将需求的数目减少到大约12个。三天封闭会议结束的时候，L. L. Bean 的产品开发团队开发出了一份列有最终顾客需求的总结报告。此后便是将需求转化为设计思想的过程，头脑风暴会议是主要的讨论形式。比如"在靴子里装一个动物气味的发散装置，每走一步都会散发出一点点气味。像一个小型火车一样，气味从靴子里出来如同火车两侧的气体一股股喷出，只不过是无形的"。各种疯狂的主意中能得到产品最具创新变化的核心思想，这样反复讨论。

（3）对新产品测试。这种新的狩猎长靴设计原型生产出来后，被送往所有 L. L. Bean 公司希望改进其产品的地方——顾客，在产品最终要使用的环境中进行实际测试。为保证开发人员能够近距离地看到和听到这些顾客专家的意见，L. L. Bean 安排了一次实地旅行。在新罕布什尔的品可汉峡谷地区，L. L. Bean 集合了一组实地测试者来评审，包括导游、山顶装袋工、徒步旅行者、大农场管理员、滑雪巡逻队员等，这些顾客大部分是 L. L. Bean 公司好几个季节的测试者。会议的第一天花费在一次精力充沛的徒步旅行上，按每个人所穿的靴子的尺寸进行分组，每个人的包里都有两到三双靴子，几乎每个小时都要更换所穿的靴子产品，如穿 9 号的人要与一个穿 8 号的人交换靴子，有 L. L. Bean 生产的，也有竞争对手生产的。大家在各种环境里实验，及时记下对适应性、稳定性的评价，以便于公司及时做出调整。经过几个月的试用，公司获得了所有的改进建议。

在产品上市时的目录介绍中，公司能够通过测试期间的照片来说明种种问题，在推广产品时可以宣传整个测试过程，以便获得顾客的信赖。该种类型靴子在市场中很快获得认可，供不应求。

思考：

1. 请结合本章所学知识分析 L. L. Bean 公司的新产品开发的过程。

2. L. L. Bean 公司的新产品开发给我们什么启示？

项目实训

案例分析——曲别针 30000 种用法的启示

一、背景资料

1993 年夏天，在世界的创造学会研讨会上，日本专家村上幸雄说，请诸位动动脑筋，说出曲别针的各种用途，看谁说的多而奇特。与会者说了 20 来种，这时有位专家递条子说有 30000 种，其他人不信。第二天这位专家写上"曲别针用途求解"，用四字概括：勾、挂、别、联。他突破了思维的束缚，创造性地讲出了曲别针的千万种用途。猜猜他是怎样创造出来的？

专家将曲别针的总体信息分解成材质、重量、体积、长短、截面、颜色、弹性、硬度、直边、弧度 10 个要素，然后把这些要素用直线连成信息标——X 轴，再把有关人类实践活动进行分解，连成信息标 Y 轴，两者垂直相交，构成信息反应场。每轴各点上的信息依次与另一轴上的信息相交合，产生若干用途。

二、实训目标

1. 培养学生的想象力、创新思考力。

2. 培养学生发散思维与收敛思维的结合。

三、实训内容与组织

1. 将案例内容分成两部分播放。播放第一部分后，学生以组为单位，在"勾、挂、别、联"四大基本用途的启示下，做用途思考，并做小组汇总。

2. 播放第二部分内容，教师与学生共同分析专家的创造方法。让学生通过坐标认识专家的创造性思维与创意技法。

3. 以组为单位进行交流发言，实现举一反三。

四、成果与检测

1. 以组为单位提交交流总结提纲。

2. 教师对各小组实际完成情况进行评估打分。

创办特殊服务

一、实训目标

1. 培养学生创新精神、创新思维和创新方法。

2. 训练学生能动适应环境、应付紧急或突发事件的能力。

二、实训内容与组织

1. 首先认识一些特殊服务例子，可选"智利的梦幻酒店"、"罗马的粗俗物理餐厅"、"跟踪全程的婚恋服务"等，感受创新的实际意义。

2. 在此基础上以模拟公司为单位提出创新的服务项目，并列出基本方案。明确创新在哪里，同时设计出难于应付的服务环节。

3. 与另一个公司合作，以角色扮演的形式完成为顾客提供至少一项特殊服务，体现服务方的创新与应变能力。

4. 特殊服务实体要求提前或在课外完成，而且让被服务方明确组织的基本分工。被服务方提出的服务要求必须是不常见或全新性的，且不得提前告之。

5. 进行组间交流与评价，在此基础上做出全班评价。

三、成果与检测

1. 以公司为单位上交创新设计方案。

2. 班级组织一次交流，每个公司推荐一名成员做主题发言，可以允许两名同学补充发言。

3. 由教师与学生对各公司项目及实际运行情况进行评估打分。

附作业提纲：

(1) 创新项目的名称与主要特色。

(2) 概括完成创新构想与服务的关键。

(3) 自我评价。

项目五　确定物流服务的价格

知识目标 ✦▶

1. 了解物流产品定价的因素；
2. 熟悉物流服务定价的方法；
3. 掌握物流产品定价的策略及技巧。

技能目标 ✦▶

1. 能够分析物流产品的价格组成；
2. 能够熟练运用成本加成定价法和需求导向定价法；
3. 能够根据定价技巧对物流产品进行定价。

任务一　物流服务定价认知

任务描述 ✦▶

德邦物流的定价

一、详细价格

1. 运费最低一票

（1）精准汽运（短途）20 元/票；（2）精准汽运（长途）长途 30 元/票。

2. 免费接货，送货上门 55 元/票

3. 提供包装服务，费用依实际发生计算，如表 5－1 所示

表 5 - 1　　　　　　　　　　　　运费价格

浙江省——杭州及浙江省内	重货 0.5 元/kg	轻货：100 元/方
宁波	重货 0.5 元/kg	轻货：100 元/方
嘉兴	重货 0.5 元/kg	轻货：100 元/方
绍兴	重货 0.5 元/kg	轻货：100 元/方
金华	重货 0.5 元/kg	轻货：100 元/方
嘉兴	重货 0.5 元/kg	轻货：100 元/方
江苏省——苏州及江苏省内	重货 0.5 元/kg	轻货：100 元/方
淮安	重货 0.5 元/kg	轻货：100 元/方
徐州	重货 0.5 元/kg	轻货：100/平
无锡	重货 0.5 元/kg	轻货：100 元/方
南京	重货 0.5 元/kg	轻货：100 元/方
上海	重货 0.5 元/kg	轻货：100 元/方
北京	重货 1.15 元/kg	轻货：100 元/方
陕西省——西安及陕西省内	重货 1.25 元/kg	轻货：100 元/方
湖北省——武汉及湖北省内	重货 1.05 元/kg	轻货：100 元/方
山东省——济南及山东省内	重货 1.05 元/kg	轻货：100 元/方
辽宁省——沈阳及辽宁省内	重货 1.55 元/kg	轻货：100 元/方
天津	重货 1.15 元/kg	轻货：100 元/方
四川省——成都及四川省内	重货 1.7 元/kg	轻货：100 元/方
福建省——厦门及福建省内	重货 1.15 元/kg	轻货：100 元/方
黑龙江——哈尔滨及黑龙江省内	重货 1.7 元/kg	轻货：100 元/方

二、包装价格（如表 5 - 2 所示）

表 5 - 2　　　　　　　　　　　　包装价格

木架	150 元/方，最少 30 元/个
1#纸箱	15 元/个（尺寸：50cm×40cm×60cm）
2#纸箱	10 元/个（尺寸：50cm×32cm×54cm）
3#纸箱	7 元/个（尺寸：33cm×28cm×46cm）
蛇皮袋	18 元/个（尺寸：1.5m×1.2m）
蛇皮袋	15 元/个（尺寸：1.1m×1m）
蛇皮袋	12 元/个（尺寸：1m×0.8m）
蛇皮袋	6 元/个（尺寸：0.8m×0.6m）

三、定价策略

德邦物流目前采取组合价格策略，根据深圳货运市场情况对不同细分市场采取不同的价格策略。针对各个地区不同程度上采取等级价格策略。该价格策略实施有利于公司发展大客户，鼓励集中货源以便于管理，同时也实现了收益的最大化。对于市场供不应求的航线，采取浮动价格策略，如上海至深圳、上海至北京、上海至天津等路线，经常出现需求远大于供给的情况。市场部门根据即时的情况灵活地制定相应的价格，既控制了物流配送能力的最优分配，又不失时机地为公司创造更高收益。对于货量大、商誉高的客户，采用协议的方式给予固定的价格。这一价格策略深得各大客户的赞许，同时也确保了公司货源的稳定。

组合价格策略，是为了对相互关联、相互补充的产品，采取不同的定价策略，以迎合消费者的某些心理，属于心理定价策略之一。对于一些既可单独付运费，又可成套付运费，实行成套运费优惠的价格。对于不同组合产品之间的关系和物流市场表现进行灵活的定价策略，对于互替的产品，适当抬高畅销品的价格，降低滞销产品，以扩大后者的销售，使两者的销售相得益彰，增加企业总盈利。对于互补产品，有意识地降低的购买率低、需求价格弹性高的商品价格，同时提高购买率高需求价格弹性低的商品价格，有利于德邦物流的盈利。

请分析德邦物流定价的方法。

任务目标

通过任务分析，使学生明白物流服务定价的影响因素以及定价的方法。

相关知识

一、影响物流企业产品价格的因素

（一）定价目标

企业产品定价须按照企业的目标市场战略及市场定位战略的要求来进行。也就是说，在产品定价和企业目标之间，产品定价应服从和服务于企业目标。定价目标是指物流企业通过制定一定水平的价格所要达到的预期目的。企业定价目标主要有以下几种：

1. 维持企业生存发展

对于物流企业来说，当行业竞争日趋激烈或其提供的产品在市场上大量过剩时，物流企业的发展目标就应是保障本企业在激烈的竞争中不至于被淘汰，维持企业的生存发展。此时，物流企业在对其产品的定价时不宜制定过高的价格，否则，易使该企业产品在市场上失去竞争力而危及其生存发展。

2. 实现企业利润最大化

当行业市场处于初始发展阶段，市场竞争相对较小或其提供的产品供不应求以及企业产品或劳务在市场上处于绝对有利地位等时，企业可实行相对其成本来讲较高的价格策略，以获取超额利润，实行或接近实现利润最大化。如我国现阶段能提供高效优质物流产品或劳务服务（指相对于其他大多数物流企业来讲）的物流企业可根据此制定其产品价格。

3. 扩大市场占有率

在市场经济条件下，谁拥有市场，谁就能生存、发展并获得可观的回报，因此，占领更大的市场是企业都渴望的。当企业以扩大市场占有率为发展目标时，此时，其产品或劳务的价格就应围绕着如何通过产品价格的变化来实现其市场占有率的增加来确定，如企业可制定尽可能低的产品价格或紧紧盯住主要的竞争对手的产品价格适时变更本企业产品价格等。

4. 提高产品质量

企业也可能考虑以产品质量领先作为其目标，并在生产和市场营销过程中始终贯彻产品质量最优化的指导思想。在物流企业中，因其提供的产品多数为各种劳务（看不见的产品），不同物流企业提供的劳务质量的高低会直接影响消费者的消费决定。当然，此时就要求物流企业用高价格来弥补因提高产品的高质量和开发的高成本。

（二）市场供求

产品的价格是由产品的供求决定的，弄清楚产品的供求及价格弹性等影响产品价格的基本因素对我们灵活运用各种定价方法和技巧具有非常重要的作用。

1. 产品需求理论

需求是指消费者在某特定时期内和一定市场上，按某一价格愿意并且能够购买的某种商品或劳务的数量。此处，应该注意的是，这里所指的需求是消费者购买欲望和购买能力两者的统一，如果消费者有购买欲望但无购买能力，则其虽有欲望也构不成我们所指的有效需求。

而产品的价格和消费者对产品的需求之间存在着密切的联系。通常对于大多数产品来说，在其条件相同的情况下，产品价格同消费者对该产品的需求数量之间是呈反比关系的，即我们通常所讲的产品的价格越便宜，买的人越多；产品的价格越高，买的人越少。产品的需求量与价格的关系，如图 5-1 所示。从图上可以看出，如果产品

价格从 P_1 提高到 P_2，它卖出的数量会减少，反之，如果企业产品价格从 P_1 降低到 P_3，它卖出的数量会增加。

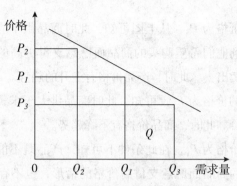

图 5-1　产品的需求量与价格的关系

2. 产品供给理论

供给是指企业在一定市场上和某一特定时期内，与每一价格相对应，愿意并且能够供应的产品的数量。

同需求类似，产品的供给与产品的价格之间也存在密切联系。通常，产品的价格同产品的供给之间存在正比关系。即产品价格越高，企业愿意生产或提供更多数量的产品；反之，企业产品的供给量会减少。产品的供给量与价格的关系，如图 5-2 所示。从图中可知，如果企业产品价格从 P_1 上升至 P_2，则供给数量增加；反之，如果产品价格从 P_1 下降至 P_3，则供给数量减少。

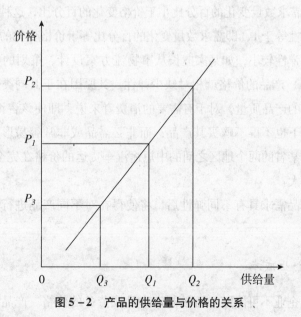

图 5-2　产品的供给量与价格的关系

3. 产品价格的形成

当代西方经济学家认为，把需求和供给结合起来分析，就可知道在市场条件下，产品的价格是怎样形成的。

首先，假定产品的价格为 P_3，从上图可知，此时商品供不应求，产生短缺。在此条件下消费者为了能够买到他们希望购买的商品而愿意支付更高的价格，企业也发现如果提高价格也能够把商品卖出去。此时，产品价格有上升的趋势。

其次，假定该商品的价格为 P_2，可知，此时商品供大于求，产生过剩。生产者为了把商品卖出去不得不降价。此时，商品价格有下降趋势。

最后，假定商品的价格为 P_1，在此条件下可知，产品既不能短缺也不过剩，既不存在消费者因买不到想买的商品而愿意支付高价格的情形，也不存在供货商因卖不出商品而不得不降价的情况。价格形成了相对稳定的状态。该价格就是这种商品的市场均衡价格。

（三）需求的价格弹性

需求的价格弹性就是用来衡量商品需求数量对它的价格变化反应的灵敏程度的概念。需求弹性的计算公式是：

$$需求的价格弹性 |Ed| = 需求量变化的百分比 / 价格变化的百分比$$

通过分析可知，不同产品的需求弹性是不同的，有的需求弹性 $|Ed|$ 大于1，即需求数量变化的百分比大于价格变化的百分比，这种情形叫作产品富有弹性；有的需求弹性 $|Ed|$ 小于1，即需求数量变化的百分比小于价格变化的百分比，这种情况叫作产品缺乏弹性；有的需求弹性等于1，即需求数量变化的百分比等于价格变化的百分比，这叫作单位弹性。一般需求弹性较小，如某家擅长从事物流方案设计、策划的物流咨询公司的物流方案设计（劳务）产品的价格就相对缺少弹性，其原因在于其同类企业的同类产品的质量远低于该企业的产品质量，对于有需要的消费者来说，即使该咨询公司的要价很高，消费者在多数情况下也不得不购买其产品；而非必需品或非常容易形成供过于求状况的需求弹性较大，如某省的两个地区之间的中短途汽车货运的价格在完全市场竞争条件下，其价格弹性相对较大。

弄清楚不同产品需求具有不同弹性后，将使得在对不同产品进行定价时的决策更合理、更科学。

（四）物流企业成本

大家都清楚，企业不可能随心所欲制定产品或劳务的价格。产品价格受众多因素的影响，制定价格则须注意分析相关因素。但不管怎么样，产品的最低价格不能长期低于生产产品成本，否则企业将无法经营。因此，物流企业制定价格时必须估算成本。须注意的是，此处所指产品成本应是生产同类产品的社会必要劳动成本。

对于物流企业而言，物流成本有广义和狭义之分。狭义的物流成本仅指由于物品移动而产生的运输、包装、装卸等费用。对于流通企业而言，其物流成本更侧重于狭义的物流成本。

但是，物流成本的归集和分析同其他类型企业有较大不同。原因在于首先是物流活动的范围非常广，致使其成本分析非常困难；其次，由于物流成本较难单独列入企业的计算范围和具体的计算方法还没有形成统一的规范。我们可参考外国物流成本归集计算方式来确定物流成本。

第一种方式是按物流范围划分。将物流费用分为：供应物流费用、生产物流费用、企业内部物流费用、销售物流费用、退货物流费用和废弃物流费用六种类型。

第二种方式是按支付形式划分的物流成本费用计算标准。将物流费用分为材料费、人工费、公益费、维护费、一般经费、特别经费和委托物流费用等。

第三种方式是按物流的功能划分计算物流费用。包括：运输费、保管费、包装费、装卸费、信息费和物流管理费等。

总之，物流成本就是在物流过程中，为提供有关服务要占用和耗费的活劳动和物化来的总和，换句话说，也就是提供某种程度的物流服务过程中所花费的人力、物力和财力的总和。针对不同的成本分析目的，我们应具体问题具体分析，归集出相关过程中的人、财、物的消耗作为其物流成本。

（五）竞争者的产品和价格

在市场经济中，决大多数企业都存在或多或少的竞争对手。为了更准确地为本企业产品定价，企业应采取适当方式，了解竞争对手产品的质量和价格。企业在获得对手相关信息后，才可与竞争产品比质论价。一般来说，如果二者质量大体一致。则二者价格也大体一样。否则定价过高会使本企业产品可能卖不出去，如果本企业的产品质量较高，则产品价格也可以定得较高，如果本企业产品质量较低，那么，产品价格就应定得低一点。还应看到竞争对手也可能随机应变，针对企业的产品价格而调整价格，也可能不调整价格而调整市场营销组合的其他变量，与企业争夺顾客。当然，对竞争对手价格的变动，企业也要及时掌握有关信息，作出明智的反应。

（六）国家有关方针政策的影响

由于价格是关系到国家、企业和个人三者之间的物质利益的大事，与人民生活和国家的安全息息相关。因此，国家常常会通过制定物价工作方针和各项政策，对价格进行管理控制或干预。因此，国家有关方针政策对市场价格的形成有着重要的影响。

1. 行政手段

即指政府通过出台相应的行政规定或行政制度等来促进相应行业的有序发展等。如在物流企业中，其提供的产品往往是无形的劳务，其产品是非物质性的，往往导致价格竞争随着市场的日趋成熟而日趋激烈，此时，为防止物流企业的不正当竞争，行业协会或政府相关部门可采用规定收费标准的手段，限制物流劳务的过高或过低价格的出现，从而维持物流业健康平稳地发展。

2. 法律手段

即通过立法机关制定相关的法律、法规来维护相关行业的健康发展。如我国制定的《企业法》、《公司法》、《反不正当竞争法》、《消费者权益保护法》、《知识产权法》等，目的是用以维护市场经济健康有序地发展，如当物流企业中出现垄断时，可采取相应法规限制垄断企业的存在和发展。

3. 经济手段

指国家采用税收、财政、利率、汇率等手段来间接影响经济及物价。如当经济发展过热时，政府可采用增加税率、提高银行利率等经济手段来调节其发展。例如，在物流企业发展过热时，政府可对物流产品的价格增加税收，高价高税，由此会导致企业的税后利润下降，从而影响企业的定价。

二、物流产品的定价方法

通常，企业制定价格是一项很复杂的工作，如前一节所讲，必须综合考虑多方面的因素，如产品的市场供给、需求、成本费用、消费者预期和竞争情况等因素的影响，采取一系列步骤和措施来确定价格。

对于物流企业来讲，因其他产品是向用户提供劳务服务，产品是无形的，因此，影响产品价格的因素相对于有形的产品如汽车等就会显得更复杂、更难以把握。为了制定好产品价格，从市场营销管理的价格策略上提高物流企业的竞争力，从总体上，首先应熟悉物流企业的产品情况，在此基础上，全面分析产品的因素，灵活运用各种定价方法和技巧，才能更好地制定物流企业产品的价格。

（一）成本导向定价法

这种定价方法主要是从企业的角度来确定产品的价格，从经济学来讲，企业是以营利为目的的经济组织。为了保持和提高企业的竞争能力，企业必须通过销售其他产品来收回其付出的成本并在此基础上获得相应的利润回报。因此，制定其相关产品的价格就必须考虑产品的成本和利润。这种方法的特点是简便、易用。但是，这也是最不以消费为导向的方法，由此制定出来的产品价格还需由消费者的反应来确定其他定价的科学性、合理性，具体来讲，成本导向主要包括了两种具体方法。

1. 成本加成定价法

这种方法就是按产品单位成本加上一定比率的利润制定其产品的价格。加成的含义就是一定比率的利润。其计算公式为：

$$P = C (1 + R)$$

式中：P——单位成本；

C——单位产品成本；

R——成本加成率或预期利润率。

例：某企业单位产品总成本（由单位劳动力成本、原材料成本、电力消耗、工具成本、日常开支成本汇兑）为 12.32 元/个产品，企业的预期利润率为 20%，求该产品的销售价格是多少？

单位产品售价 $= C (1 + R) = 12.32 \times (1 + 20\%) = 14.078$（元/个产品）

这种定价方法的特点是：第一，成本的不确定性一般比需求少，将价格盯住单位成本，可以大大简化企业定价程序，而不必根据需求情况的瞬息万变作调整；第二，如果同行业的企业都采用这种定价方法，各家的成本和各家成比例接近，定出的价格相差不多，可能会缓和同行业间的价格竞争；第三，根据成本加成，对于买卖双方更加公平合理，卖方只是"将本求利"，不会在消费者需求强烈时利用此有利条件谋取额外利润，但这种方法的不足是缺乏营销管理中很重视的销售的灵活性的特点，许多情况下其定价反应会较市场变化滞后。因此，这种方法在企业的产品生产成本大于相同产品的社会必要生产成本时采用此方法就有可能导致产品滞销。

2. 目标利润定价法

这是根据企业所要实现的目标利润来定价的一种方法。同成本加成法相比，该方法主要是从企业想达到的利润目标为出发点来制定产品价格的，而成本加成法是从产品成本为出发点来制定产品价格的。目标利润法的基本公式为：

单位产品价格 =（固定成本 + 变动成本 + 目标利润）/预计销量

例：某公司 9 月计划周转量为 5000 千吨·公里，单位变动成本为 150 元/（千吨·公里），固定成本 20 万元，目标利润为 30 万元，则单位运价是多少？

单位运价 =（固定成本 + 变动成本 + 目标利润）/预计周转量

= （200000 + 150 × 5000 + 300000）/5000

= 250［元/千吨·公里］

这种方法的特点是有利于加强企业管理的计划性，可较好实现投资回收计划。但要注意估算好产品售价与期望销量之间的关系，尽量避免确定了价格而使销量达不到预期目标的情况出现。

(二) 需求导向定价法

从经济学来讲，在市场经济条件下，且供应能力普遍过剩时，在产品的供给与需求两个影响产品的因素中，需求对产品产量与价格的影响更重要一些。在市场经济条件下，如果提供的产品不符合用户需求这个基本条件，则企业将很难通过销售产品获得可观的利润回报。因此，第二类大的制定产品价格的方法是从顾客的需求和欲望出发来确定产品价格的，但这并不意味着所提供的产品的价格是尽可能最低的。

1. 理解价值定价法

理解价值定价法即企业根据消费者对商品或劳务价值的认识而不是根据其成本来制定价格的定价方法。企业利用各种营销因素，从提供的服务、质量、价格等方面，为企业树立一个形象，然后再根据客户对于这个形象的理解定价。

理解价值定价法的关键，在于企业要正确估计用户所能承受的价值。否则，如果企业过高地估计认知价值，则会定出偏高或过低的价格，最终都会给企业造成损失。因此，为避免出现这类问题，企业在定价前要认真做好营销调研工作，将自己的产品与竞争产品仔细比较，正确把握客户的感受价值，并据此作出定价。

2. 区分需求定价法

区分需求定价就是企业在不同季节、不同时间、不同地区、针对不同供货商的适时变化情况，对价格进行修改和调整的定价方法。例如：物流企业从事业务运作的区域主要物流业务的市场成交价可以分线路、分车型、分业务量进行公路运输定价。

3. 习惯定价法

习惯定价法是企业依照长期被客户接受的价格来定价的一种方法。有些产品或服务客户已习惯按某一习惯价格购买，即使成本降低，也不能轻易减价，减价容易引起消费者对服务质量的怀疑；反之，服务成本增加，也不能轻易涨价，否则，将影响其销路。例如当每公里的运输价格确定后，即使燃料的价格发生变动，其运输价格不轻易发生变动。

(三) 竞争导向定价法

在目前的市场经济条件下，企业的生产能力往往过剩，导致许多产品在市场上出现积压，企业为了将自己的产品销售出去获取利润，往往会采取各种措施来提高自身企业产品的竞争能力，如降低成本、提高产品质量、提高服务水平等，以便在与竞争对手的竞争中保持或提高其原有的市场份额。通过制定合理的产品价格来提高企业竞争力也是企业常用的措施。因此，企业以竞争对手的价格作为依据来制定价格也是企业常用的定价方法，即所谓的竞争导向定价法。

1. 随行就市定价法

这是以同行的平均现行价格水平或"市场主导者"（指在相关产品市场上占有率最高的企业）的价格为标准来确定本企业价格的方法。这种定价方法以竞争对手的价格为依据。在以下情况下往往可考虑采取这种定价方法：①产品难以估算成本；②企业打算与同行和平共处；③如果另行定价会很难了解消费者和竞争者对本企业的价格的反应。

具体地说，当企业产品或服务质量、服务等综合因素与同行业中大多数企业的相同因素比较，没有较大差异，即同质产品市场条件下，无论此时有较多的企业生产该类产品还是由于专利权、特许经营、政府政策限制导致只有少数几家企业允许生产该类产品情况下，企业按照同行业的平均价格水平为依据来确定该产品价格往往是惯常采用的定价方法，这就是所谓的随行就市法。此时，就可使该企业产品价格与大多数同行企业的产品价格保持一致，不致过高或过低，在和谐的气氛中获得平均报酬。

当某企业产品的 质量或服务、销售条件等因素与同类企业的相同因素比较，有较大差异时，即异质产品市场条件下，企业有较大的自由度决定起产品价格。产品的差异化会使购买者对产品价格差异的存在不堪敏感。企业相对于竞争对手总要确定自己的适当位置，或充当高价企业角色，或充当中价企业角色，或充当低价企业角色。总之，企业总要在定价方面有别于竞争者，此时，异质产品市场的企业产品价确定可采用如下公式计算：

$$本企业产品价格 = 用以比较的价格标准 \times （1 + 差异率）$$

另外，如果某种产品市场是完全垄断市场，即在该市场中由于专利权、政府规定等原因导致只有一家企业可以生产该类产品的市场，由于没有竞争对手，此时该企业产品定价不能用竞争导向定价法。在这种情况下，垄断企业往往从自身的利润角度去确定价格。

2. 投标定价法

这种方法一般是由买方公开招标，卖方竞争投标，密封递价，买方按物美价廉原则择优选取，到期当众开标，中标者与买方签约成交。这种方法往往是买方市场（即产品供大于求的市场）中由买方掌握主动权来运用。运用此种方法和拍卖定价法时，企业对产品的定价权实际上已在某种程度上转移到了买方。

从企业来讲，为了能够以合理、科学的价格中标，必须认真选择和确定投标价格：一是要分析招标条件和企业的主客观情况及能否适应招标项目的要求；二是计算直接成本，拟定报价方案；三是分析竞争对手的特点和可能报价，估计中标概率；四是计算每个方案的期望利润，并据此选择投标价格。一般来说，期望利润与报价成正比，而与中标概率成反比。

其计算公式：

$$期望利润 = （报价 - 估计成本） \times 中标概率$$

例如：某企业参与某项投标，其投标分析如表 5 - 1 所示。

表 5 - 1　　　　　　　　　　　投标报价期望利润分析

投标报价（万元）	估计成本（万元）	可获利润（万元）	中标概率（万元）	期望利润（万元）
(1)	(2)	(3) = (1) - (2)	(4)	(5) = (3) × (4)
800	800	0	95	0
900	800	100	80	80
1000	800	200	50	100
1100	800	300	10	30
1200	800	400	—	4

从表中可见，较有利的标价是 100 万元，期望利润为 600 万元，若报价 1200 万元时虽获利居多但中标概率极低。

总之，在实际中企业定价的方法并不一定局限早所列举的这几种。随着管理科学的发展，企业管理方法。经验丰富，信息技术和数量分析技术等日趋成熟，必然会产生更科学、更合理的定价方法。而且，在运用定价方法进行定价时，也不能刻板地认为采用了一种方法就不能吸取其他方法的精华去确定价格，不同的定价方法之间并不一定是相互排斥的，因此，要想制定出某种产品的科学、合理的价格，还须综合分析产品本身的相关因素、运用相应的方法去制定产品价格。

拓展阅读

国际快递运费计算方法

1. 计费重量单位

特快专递行业一般以每 0.5kg（0.5 公斤）为一个计费重量单位。

2. 首重与续重

特快专递货品的寄递以第一个 0.5kg 为首重（或起重），每增加 0.5kg 为一个续重。通常起重的费用相对续重费用较高。

3. 实重与材积

实重与材积是指需要运输的一批物品包括包装在内的实际总重量称为实重；当需寄递物品体积较大而实重较轻时，因运输工具（飞机、火车、船、汽车等）承载能力及能装载物品体积所限，需采取量取物品体积折算成重量的办法作为计算运费的重量，称为体积重量或材积。体积重量大于实际重量的物品又常称为轻抛物。

4. 计费重量

按实重与材积两者的定义与国际航空货运协会规定，货物运输过程中计收运费的重量是按整批货物的实际重量和体积重量两者之中较高的计算。

5. 包装费

一般情况下，快递公司是免费包装，提供纸箱、气泡等包装材料，但很多物品如衣物，不用特别细的包装就可以，但一些贵重、易碎物品，快递公司还是要收取一定的包装费用的。包装费用一般不计入折扣。

6. 通用运费计算公式

①当需寄递物品实重大于材积时，运费计算方法为：

$$首重运费 + （重量（kg）\times 2 - 1）\times 续重运费$$

例如：7kg货品按首重20元、续重9元计算，则运费总额为：

$$20 + （7\times 2 - 1）\times 9 = 137（元）$$

②当需寄递物品实际重量小而体积较大，运费需按材积标准收取，然后再按上列公式计算运费总额。求取材积公式如下：

规则物品：长（cm）×宽（cm）×高（cm）÷6000 = 重量（kg）

不规则物品：最长（cm）×最宽（cm）×最高（cm）÷6000 = 重量（kg）

③国际快件有时还会加上燃油附加费。

比如此时的燃油附加费为9%，还需要在公式①的结果加上：运费×9%

7. 总费用

从上面得出：总费用 = 运费×折扣燃油附加费 + 包装费用 + 其他不确定费用。

请计算20kg奶粉从英国伦敦运至北京的运价。

顺丰速运：快和准带来的"高价"

在国内，民营快递大多给人以价格便宜、递送却不太让人放心的印象，但有一家叫"顺丰速运"的民营快递，却以"快人一步"的时效和"价高一筹"的服务，走出了一条完全不同的道路。目前年销售额已经突破了百亿元，成为可以与中国邮政 EMS 抗衡的民营快递巨头。

从一开始，"低价"就不是顺丰速运的经营之道，公司有非常明确的市场细分和产品定位：主要做文件和小件业务，其中尤以商业信函等高附加值的快件业务为主。

当然，告别低价的背后也需要各种系统和制度的支撑，与其他民营快递不同，顺丰速运拥有自己的飞机，而且实行直营，这是保证其服务质量和核心竞争力的重要因素。

直营管理下的时效考核

与申通、圆通等江浙民营快递巨头相比，顺丰速运的价格绝对可以称得上"昂贵"。以 1 公斤重的包裹为例，从北京送到上海，顺丰速运的价格是 22 元，圆通快递只要 10 元，顺丰速运的起步价格，高出同行价格 1 倍多。

不过，还是有很多客户尤其是企业客户愿意选择顺丰速运，因为它的确快而可靠。如果你在当天下午 4 点寄出包裹的话，基本第二天下午就可以收到顺丰速运发送的"货已签收"短信。而如果选择其他快递公司，则需要三到四天，包裹到没到还需要自己打电话向对方确认。

当然，要做到"快而准"，并不是一件容易的事。对此顺丰速运的一位管理人员告诉《第一财经日报》，顺丰速运与其他快递公司的差异，主要是由直营管理模式和管理制度规范的不同带来的。

在创业之初，顺丰速运和所有民营快递企业一样，为节约投资成本，加快网络扩张速度，新建的快递网点多数采用合作或代理的方式，这种形式和加盟类似，分公司归当地加盟商所有。不过，到 2002 年，顺丰速运最终将全部的经营网点股权收回，确立了直营模式，并在深圳设立了总部。

直营模式确立后，对各地网络的管理自然也会更加得心应手，顺丰速运负责递送的员工也开始按月进行绩效考核，表现与收入形成了直接的激励关系。同时，直营模式也为公司建立起贯穿整个快件流转环节的信息监控系统，对各环节的运转时效进行准确的控制提供了基础。

据记者了解，从 2010 年开始，顺丰速运就研发出包含对快件跟踪、时效预警、路由规划等系统全部环节监控的"时效管理系统"，从客户呼叫开始，系统就启动了跟踪流程，递送员要严格执行收 1（1 小时内收件）派 2（2 小时内派送签收）的时效要求，超时派件将直接影响当月的业绩考核。

用自己的飞机送快递

而在内部强化管理规范的同时，敢于成为国内第一家使用全货运专机的民营快递企业，也是实现顺丰速运的递送可以"快而准"的重要保证。

2003 年年初，借助航空运价大跌之际，顺丰速运与扬子江快运签下合同，开始包租全货机夜航进行快件运输，从而实现了快件的次晨送达或次日送达，比如从深圳到北京所需的时间就缩短到 1 天以内，快件的破损率和遗失率也大大降低。那个时候，大多数快递公司还在依靠货车送快递。

当然，用飞机运快件的成本与用货车运输相比显然不菲，不过，在 2003 年之后，顺丰速运的货增长迅速，每年增速都在 50% 左右，迅速增长的货量形成的规模优势，也抵消了包机增加的成本。

2007 年，随着越来越多的快递公司开始尝试租用飞机腹舱送快递，仅仅通过包租全货机已经不能满足顺丰速运业务的发展需求，公司又抢先一步，开始着手筹建自有货运航空公司——顺丰航空有限公司，并于 2009 年 12 月 31 日实现了首航。

如今，顺丰航空拥有以 B757 和 B737 机型为主的全货机机队，截至 2013 年 1 月，公司已经拥有了 11 架自有全货机，即便在去年全球航空货运公司普遍陷入亏损之际，有货源优势的顺丰航空，依然觉得自己的货机不够用。

任务二 选择物流服务定价的方法

任务描述

一、公路货物运费的计算公式

1. 整批货物运费的计算公式

整批货物运费（元）＝吨次费（元/t）×计费重量（t）＋整批货物运价［元／(t·km)］×计费重量（t）×计费里程（km）＋货物运输其他费用（元）

其中，整批货物运价按货物运价价目计算。

2. 零担货物运费的计算公式

零担货物运费（元）＝计费重量（kg）×计费里程（km）×零担货物运价［元／(kg·km)］＋货物运输其他费用（元）

其中，零担货物运价按货物运价价目计算。

3. 集装箱运费的计算公式

重（空）集装箱运费（元）＝重（空）箱运价［元／(箱·km)］×计费箱数（箱）×计费里程（km）＋箱次费（元/箱）×计费箱数（箱）＋货物运输其他费用（元）

其中，集装箱运价按计价类别和货物运价费目计算。

4. 计时包车运费的计算公式

包车运费（元）＝包车运价［元／(t·h)］×包用车辆吨位（t）×计费时间（h）＋货物运输其他费用（元）

其中，包车运价按照包用车辆的不同类别分别制定。

由以上公路货物运费的计算公式可以看出，计算公路货物运费，关键在于明确公路货物运输的运价价目、计费重量（箱数）、计费里程（时间）以及货物运输的其他费用。下面分别介绍上述运费计算因素的确定方法。

二、公路货物运价价目

1. 基本运价

（1）整批货物基本运价：指一等整批普通货物在等级公路上运输的每吨公里运价；

（2）零担货物基本运价：指零担普通货物在等级公路上运输的每千克公里运价；

（3）集装箱基本运价：指各类标准集装箱重箱在等级公路上运输的每箱公里运价。

2. 吨（箱）次费

（1）吨次费：对整批货物运输，在计算运价费用的同时按货物重量加收吨次费。

（2）箱次费：对汽车集装箱运输，在计算运价费用的同时按不同箱型加收箱次费。

3. 普通货物运价

普通货物实行分等计价，以一等货物为基础，二等货物加成15%，三等货物加成30%。

4. 特种货物运价

（1）大型特型笨重货物运价

①一级大型特型笨重货物在整批货物基本运价的基础上加成40%～60%；

②二级大型特型笨重货物在整批货物基本运价的基本上加成60%～80%。

（2）危险货物运价

①一级危险货物在整批（零担）货物基本运价的基础上加成60%～80%；

②二级危险货物在整批（零担）货物基本运价的基础上加成40%～60%。

（3）贵重、鲜活货物运价。在整批（零担）货物基本运价的基础上加成40%～60%。

5. 特种车辆运价

按车辆的不同用途，在基本运价的基础上加成计算。特种车辆运价和特种货物运价两个价目不准同时加成使用。

6. 非等级公路货运运价

在整批（零担）货物基本运价的基础上加成10%～20%。

7. 快速货运运价

按计价类别在相应运价的基础上加成计算。

8. 集装箱运价

（1）标准集装箱运价。

重箱运价按照不同规格箱型的基本运价执行，空箱运价在标准集装箱重箱运价的基础上减成计算。

（2）非标准箱运价。

重箱运价按照不同规格的箱型，在标准集装箱基本运价的基础上加成计算，空箱运价在非标准集装箱重箱运价的基础上减成计算。

（3）特种箱运价。在箱型基本运价的基础上按装载不同特种货物的加成幅度加成计算。

9. 出入境汽车货物运价

按双边或多边出入境汽车运输协定，由两国或多国政府主管机关协商确定。

三、公路货物运费的计价标准

1. 计费重量（箱数）

（1）计量单位

①整批货物运输以吨为单位；

②零担货物运输以千克为单位；

③集装箱运输以箱为单位。

（2）计费重量（箱数）的确定

①一般货物

整批、零担货物的计费重量均按毛重（含货物包装、衬垫及运输需要的附属物品）计算。

货物计费重量一般以起运地过磅重量为准。起运地不能或不便过磅的货物，由承、托双方协商确定计费重量。

②轻泡货物

整批轻泡货物的计费重量按车辆标记吨位计算。零担运输轻泡货物以货物包装最长、最宽、最高部位尺寸计算体积，按每立方米折合333kg计算其计费重量。

③包车运输的货物

按车辆的标记吨位计算其计费重量。

④散装货物

如砖、瓦、砂、石、土、矿石、木材等，按体积由各省、自治区、直辖市统一规定的重量换算标准计算其计费重量。

⑤托运人自理装车的货物

按车辆额定吨位计算其计费重量。

⑥统一规格的成包成件货物

根据某一标准件的重量计算全部货物的计费重量。

⑦接运其他运输方式的货物

无过磅条件的，按前程运输方式运单上记载的重量计算。

⑧拼装分卸的货物

按最重装载量计算。

2. 计费里程

（1）计费里程的单位

公路货物运输计费里程以公里为单位，尾数不足1km的，进整为1km。

（2）计费里程的确定

①货物运输的计费里程，按装货地点至卸货地点的实际载货的营运里程计算；营运里程以省、自治区、直辖市交通行政主管部门核定的营运里程为准，未经核定的里程，由承、托双方商定。

②同一运输区间有两条（含两条）以上营运路线可供行驶时，应按最短的路线计算计费里程或按承、托双方商定的路线计算计费里程。

③拼装分卸的货物，其计费里程为从第一装货地点起至最后一个卸货地点止的载重里程。

④出入境汽车货物运输的境内计费里程以交通主管部门核定的里程为准；境外里程按毗邻国（地区）交通主管部门或有权认定部门核定的里程为准。未核定里程的，由承、托双方协商或按车辆实际运行里程计算。

⑤因自然灾害造成道路中断，车辆需绕道而驶的，按实际行驶里程计算。

⑥城市市区里程按当地交通主管部门确定的市区平均营运里程计算；当地交通主管部门未确定的，由承、托双方协商确定。

3. 计时包车货运计费时间

（1）计时包车货运计费时间以小时为单位，起码计费时间为4h；使用时间超过4h，按实际包用时间计算。

（2）整日包车，每日按8h计算；使用时间超过8h，按实际使用时间计算。

（3）时间尾数不足0.5小时的舍去，达到0.5小时的进整为1h。

4. 运价的单位

各种公路货物运输的运价单位分别为：

（1）整批运输：元／（t·km）；

（2）零担运输：元／（kg·km）；

（3）集装箱运输：元／（箱·km）；

（4）包车运输：元／（吨位·h）；

（5）出入境运输，涉及其他货币时，在无法按统一汇率折算的情况下，可使用其他自由货币为运价单位。

四、公路货物运输的其他费用

1. 调车费

应托运人要求，车辆调出所在地而产生的车辆往返空驶，应计收调车费。

2. 延滞费

车辆按约定时间到达约定的装货或卸货地点，因托运人或收货人责任造成车辆和装卸延滞，应计收延滞费。

3. 装货（箱）落空损失费

应托运人要求，车辆开至约定地点装货（箱）落空造成的往返空驶里程，按其运价的50%计收装货（箱）落空损失费。

4. 排障费

运输大型特型笨重物件时，因对运输路线的桥涵、道路及其他设施进行必要的加固或改造所发生的费用，称为排障费。排障费由托运人负担。

5. 车辆处置费

应托运人要求，运输特种货物、非标准箱等需要对车辆改装、拆卸和清理所发生的工料费用，称为车辆处置费。车辆处置费由托运人负担。

6. 检验费

在运输过程中国家有关检疫部门对车辆的检验费以及因检验造成的车辆停运损失，由托运人负担。

7. 装卸费

由托运人负担。

8. 通行费

货物运输需支付的过渡、过路、过桥、过隧道等通行费由托运人负担，承运人代收代付。

9. 保管费

货物运达后，明确由收货人自取的，从承运人向收货人发出提货通知书的次日（以邮戳或电话记录为准）起计，第4天开始核收货物保管费；应托运人的要求或托运人的责任造成的需要保管的货物，计收货物保管费。货物保管费由托运人负担。

10. 道路阻塞停车费

汽车货物运输过程中，如发生自然灾害等不可抗力造成的道路阻滞，无法完成全程运输，需要就近卸存、接运时，卸存、接运费用由托运人负担。

11. 运输变更手续费

托运人要求取消或变更货物托运手续，应收变更手续费。

五、公路货物运费的结算

结算公路货物运费时，应遵守如下规定：

（1）货物运费在货物托运、起运时一次结清，也可按合同采用预付费用的方式，随运随结或运后结清。托运人或者收货人不支付运费、保管费以及其他运输费用的，承运人对相应的运输货物享有留置权，但当事人另有约定的除外。

（2）运费尾数以元为单位，不足1元时四舍五入。

（3）货物在运输过程中因不可抗力灭失，未收取运费的，承运人不得要求托运人支付运费；已收取运费的，托运人可以要求返还。

请根据给定资料为德邦物流的公路货运制定合理的定价组合策略。

任务目标 ◆▶

通过任务分析，使学生掌握如何对物流服务产品定价，以求获得期望的市场目标。

相关知识 ◆▶

定价方法是依据成本、需求和竞争等因素决定产品或劳务基础价格的方法。基础价格是单位产品在生产地点或者经销地点的价格，尚为计入折扣、折让、运费等对商品或劳务的影响。但在视察经济条件下，随着企业的增多，竞争的加剧，现实中的产品或劳务视察往往是处于动态变化之中的，为了适应市场的变化，在物流市场营销实践中，企业还需考虑或利用灵活多变的定价策略或技巧，修正或调整商品或劳务的基础价格。

一、折扣定价法

在大多数的物流服务市场上都可以采用折扣定价法，企业营销通过折扣方式可以达到两个目的：折扣是对服务承揽支付的报酬，以此来促进物流服务的生产和消费的产生；折扣也是一种促销手段，可以鼓励提早付款、大量购买或高峰期以外的消费。

日本东京银座"美佳"西服店为了销售商品采用了一种折扣销售方法，颇获成功。具体方法是这样：先发一公告，介绍某商品品质性能等一般情况，再宣布打折扣的销售天数及具体日期，最后说明打折方法：第一天打九折，第二天打八折，第三、四天打七折，第五、六天打六折，以此类推，到第十五、十六天打一折，这个销售方法的实践结果是，第一、二天顾客不多，来者多半是来探听虚实和看热闹的。第三、四天人渐渐多起来，第五、六天打六折时，顾客像洪水般地拥向柜台争购。以后连日爆满，没到一折售货日期，商品早已售缺。这是一则成功的折扣定价策略。妙在准确地抓住顾客购买心理，有效地运用折扣售货方法销售。人们当然希望买质量好又便宜的货，最好能买到二折、一折价格出售的货，但是有谁能保证到你想买时还有货呢？于是出现了头几天顾客犹豫，中间几天抢购，最后几天买不着者惋惜的情景。

（一）现金折扣

现金折扣是对按约定日期或提前以现金付款的客户，根据其所购买产品原价给予一定的优惠。例如典型付款期限折扣按下式表达："2/10，净30"。表示付款期限为30天，如客户在10天内付款，给予2%的折扣。超过10天付款，不给折扣。超过30天付款，通常要加收较高的利息。

（二）数量折扣

数量折扣是根据每次或某一时间段内的客户需要服务业务的数量或金额的大小，分别给予买家不同的价格待遇的定价技巧。通常它是以交易活动中最小数量的价格作为基础价格，凡超过数量起点的交易，卖方给予买方一定的价格折扣，数量越大，折扣越大，成交价格也越低。

数量折扣可分为累计折扣和非累计折扣。累计折扣就是规定在一定时间内购买总数达到一定数额时，按总量给予一定的折扣。采用这种技巧的目的在于鼓励顾客集中向一个企业多次进货，从而使其成为企业长期或固定客户。

非累计数量折扣规定顾客一次购买达到一定数量或购买多种产品达到一定金额的为一批量，并据此给予一定价格折扣。采用这种技巧能刺激客户大量购买，增加盈利，同时减少交易次数与时间，节约人力、物力等开支。

（三）季节折扣

季节折扣是指企业在淡季给予客户一定的价格折扣，以刺激客户需要。例如客户对冷冻车的需求在冬天和夏天不一样，冬天可以给客户一定的折扣。

二、心理定价技巧

心理定价技巧主要是通过分析和研究客户的消费心理，利用客户不同心理需求和对不同价格的感受，有意识地运用到产品或服务定价中去，以促进产品的销售。

（一）声望定价

企业利用客户仰慕企业的良好声望所产生的某种心理制定商品价格，故意制定较高的价格。一般来说，高端服务的定价适宜采用此法，因为客户有崇尚名牌的心理，往往以价格判断质量，认为高价格代表高质量。

微软公司的 Windows 98（中文版）进入中国市场时，一开始就定价 1998 元人民币，便是一种典型的声望定价。另外，用于正式场合的西装、礼服、领带等商品，且服务对象为企业总裁、著名律师、外交官等职业的消费者，则都应该采用声望定价，否则，这些消费者就不会去购买。

如金利来领带，一上市就以优质、高价定位，对有质量问题的金利来领带他们绝不上市销售，更不会降价处理。给消费者这样的信息，即金利来领带绝不会有质量问题，低价销售的金利来绝非真正的金利来产品。从而极好地维护了金利来的形象和地位。

德国的奔驰轿车，售价二十万马克；瑞士莱克司手表，价格为五位数；巴黎里约时装中心的服装，一般售价两千法郎；我国的一些国产精品也多采用这种定价方式。当然，采用这种定价法必须慎重，一般商店、一般商品若滥用此法，弄不好便会失去市场。

（二）招徕定价法

企业利用客户的求廉心理，将某些服务价格定得较低（低于正常价格，甚至低于成本）以吸引消费者。例如：大客户往往是物流公司争相合作的对象，所以提供给大客户的服务价格偏低，甚至不盈利。

日本"创意药房"在将一瓶 200 元的补药以 80 元超低价出售时，每天都有大批人潮涌进店中抢购补药，按说如此下去肯定赔本，但财务账目显示出盈余逐月骤增，其原因就在于没有人来店里只买一种药。人们看到补药便宜，就会联想到"其他药也一定便宜"，促成了盲目的购买行动。

三、差别定价技巧

差别定价就是根据交易对象、交易时间和地点等方面的不同，制定出两种或多种不同价格以适应消费者的不同需求，从而扩大销售，增加收益。

（一）差别定价的主要形式

1. 按不同的客户差别定价

即企业按照不同的价格把同一种商品或服务卖给不同的顾客。如物流企业可针对客户是新客户还是老客户，是长期固定客户还是一次性客户，在运输、仓储、包装、配送、装卸搬运，流通加工等的劳务服务收费给予不同的价格。

2. 按产品部位差别定价

即企业对于处在不同位置的产品或服务分别制定不同的价格，即使这些产品或服务的成本费用没有差别。例如物流企业可根据不同商品在保管时环境条件导致的位置的差别收取有区别的收费，以使位置等条件较差的仓库也能有货物存放并取得仓储费用收入。

3. 客户所在地区差别定价法

而所谓地区定价技巧，就是企业要决定：对于提供给不同地区（包括当地和外地不同地区）客户的某处产品，分别制定不同的价格。一般地说，一个企业的产品，不仅卖给当地客户，而且可能同时卖给外地甚至外国客户。对于物流企业而言，产品卖给外地客户，会产生额外的费用，其费用主要有以下几项：

（1）运输费用。如营运工具的燃料费、轮胎费、折旧费、租赁费、运输工具牌照检查费、工具清理费、养路费、过路费、保险费、公路运输管理费等。

（2）装卸搬运合理损耗费用。如装卸搬运中发生的货物破损、散失、损耗、混合等损失。

（3）仓储持有成本。如仓储设备折旧、维修费用、仓库职工工资、仓储商品的毁损、变质损失、挑选整理费等。

（4）其他费用。如差旅费、事故损失、相关税金等。

（二）差别定价的适用条件

企业采取差别定价必须具备以下条件：

（1）市场必须是可以细分的，而且各个市场部分须表现出不同的需求程度。例如物流市场可细分为运输市场、装卸搬运市场、包装市场、配送市场、流通加工市场、客户服务市场等，而且这些市场还可以细分，如运输市场又可分为汽车、火车、轮船、飞机运输市场等。不同的物流企业可根据自身的实力及特点等，选择一个或多个细分市场作为目标市场开展业务。

（2）以较低价格购买某种产品的客户没有可能以较高价格把这种产品倒卖给别人。

（3）竞争者没有可能在企业以较高价格销售产品的市场上以低价竞销。

（4）细分市场和控制市场的成本费用不得超过因实行价格歧视而得到的额外收入，这就是说，不能得不偿失。

（5）价格歧视不会引起客户反感而放弃使用企业服务，影响销售。如在物流企业中，不能因采取顾客差异定价后导致新老客户收费不同而使从新客户处获得的额外收入反小于由此而导致 的老客户流失所给企业带来的损失。

（6）采取的价格歧视形式不能违法。

四、新产品定价技巧

新产品定价的合理与否，关系到新产品能否打开销路占领市场。

对于物流企业来说，因其提供的产品主要是各种劳务服务，随着市场的日趋成熟和完善，是否能有产品创新以及创新产品质量的高低对物流企业的市场竞争力强弱有重要影响。对于创新产品的定价可采用撇脂定价（高价定价即将新产品或服务的价格定得较高，尽可能在产品市场生命初期赚取最大利润）、渗透定价（低价定价即将产品或服务定价低于预期价格以迅速打开市场销路）和温和定价技巧（满意定价即介于低于撇脂定价和渗透定价之间的君子定价）。具体采用哪一种，需根据创新产品的特点来决定。对一次性或临时性新产品，为较快收回成本，可采用撇脂定价技巧；而对于一些需长期生产的市场前景良好的产品则可考虑采用渗透定价或温和定价，以尽快占领市场，从而获得较长期的利润。

（一）取脂定价策略

也称市场撇脂定价法，当新产品投放市场时，规定一个远高于成本的价格，旨在迅速收回投资并取得丰厚盈利，是新产品定价策略之一。

取脂定价策略的长处是可在短期内收回投资并取得丰厚盈利；在上市初期创造出一个高贵的形象，吸引消费者的注意。因此它是一种以短期盈利为目标的定价策略。其名称来自从鲜奶中撇取乳脂，含有提取精华之意。

市场撇脂定价法许多发明新产品的企业最初设定高价，从市场中一层一层地撇取收益。英特尔公司是市场撇脂定价法的最初使用者。当英特尔公司开发出一种电脑芯片时，如果该芯片明显优于竞争芯片，那么英特尔就会设定它能够设定的最高价格。当销售量下降时，或者当受到竞争对手开发出类似芯片的威胁时，英特尔就会降低芯片价格，以便吸引对价格敏感的新顾客层。

市场撇脂定价法只在一定条件下才具有合理性。第一，产品的质量和形象必须能够支持产品的高价格，并且有足够的购买者想要这个价格的产品。第二，生产较小数量产品的成本不能够高到抵消设定高价格所取得的好处。最后，竞争对手不能够轻易进入该产品市场和压下高价。

1945 年年底，二战刚刚结束，战后第一个圣诞节来临之际。美国的消费者都热切希望买到一种新颖别致的商品，作为战后第一个圣诞节的礼物送给亲朋。于是雷诺公司看准这个时机，从阿根廷引进了美国人从未见过的圆珠笔并很快形成了规模生产。

当时每支圆珠笔的生产成本只有0.5美元，那么，市场的零售价该定多少呢？如果按照通常的成本导向定价法，定1美元就能赚一倍，1.5美元就是200%的利润。似乎应该满足了。但公司的专家们通过对市场的充分研究后认为：圆珠笔在美国属于首次出现，奇货可居，又值圣诞节，应用高价格引导，刺激消费。于是，公司决定以10美元批给零售商，零售商则以每支20美元卖给消费者。

事情果然如预测的那样，圆珠笔尽管以生产成本40倍的高价上市，立刻以其新颖、奇特、高贵的魅力风靡全美国。虽然后来跟风者蜂拥而至，生产成本降到了0.1美元，市场价也跌到了0.7美元，但雷诺公司早已狠狠地赚了一大笔。

雷诺公司之所以成功，关键的因素是高价格引起的轰动效应。这种用于新产品上市的定价方法，被形象地称为"撇脂法"（Market - skimming Pricing）——把一杯牛奶的最上边的一层奶脂一下子撇走。此法的特点：一是可以实现短期利润最大化；二是高价格可以提高产品身价，激起消费者购买欲；三是高价可以控制市场的成长速度，使当时的生产能力足以应付需求，减缓供求矛盾；四是为价格的下调留出空间。

（二）渗透定价策略

它与撇脂定价策略相反。在新产品上市初期把价定得低些，待产品渗入市场，销路打开后，再提高价格。渗透定价策略，与撇脂定价策略一起都属于心理定价策略。

渗透定价策略设定最初低价，以便迅速和深入地进入市场，从而快速吸引来大量的购买者，赢得较大的市场份额。较高的销售额能够降低成本，从而使企业能够进一步减价。例如，戴尔和盖特惠公司采用市场渗透定价法，通过低成本的邮购渠道销售高质量的电脑产品。它们的销售量直线上升，而此时通过零售店销售的IBM、康柏、苹果和其他竞争对手根本无法和它们的价格相比。沃马特、家庭仓库和其他折扣零售商也采用了市场渗透定价法。它们以低价格来换取高销售量。高销售量导致更低的成本，而这又反过来使折扣商能够保持低价。

（三）温和定价策略

满意定价策略是一种介于撇脂定价策略和渗透定价策略之间的价格策略。其所定的价格比撇脂价格低，而比渗透价格要高，是一种中间价格。这种定价策略由于能使生产者和顾客都比较满意而得名。有时它又被称为"君子价格"或"温和价格"。

采用这一策略的具体定价方法，一般是采用反向定价法，通过调查或征询分销渠道的意见，以拟定出顾客易于接受的价格。

五、产品组合定价技巧

如果某个产品（服务）只是某一产品（服务）组合的一部分时，企业必须制定一系列的价格，从而使产品组合取得最大的利润。例如，综合物流企业可将物流方案设计、产品运输、装卸搬运、包装、配送、流通加工、仓储中的全部或若干项捆绑成一组产品销售，且其定价比该组产品中的单项产品价格之和有较大让利，则此时可能就会吸引消费者购买该组产品，以便使企业获得更多的利润。由于物流业务涉及较多，物流企业可根据自身特点向客户提供多项服务产品，由顾客自由组合成一组产品系列，再在此基础上用产品系列定价法定出该组产品的价格。

航空公司的差别定价

一、运输价格

价格是同时引导消费者和供给者的最有效信号，这一原理在运输市场也是完全适用的。一旦运输基础设施建设起来，随后的问题就是如何鼓励有效地使用它和如何对使用者收费，这些必须通过经济有效原则去实现。要实现经济的有效性，必须在满足某项设施的收费等于使用者短期边际成本的同时，对其的总支付意愿也要大于或等于所用资源的机会成本这两项条件。其中第一个条件是决定由对使用效用评价足够大的那些用户获得使用的优先权；第二个条件是决定从社会总的角度看，哪些设施应该予以建设或保留，哪些则应该放弃。以机会成本为基础的价格会使载运工具拥有者在决定维修费用和机队或车队的规模时做出正确的权衡。在竞争性的航运市场上，市场力量会自动地使主要运输方向的运费水平高于返程方向。征收道路拥挤费用可以鼓励多人共用车辆，也鼓励公共交通工具的发展。目前道路收费的一般目的是抵偿道路的建设与维护费用，而拥挤收费却是要消除引起低效率的拥挤状况，这两者之间的确存在着矛盾，现行的公路财务体制也与实行拥挤收费的原则有很大差距。很多运输设施投资的财务评价指标并不好，但却具有很好的社会经济效益，这就使得运输设施的建设不会仅仅遵循经济上有效的原则。为了能够利用资本市场筹集资金，人们仍然需要研究固定设施成本如何在不同运输使用者之间进行合理分摊，本章分别介绍了"均摊法"、"高峰定价法"、"互不补贴定价法"、"两部收费法"和"拉姆齐定价法"等。"互不补贴定价法"是要做到使每一个使用者群体都最少能够支付由他们所引起的运输系统的增量成本；而"拉姆奇定价法"则是利用不同使用者群体的需求价格弹性差别作为分摊固定成本的基础，其中需求弹性最小的使用者群体承担的比重相对最大。各种方法各有自己的适用范围及局限性。

二、航空公司的票价差别

寻找最低的飞机票可能是一件令人眼花缭乱的事，因为任何一天都可以找到上万种不同的票价。一架150座在美国两个城市之间飞行的飞机上，其中一个座位有30种不同的票价也不奇怪。有时候这些票价差别至少部分反映服务质量上的差别，例如头等舱乘客有更多的伸腿空间和更加丰盛的餐食，但另一些时候，同样的旅行经历却付出了不同的价格。1992年夏天，从芝加哥到旧金山正常的二等舱往返票价为800美元，但航空公司的促销票价有的只卖200美元，而在飞机上服务水平和所用设施是完全相同的。

许多年来，航空公司用所谓的收入管理来增加利润，做法包括差别定价和市场促销。其中差别定价就是根据不同乘客的不同需求价格弹性来定价。一般来说，公务舱乘客的价格弹性较小，因为他们必须满足客户和市场机会对确定时间和地点的要求，通常这种旅行一接到通知马上就要动身。航空公司利用这种情况向这类乘客要高价，而且不要求他们必须提前购票。相比之下，假期旅行者可以在许多目的地之间进行选择（包括不坐飞机旅行），并在很久之前就预先做好计划。由于这些可由旅行者自行做主的旅行需求对价格变化很敏感，因此航空公司就对某些机票定优惠出低价，以吸引乘客提前7~30天购买。

收入管理还包括确定有多少低价机票可以出售。虽然航空公司有必要留出一些座位按促销价出售，但在确定每个航班上到底应分配多少，仍有很大决策余地。经常客满的航班就没必要再出售很多低价票，而对那些客座率经常较低的航班，则应该多一些低价票以吸引更多乘客。确定最有利的票价组合是航空公司的一项复杂而又经常性的工作，计算机系统可以用来不断根据最新的资料评判和改变票价的最优组合。一位乘客在星期二打电话给旅行社，被告知某个航班没有优惠低价票，但另一位乘客却有可能在星期三同样通过电话买到了同一航班的优惠票。

优惠低价票往往有许多限制，例如要求提前付款出票并且不能退票等，而正常机票就没有这些限制。因此，有些人认为这些代表了不同的服务水平，正常机票的较高票价体现这种票能给乘客提供更多方便。

三、拉姆齐定价法

假定有一家企业向市场供应两种产品 X 和 Y，假定这两种产品的边际成本都是常数，为10美元，还假定企业每期的共同成本为99美元，而且这一成本也必须得到补偿。产品 X 的需求价格弹性为 -1.0，Y 为 -0.1。如果价格等于边际成本，每种产品每期的销售量为 10 件，但这时该企业每期就会亏损 99 美元。问题是 X 和 Y 应如何定价才能使企业既能补偿它的边际和共同成本，同时又能使对资源配置的消极影响最小？

这里的关键是，如何提高价格以补偿 99 美元的共同成本，同时与边际成本定价法相比，又使消费模式的变化最小。拉姆奇原理认为，产品 Y 因其需求价格弹性较小，因此价格相对于边际成本来说，应该比产品 X 定得更高。最简单的拉姆奇定价法就使用"与弹性成反比"规则，它规定价格偏离边际成本的程度应当与其需求弹性成反比。在这个例子中，由于 Y 的弹性值是 X 的 1/10，因此 Y 的价格偏离边际成本的程度应当是 X 的 10 倍。

根据与弹性成反比的规则，产品 Y 的价格应定为 20 美元，X 则为 11 美元。需要注意，在这里 Y 的价格提高 100%，但销售量只减少 10%（因为需求弹性为 -0.1），即仍可出售 9 件；X 的价格提高 10%，其销售量也只减少 10%（因为需求弹性为 -1.0），也仍可出售 9 件。现在每销售一件 Y 能为共同成本提供贡献 10 美元，总共提供 90 美元；每销售一件 X 能为共同成本提供贡献 1 美元，总共提供 9 美元。加在一起，这一定价方法使 99 美元的共同成本全部得到了补偿，而且这一目标是在对消费者需求模式影响最小的情况下实现的。与边际成本定价法相比，这两种产品需求量的减少都只有一件。

思考：

1. 运输定价有什么样的重要作用？
2. 航空公司采用的定价策略有哪些？
3. 拉姆齐定价法和其他定价方法有什么重要区别？

项目实训 ➡

一、实训目标

（1）训练学生分析产品价格的组成；

（2）训练学生制定合适的价格方案。

二、实训内容

某公司开发了一种饲料添加剂产品并拥有专利，定价 78 元每单位。利润高达 200%。产品上市不久，竞争对手就推出了另外命名的竞争性产品，价格却低到了 50 元每单位。该公司希望通过该产品树立企业科技创新的形象，但却面临降价的压力，请策划一个价格应对方案。

三、实训组织

（1）将班级分成若干组，每组 4~6 人，由各小组组长进行成员分工，通过网络或书刊查阅相关资料。

（2）要求小组成员均参与其中，分工明确，各负其责，各人要有完整的工作记录。

（3）各小组将收集的资料制作成课件，按时交给指导教师审核。

K物流公司在某大城市对超市进行市内配送时，由于受到车辆进城作业的限制，转而寻求当地的搬家公司（M公司）提供配送车辆支持。但是M公司开出的配送价格是半天（6小时）或200公里以内为200元/车，大大超过了K物流公司可接受的120元/车的底线。

K公司经过仔细调查分析后发现，M搬家公司90%的搬家作业均在上午进行并在中午左右结束，这就意味着M搬家公司大部分的车辆和人员在下午基本上处于空闲状态，其上午搬家作业的收益已经足够支持其成本的支出和期望得到的利润。而K公司的市内配送业务却基本在下午2：00以后进行，K公司支付给M搬家公司的费用除去少量的燃油费作为额外成本外，其余的都应该是M搬家公司得到的额外利润。如果按每天下午一辆车行驶200公里计算，燃油费不应高于50元。从这个角度上看，K物流公司的市内配送业务带给M搬家公司不仅是新增加的业务和实在的收益，而对其资源的合理应用也是非常合理的。

最后的结果是，经过K物流公司与M搬家公司在价格和服务方面的仔细测算，双方达成了在80~90元/车价格成交的共识。

请为该企业设计定价过程。

项目六　制定物流服务的分销策略

1. 了解分销策略的基本模式和分销渠道变化的趋势；
2. 熟悉分销渠道设计决策的内容；
3. 掌握物流企业分销渠道策略。

技能目标

1. 能够辨识基本的分销渠道模式；
2. 能够对给定的物流产品设计分销渠道；
3. 能够对物流企业设计简单的分销策略。

任务一　设计物流服务分销渠道的基本模式

任务描述

零环节物流

三联物流描摹的是这样一幅图画：王先生想买冰箱，于是他来到居所附近的一家三联家电连锁店，这个以陈列各类家电产品为主要功能的连锁店更像现在的汽车展示厅，在销售人员的帮助下王先生大致了解了各种品牌冰箱的性价比，打算购买 A 厂家生产的冰箱 b。王先生下的订单通过这家连锁店的信息采集系统迅速传送到三联家电总部的 ERP 系统中，并通过系统接口自动传达到厂家的信息系统。冰箱 b 生产完成后，由专业物流配送人员根据订单上留下的地址送到王先生家。这是个基于异常通畅"信息流"的过程，这个过程物流所涉及的环节减到了最少，三联称此为"零环节物流"。

与之相比，传统的物流过程是复杂的，产品从下线到工厂的仓库、大区的中转仓库、各地分公司的仓库，甚至在供应商内部还要经过几个物流环节，然后，到分销零售的配送中心。再到门店的仓库，可能还要再经过安装服务机构，才能到消费者家中。就是说，一件产品从下线到最终售出的过程中，至少停留5~6个仓库，经历10次以上的装卸，而每次装卸的费用都超过1元。"零环节"意味着高效率和低成本，三联物流中心总经理高金玲说，在成本方面，三联物流的费用率可以达到0.5%。而国内百货业的费用率通常为3%到40%不等，上海华联的物流在全国目前是最好的，其物流费率也只达到1%。

请分析三联物流流程改造前后的分销模式。

任务目标 ✦➡

通过任务分析，使学生了解分销渠道的职能及如何选择。

相关知识 ✦➡

一、物流服务分销渠道认知

（一）分销渠道认知

分销渠道：是指某种产品和服务从生产者向消费者转移过程中，取得这种商品和服务的所有权或帮助所有权转移的所有企业和个人。分销渠道的始点是生产者（或制造商），终点是消费者（或用户），中间环节包括商人、中间商（因为他们取得所有权）和代理中间商（因为他们帮助转移所有权）。前者又包括批发商和零售商，后者又包括代理商和经纪商。

物流企业营销的产品是无形的服务，其内涵与有形产品的分销渠道有所不同。物流企业分销渠道是指物流服务从供应商向客户转移所经过的通道。

（二）分销渠道的特点

（1）分销渠道反映某一特定商品价值实现的过程和商品实体的转移过程。分销渠道一端连接生产，另一端连接消费，是从生产领域到消费领域的完整的商品流通过程。在这个过程中，主要包含两种运动：一是商品价值形式的运动（商品所有权的转移，即商流），二是商品实体的运动（即物流）。

（2）分销渠道的主体是参与商品流通过程的商人、中间商和代理中间商。

（3）商品从生产者流向消费者的过程中，商品所有权至少转移一次。大多数情况下，生产者必须经过一系列中介机构转卖或代理转卖产品。所有权转移的次数越多，商品的分销渠道就会越长。

（三）分销渠道的基本职能

（1）调研。调研是指收集制订计划和进行交换所必需的信息。

（2）促销。促销是指进行关于所供产品的说服性沟通。

（3）接洽。接洽是指寻找潜在购买者并与其进行有效的沟通。

（4）配合。配合是指使所供产品符合购买者需要，包括制造、分等、装配、包装等活动。

（5）谈判。谈判是指为了转移所供货物的所有权，而就其价格及有关条件达成最后协议。

（6）物流。物流是指从事产品的运输、储存、配送。

（7）融资。融资是指为补偿分销成本而取得并支付相关资金。

（8）风险承担。风险承担是指承担与渠道工作有关的全部风险。

二、物流服务分销渠道的类型

（一）分销渠道的层次

根据中间机构层次的数目来确定渠道的长度。

在产品从生产者转移到消费者的过程中，任何一个对产品拥有所有权或负有销售责任的机构，都叫一个渠道层次。

零阶渠道通常叫做直接分销渠道，是指物流企业直接将服务产品销售给客户，无须中间商参与。采用直接分销渠道有许多优越性：

（1）物流企业可以对销售和促销服务过程进行有效的控制。

（2）可以减少佣金折扣，便于企业控制服务价格。

（3）可以直接了解客户需求及其变化趋势。

（4）便于企业开展提供个性化的服务。

由于具备以上的优点，直接分销渠道是目前绝大多数物流企业首选的渠道模式。物流企业通过推销人员、广告、电话及互联网等扩展业务。由于互联网的迅速发展，物流企业纷纷利用这一先进的媒介推广服务。例如，美国的联邦快递公司（FedEx）在1995年开通网站，可以使客户实时提交业务、跟踪运输公司、得知抵达时间等。

一阶渠道含有一个销售中介机构；二阶渠道含有两个销售中介机构；三阶渠道含

有三个销售中介机构，统称为间接渠道。间接分销渠道是物流企业通过一些中间商来向客户销售物流服务的渠道模式。

物流业的特点决定了物流业无批发商与零售商，物流中间商即为代理商。代理商是直接接受物流企业或客户的委托从事物流服务购销代理业务的中间商。代理商只在物流企业与客户之间起媒介作用，通过提供服务来促成交易并从中赚取佣金。尽管代理商的作用是有限的，但是对于物流企业而言，采用代理商仍然有以下优点：

（1）比直接销售投资更少，风险更小。

（2）代理商可以适应某一些地区或某一些细分市场的客户特殊要求。

（3）有利于物流企业扩大市场覆盖面。

（4）可以延伸信息触角，拓宽信息来源。

（二）分销渠道的宽度

分销渠道的宽度是指渠道的每个层次使用同种类型的中间商数目的多少。

（1）密集分销：通过尽可能多的负责任的适当的批发商、零售商推销其产品。消费品中的便利品和产业用品中的供应品，常采取密集分销。

（2）选择分销：在某一地区仅仅通过少数几个精心挑选的、最合适的中间商来推销其产品。选择分销适用于所有产品，但相对而言，消费品中的选购品和特殊品最宜采取选择分销。

（3）独家分销：在某一地区仅选择一家中间商推销其产品，双方签订独家经销合同。

三、物流企业分销渠道系统

物流企业分销渠道系统是渠道成员之间形成的相互联系的统一体系，这一体系的形成是物流运作一体化的产物。目前，物流企业的分销渠道系统大体有以下几种结构。

（一）垂直营销系统

垂直营销系统是指由物流企业及其代理商所组成的一种统一的联合体。这一联合体由有实力的物流企业统一支配、集中管理，有利于控制渠道各方的行动，消除渠道成员为追求利益而造成的冲突，进而提高成员各方的效益。垂直营销系统主要有公司式、合同式和管理式。

1. 公司式垂直营销系统

公司式垂直营销系统是在一家物流企业拥有属于自己的渠道成员，并进行统一管理和控制的营销渠道系统。在这个系统中，通过正规的组织进行渠道成员间的合作与冲突控制。中国储运总公司在推行现代企业制度过程中，建立了以资产为纽带的母子公司体制，理顺了产权关系，其所属 64 个仓库在全国各大经济圈中心和港口，形成了覆盖全国、紧密相连的庞大网络，成为其跻身物流服务市场的强大基础。由于同属一个资本系统，公司式的营销系统中各渠道成员的结合最为紧密，物流企业对分销的控制程度也最高。

2. 合同式垂直营销系统

合同式垂直营销系统是指为了取得单独经营时所不能得到的经济利益或销售效果，物流企业与其渠道成员之间以合同形式形成的营销系统。这一系统的紧密程度要逊于公司式。

3. 管理式垂直营销系统

管理式垂直营销系统是指不通过共同所有权或合同而是以渠道中规模大、实力强大的物流企业来统一协调物流服务销售过程中渠道成员各方利益的营销系统。

（二）横向营销系统

横向营销系统是通过本行业中各物流企业之间物流运作管理的合作，开拓新的营销机会，以提高物流效率，获得整体上规模效益。例如，上海集装箱船务有限公司是由中远集团共同组成的，它的成立使长江中下游干线与上海始发的国际干线相连，为中远集团加强其在国际航运市场上的竞争力起到较大的作用。

（三）网络化营销系统

网络化物流营销系统是指垂直营销系统与横向营销系统的综合体。当某一企业物流系统的某个环节同时又是其他物流系统的组成部分时，以物流为联系的企业关系就会形成一个网络关系，即为物流网络。这是一个开放的系统，企业可自由加入或退出，尤其在业务最忙的季节最有可能利用到这个系统。物流网络能发挥规模经济作用的条件就是物流运作的标准化、模块化。

四、分销渠道设计决策

（一）确定渠道模式

确定渠道模式实际上就是确定渠道长度问题。物流企业选择分销渠道，不仅要求保证物品及时送到目的地，而且要求选择的分销渠道效率高，营销费用少，能取得最佳的经济效益。因此，企业在选择分销系统之前，必须综合分析本企业的战略目标、营销组合策略以及其他影响分销渠道选择的因素，确定渠道模式。渠道模式的选择主要是指物流企业需不需要中间商（涉及短渠道还是长渠道）参与，如果需要，如何来选择和确定。如果不需要，就直接面对顾客进行营销活动。

（二）确定中间商数目

确定中间商数目实际上就是确定渠道宽度问题。分销渠道宽度实际是指分销渠道中每一层次使用同类型中间商数目的多少。中间商是指介于物流企业与货主之间，专门从事物流服务产品流通活动的经济组织或个人，或者说，中间商是物流企业向顾客出售物流产品时的中介机构。物流企业的中间商多为代理商，代理商专门为物流企业组织货源，或为供需双方提供中介机构。中间商具有组织货源、传递物流信息、提供咨询及参与物流服务等多项功能。

物流企业决定采用中间商来共同完成物流服务活动，就涉及了分销渠道选择的具体策略问题，即决定渠道的宽度。例如，某物流公司打算在某国选择中间商作为公司在该国的代理商，那么究竟应指定几家中间商？多一些好还是少一些好？这种决策就是渠道宽度决策。物流企业在制订渠道宽度决策时面临着几种选择：密集性分销策略、选择性分销策略和独家分销策略。

1. 密集性分销策略

密集性分销又称为广泛分销，是指企业同时选择众多的中间商来推销自己的产品。这种分销方式能使企业产品达到最大限度的展露度，使顾客能够最广泛地感知和购买到本企业的产品。这种方式适应于日用消费品、冲动型消费品以及工业品中的标准化、系列化、通用化程度高的产品分销。由于这种分销方式对中间商几乎不加选择，可能会使用一些效率不高的中间商，产品的分销成本将可能上升，再加上由于中间商数目太多，生产商往往难以有效控制。

2. 选择性分销策略

选择性分销是指物流企业有选择性地精选几家中间商来分销本企业的产品。这种分销方式比独家分销面宽，又比广泛分销面窄，企业通过对中间商的精选，去掉那些效率不高的中间商，易于节省成本和费用，又较容易控制和经常保持联系，能更好地督促中间商完成企业所赋予的营销职能，效果好。生产商往往先采取广泛分销，以促使新产品迅速上市，而后改用选择性分销，淘汰一部分经营管理差或不守信用的中间商。鉴于物流企业的特点，选择性分销的策略较多地被采用。

3. 独家分销策略

独家分销策略也称为集中性分销策略，是一种窄渠道分销策略。主要是指物流企业在一定时期内在某一地区只选择一家中间商销售其产品。这种分销策略往往要求企业在同一地区不能再授权其他中间商，同时，也要求被授权的中间商不能再经营其他企业的同类竞争品。采取独家分销，对企业来说，可以提高对渠道的控制能力，刺激中间商为本企业服务。但这种分销方式对生产商风险较大，鉴于物流企业的特点，一般不宜采用独家分销策略。

（三）分析影响渠道选择的因素

物流企业分销渠道的选择受多种因素的影响和制约，具体如下：

1. 物流企业自身因素

物流企业自身因素是进行分销渠道决策的内部制约因素。

（1）物流企业的经营实力。经营实力包括企业的规模和财力状况。如果企业的规模较大并且财力雄厚，其选择分销渠道的余地较大，可依据具体情况进行选择。相反，实力较弱的企业则比较适合选择间接渠道，依靠代理商的力量开拓市场。

（2）物流企业品牌的知名度。品牌知名度高的物流企业分销渠道可有多种选择，既可以利用品牌直接吸引客户，也可以利用品牌优势发展与代理商的合作；而不具备较高品牌知名度的企业则需要经验丰富的代理商来帮助其打开市场，采用间接渠道。

（3）物流的营销能力。物流企业的销售机构拥有经验丰富的销售人员，销售能力较强，就可以依靠自己的销售能力，采用直接渠道；反之，则采用间接渠道。

（4）物流企业控制渠道的愿望。如果物流企业希望有效地控制分销渠道就应建立直接渠道。但是，这样会使企业花费更多的人力、物力、财力来建立自己的销售网络；而无力控制渠道的企业则可以采用间接渠道。

2. 市场因素

（1）目标市场的分布。目标市场的分布指目标市场规模的大小及潜在客户地理分布状况。如果目标市场规模大且客户分布集中则适宜采用直接渠道。相反，则采用间接渠道。

（2）目标客户的购买习惯。目标客户的购买习惯直接影响物流企业分销渠道选择。如果客户需要的是方便、快捷的服务，则物流企业需要与代理商合作，广泛地设置自己的服务网点。

（3）销售季节。某些物流服务会随着产品生产和消费的季节性而存在淡季和旺季的差别，在销售旺季时，物流企业可以采用间接渠道，而在销售淡季则比较适宜采用直接渠道。

（4）竞争状况。物流企业在物流服务市场竞争激烈的情况下，应采取与竞争对手不同的渠道模式，或即使采取相同的渠道模式也要创造出服务的差异化，以便在留住老客户的同时吸引新客户。

影响物流企业渠道选择的因素除了企业及市场两个主要因素外，还可以有物流服务的种类及社会的政治、经济、科技等多方面因素，物流企业应综合分析本企业面临的实际情况来选择渠道模式，在竞争激烈的物流服务市场中占据一席之地。

五、物流企业分销渠道设置的评价标准

假设物流企业已经制定了集中渠道方案，就要确定哪一个最能满足企业的长期发展目标。每一个渠道方案都要以经济性、可控性和适应性三个标准进行评价。

（一）经济性标准

经济性标准即比较每一条渠道可能达到的销售额水平及费用水平。在物流企业分销渠道设置的评价标准中，经济性标准最为重要。因为企业是追求利润而不是仅仅追求对企业分销渠道的控制性。经济分析可以用许多企业经常遇到的一个决策问题来说明，即企业应使用自己的推销力量还是应使用代理商。这两种方案可导致不同的销售收入和销售成本。判别一个方案好坏的标准，不应是其能否导致较高的销售额和较低的成本费用，而是能否取得最大利润。

（二）可控性标准

可控性标准即物流企业与中间商之间的配合度。一般认为，利用代理商会增加渠道的长度，物流企业对渠道的控制程度相应下降，因此，对这方面需要进行慎重的利弊比较和综合分析，由于代理商是一个独立的企业，它所关心的是自己如何取得最大利润，又由于代理商不能完全有效地掌握物流企业服务产品的全部细节，这都给物流企业控制渠道带来难度。而且，不同代理商的可控制程度也有所不同，这些都有待于物流企业根据具体情况作出决策。

（三）适应性标准

渠道适应性标准主要是指在每种渠道承担义务与经营灵活性之间的关系，包括承担义务的程度和期限。物流企业对渠道的选择必须兼顾短期和长期的阶段性策略，不但要考虑近期的最佳分销渠道的选择，也要考虑长期分销渠道的适应性和灵活性。每个分销渠道方案都会因某些固定期间的承诺而失去弹性。当某一物流企业决定利用销售代理商推销产品时，可能要签订 5 年的合同。这段时间内，即使采用其他销售方式会更有效，物流企业也不得任意取消销售代理商。所以，一个涉及长期承诺的分销渠道方案，只有在经济性和可控性方面都很优越的条件下，才可以给予考虑。

一、训练内容

（1）对中远物流的服务市场进行细分。

（2）对中远物流的分销渠道进行综合设计。

二、训练要求

（1）将班级分成若干组，每组4~6人，由各小组组长进行成员分工，通过网络或书刊查阅相关资料。

（2）要求小组成员均参与其中，分工明确，各负其责，各人要有完整的工作记录。

（3）各小组将收集的资料制作成课件，按时交给指导教师审核。

拓展阅读

可口可乐的22种销售渠道

1. 传统食品零售渠道

如食品店、食品商场、副食品商场、菜市场等。

2. 超级市场渠道

包括独立超级市场、连锁超级市场、酒店和商场内的超级市场、批发式超级市场、自选商场、仓储式超级市场等。

3. 平价商场渠道

经营方式与超级市场基本相同，但区别在于经营规模较大，而毛利更低。平价商场通过大客流量、高销售额来获得利润，因此在饮料经营中往往采用整箱购买价格更低的策略。

4. 食杂店渠道

通常设在居民区内，利用民居或临时性建筑和售货亭来经营食品、饮料、烟酒、调味品等生活必需品，如便利店、便民店、烟杂店、小卖部等。这些渠道分布面广、营业时间较长。

5. 百货商店渠道

即以经营多种日用工业品为主的综合性零售商店。内部除设有食品超市、食品柜台外，多附设快餐厅、休息冷饮厅、咖啡厅或冷食柜台。

6. 购物及服务渠道

即以经营非饮料类商品为主的各类专业及服务行业，经常附带经营饮料。

7. 餐馆酒楼渠道

即各种档次饭店、餐馆、酒楼，包括咖啡厅、酒吧、冷饮店等。

8. 快餐渠道

快餐店往往价格较低，客流量大，用餐时间较短，销量较大。

9. 街道摊贩渠道

即没有固定房屋、在街道边临时占地设摊、设备相对简陋、出售食品和烟酒的摊点，主要面向行人提供产品和服务，以即饮为主要消费方式。

10. 工矿企事业渠道

即工矿企事业单位为解决职工工作中饮料、工休时的防暑降温以及节假日饮料发放等问题，采用公款订货的方式向职工提供饮料。

11. 办公机构渠道

即由各企业办事处、团体、机关等办公机构公款购买，用来招待客人或在节假日发放给职工。

12. 部队军营渠道

即由军队后勤部供应，以解决官兵日常生活、训练及军队请客、节假日联欢之需，一般还附设小卖部，经营食品、饮料、日常生活用品等，主要向部队官兵及其家属销售。

13. 大专院校渠道

即大专院校等住宿制教育场所内的小卖部、食堂、咖啡冷饮店，主要向在校学生和教师提供学习、生活等方面的饮料和食品服务。

14. 中小学校渠道

指设立在小学、中学、职业高中以及私立中、小学校等非住宿制学校内的小卖部，主要向在校学生提供课余时的饮料和食品服务（有些学校提供课余时的饮料和食品服务，有些学校提供学生上午加餐、午餐服务，同时提供饮料）。

15. 在职教育渠道

即设立在各党校、职工教育学校、专业技能培训学校等在职人员再教育机构的小卖部，主要向在校学习的人员提供饮料和食品服务。

16. 运动健身渠道

即设立在运动健身场所的出售饮料、食品、烟酒的柜台，主要为健身人员提供产品和服务；或指设立在竞赛场馆中的食品饮料柜台，主要向观众提供产品和服务。

17. 娱乐场所渠道

指设立在娱乐场所内（如电影院、音乐厅、歌舞厅、游乐场等）的食品饮料柜台，主要向娱乐人士提供饮料服务。

18. 交通窗口渠道

即机场、火车站、码头、汽车站等场所的小卖部以及火车、飞机、轮船上提供饮料的场所。

19. 宾馆饭店渠道

集住宿、餐饮、娱乐为一体的宾馆、饭店、旅馆、招待所等场所的酒吧或小卖部。

20. 旅游景点渠道

即设立在旅游景点（如公园、自然景观、人文景观、城市景观、历史景观及各种文化场馆等）向旅游和参观者提供服务的食品饮料售卖点。一般场所固定，采用柜台式交易，销售较大，价格偏高。

21. 第三方面消费渠道

即批发商、批发市场、批发中心、商品交易所等以批发为主要业务形式的饮料销售渠道。该渠道不面向消费者，只是商品流通的中间环节。

22. 其他渠道

指各种商品展销会、食品博览会、集贸市场、各种促销活动等其他销售饮料的形式和场所。

任务二　管理物流服务分销渠道

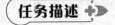

任务描述

分销渠道的"换血"

2005 年 6 月，宝洁山东分销商长泰公司、潍坊百货集团被撤换，随即撤换风波波及河南、山西、江苏、浙江等地，宝洁 2005 年最大的渠道地震上演。早期，宝洁选择的分销商基本都是以百货批发为主的传统商业单位；1997 年以后随着市场规模和市场份额的扩大，分销商数量也开始扩大；1999 年开始推出"宝洁分销商计划"，对分销商队伍进行整合。

宝洁加强了对零售终端的管理，要求企业销售管理工作以分销商为中心，一切为终端服务，推行"全程助销模式"，一位经销商说，"只要你有钱，做宝洁是赚钱的，所有的营销工作宝洁都会帮你做的"。

宝洁公司为了提高分销商的周转率与信息沟通，对分销商进行了信息化武装，从管理系统到补货系统，宝洁都提供指导和帮助。宝洁还给信用良好的分销商增加信用额度，为分销商配置汽车，扩大物流配送范围。宝洁对经销商的支持是非常到位的，在这种互惠互利的合作中，宝洁与广大分销商的关系也得到了进一步提升。然而随着合作的推进，宝洁逐渐表现出其"战略意图"，在宝洁全球战略版图中，中国属于新兴市场，宝洁 CEO 雷富礼显然对这个新兴市场寄予厚望，因此宝洁在中国的营销速度明显加快，这也就出现了大面积更换经销商事件。2005 年年底，宝洁对经销商进一步提出"专营制度"，要求经销商必须单独经营宝洁产品，从设置账户、资金运作、办公管理、独立仓库等进行了全面、细致的硬性规定。

显然对于广大经销商来说，这是个进退两难的抉择，放弃，可惜；不放弃，手上那么多其他品牌产品，怎么办？经销商通常会经销多个品牌，以满足不同的消费者需求，同时规避风险。宝洁的排他性要求，让经销商有些无法接受。2004 年的 SKⅡ风波、洗衣粉事件，更是加深了经销商的顾虑，但也正是因为这些危机事件的发生，促使宝洁要经销商进行专营运作，想通过加强对分销的管理，以弥补危机对销售的影响。

试分析，宝洁公司为什么要进行经销商的"大换血"？

任务目标 ✦➤

通过任务分析，使学生了解分销冲突的类型及解决的办法，如何评价激励渠道成员。

相关知识 ✦➤

一、分销渠道管理

物流企业在对各种影响因素进行分析并选择了渠道模式后，就要对渠道实施管理。渠道管理工作包括对中间商的选择、激励等。

（一）分销渠道冲突

分销渠道中渠道成员之间利益的暂时性矛盾称为冲突。一般而言，渠道冲突主要有垂直渠道冲突、水平渠道冲突和多渠道冲突三种。

1. 垂直渠道冲突

垂直渠道冲突是指在同一渠道中不同层次企业之间的冲突，这种冲突较之水平渠道冲突要更常见。例如，某些批发商可能会抱怨生产企业在价格方面控制太紧，留给自己的利润空间太小，而提供的服务（如广告，推销等）太少；零售商对批发商或生产企业，可能也存在类似的不满。

垂直渠道冲突也称渠道上下游冲突。一方面，越来越多的分销商从自身利益出发，采取直销与分销相结合的方式销售商品，这就不可避免要同下游经销商争夺客户，大大挫伤了下游经销商的积极性；另一方面，当下游经销商的实力增强以后，不甘心目前所处的地位，希望在渠道系统中有更大的权利，向上游经销商发起了挑战。在某些情况下，生产企业为了推广自己的产品，越过一级经销商直接向二级经销商供货，使上下游渠道间产生矛盾。因此，生产企业必须从全局着手，妥善解决垂直渠道冲突，促进渠道成员间更好地合作。

2. 水平渠道冲突

水平渠道冲突指的是同一渠道模式中，同一层次中间商之间的冲突。产生水平冲突的原因大多是生产企业没有对目标市场的中间商数量分管区域作出合理的规划，使中间商为各自的利益互相倾轧。这是因为在生产企业开拓了一定的目标市场后，中间商为了获取更多的利益必然要争取更多的市场份额，在目标市场上展开"圈地运动"。例如，某一地区经营 A 家物流企业服务的中间商，可能认为同一地区经营 A 家物流企业服务的另一家中间商在定价、促销和售后服务等方面过于进取，抢了他们的生意。如果发生了这类矛盾，物流企业应及时采取有效措施，缓和并协调这些矛盾，否则，就会影响渠道成员的合作及产品的销售。另外，物流企业应未雨绸缪，采取相应措施防止这些情况的出现。

3. 多渠道冲突

随着顾客细分市场和可利用的渠道不断增加，越来越多的企业采用多渠道营销系统即运用渠道组合、整合。不同渠道间的冲突指的是生产企业建立多渠道营销系统后，不同渠道服务于同一目标市场时所产生的冲突。例如，美国的李维牌牛仔裤原来通过特约经销店销售，当它决定将西尔斯百货公司和彭尼公司也纳为自己的经销伙伴时，特约经销店表示了强烈的不满。

因此，生产企业要重视引导渠道成员之间进行有效地竞争，防止过度竞争，并加以协调。

不同渠道间的冲突在某一渠道降低价格（一般发生在大量购买的情况下），或降低毛利时，表现得尤为强烈。

（二）中间商的选择

中间商选择的是否得当会直接影响到物流企业的营销效果，因此，物流企业应根据自身的情况，慎重决定对中间商的选择。物流企业考察中间商可从以下几个方面进行。

（1）中间商的销售能力。该中间商是否有一支训练有素的销售队伍？其市场渗透能力有多强？销售地区有多广？还有哪些其他经营项目？能为顾客提供哪些服务？

（2）中间商的财务能力。中间商的财务能力包括其财力大小、奖金融通情况、付款信誉如何等。

（3）中间商的经营管理能力。中间商的经营管理能力体现在其行政管理和业务管理水平上。

（4）中间商的信誉。该中间商在社会上是否得到信任和尊敬。

此外，还应该考虑中间商的地理位置、服务水平、运输和储存条件。

要了解中间商的上述情况，企业必须收集大量的有关信息。如果必要的话，企业还可以派人对被选中的中间商进行实地调查。

（三）激励分销渠道成员

中间商选定之后，还需要进行日常的监督和激励，使之不断提高业务经营水平。必须指出，由于中间商与生产商所处的地位不同，考虑问题的角度不同，因而必然会产生矛盾。如何处理好产销矛盾，是一个经常存在的问题。物流企业要善于从对方的角度考虑问题，要知道中间商不是受雇于自己，而是个独立的经营者，有它自己的目标、利益和策略。物流企业必须尽量避免激励过分和激励不足两种情况发生。一般来讲，对中间商的基本激励水平，应以交易关系组合为基础。如果对中间商激励不足，则生产商可采取两条措施：一是提高中间商的毛利率、放宽信用条件或改变交易关系组合，使之有利于中间商；二是采取人为的方法来刺激中间商，使之付出更大的努力。

处理好生产商和中间商的关系非常重要。通常根据不同情况可采取三种方案：

1. 与中间商建立合作关系

物流企业一方面用促销因素给中间商以高利润、特殊优惠待遇、合作推销折让、销售竞赛等，以激励他们的推销热情和工作。另一方面，对表现不佳或工作消极的中间商则降低利润率，推迟装运或终止合作关系。但这些方法的缺点在于，物流企业在不了解中间商的需要、他们的长处和短处以及存在的问题的情况下，而试图以各种手段去激励他们的工作，自然难以收到预期的效果。

2. 与中间商建立一种合伙关系，达成一种协议

物流企业明确自己应该为中间商做些什么，也让中间商明确自己的责任，如市场覆盖面和市场潜量，以及应提供的咨询服务和市场信息。企业根据协议的执行情况对中间商支付报酬。

3. 经销规划

这是一种最先进的办法，它是一种把物流企业和中间商的需要融为一体的、有计划的、有专门管理的纵向营销系统。物流企业在其市场营销部门中设立一个分部，专门负责管理同中间商关系的规划，其任务主要是了解中间商的需要和问题，并作出经营规划以帮助中间商实现最佳经营，双方可共同规划营销工作，如共同确定销售目标、存货水平、陈列计划、培训计划以及广告和营业推广的方案等。

总之，企业对中间商应当贯彻"利益均沾、风险分担"的原则，尽力使中间商与自己站在同一立场，作为分销渠道的一员来考虑问题，而不要使他们站在对立的买方市场。这样，就可减少与缓和产销之间的矛盾，双方密切合作，共同搞好营销工作。

（四）评价分销渠道成员

物流企业还须制定一定的标准来评价渠道成员的优劣。评价的内容包括：该中间商经营时间长短、增长记录、偿还能力、意愿及声望、销售密度及涵盖程度、平均存货水平、对企业促销及训练方案的合作、中间商为客户服务的范围等。对于达不到标准的，则应考虑造成的原因及补救的方法。物流企业有时需要让步，因为若断绝与该中间商的关系或由其他中间商取而代之，可能造成更严重的后果。但若存在着比使用该中间商更为有利的方案时，物流企业就应要求中间商在所规定的时间内达到一定的标准，否则，就要将其从分销渠道中剔除。

二、物流企业分销渠道管理的评价

（一）对渠道成员绩效的评价

物流企业渠道成员即为物流企业推销服务产品的中间商。物流企业必须定期检查中间商的工作业绩，并对那些业绩良好的中间商采取相应的激励措施，对业绩不佳的中间商进行分析、诊断，直至淘汰掉较差的中间商。物流企业评价中间商的方法主要有历史比较法和区域内比较法。

1. 历史比较法

将每一中间商的销售绩效与上期绩效进行比较，并以整个群体的升降百分比作为评价标准。对低于该群体平均水平以下的中间商，必须加强评估与激励措施。如果对后进中间商的环境因素加以调查，可能会发现一些可以原谅的因素，如当地经济衰退，某些顾客不可避免地失去，主力推销员的丧失或退休。其中某些因素可以在下一期补救过来。这样，物流企业就不应因这些因素而对经销商采取任何惩罚措施。

2. 区域内比较评价法

将各中间商的绩效与该地区的销售潜量分析所设立的定额相比较。在销售期过后，根据中间商的实际销售额与潜在销售额的比率，将各中间商按先后名次进行排列。这样，企业的调查与激励措施可以集中于那些没有达到既定比例的中间商。

具体而言，对分销商评估的标准主要有以下几点：

（1）销售量；

（2）开辟新的业务；

（3）承担责任的情况；

（4）销售金额；

（5）为推动销售而投入的资源；

（6）市场信息的反馈；

（7）向群众介绍产品的情况；

（8）向客户提供服务的情况。

其中销售量、开辟新的业务、承担责任的情况是几个最重要的指标，它们反映了该经销商发展的能力、履行合同的情况。

（二）对企业销售人员的评价

对企业销售人员的评价是企业对其工作业绩考核与评估的反馈过程。它不仅是分配报酬的依据，而且是企业调整营销战略、促使销售人员更好为企业服务的基础。因此，加强对销售人员的评价，在企业人员分销网络决策中具有重要意义。

1. 要掌握和分析有关的情报资料

情报资料的最重要来源是销售报告。销售报告分为两类：一是销售人员的工作计划；二是访问报告的记录。当然，情报资料的来源还有其他方面，如销售经理个人观察所得、客户信件以及与其他销售人员交谈等。总之，企业管理部门应尽可能从多个方面了解销售人员的工作绩效。

2. 要建立评价指标

评价指标要基本上能反映销售人员的销售绩效。主要有：销售量增长情况；毛利；每天平均访问次数及每次访问的平均时间；每次访问的平均费用；每次访问收到的订单的百分比；一定时期内新客户的增加数及失去的客户数目；销售费用占总成本的百分比。为了科学、客观地进行评估，在评估时还注意一些客观条件，如销售区域的潜力、区域形状的差异、地理状况、交通条件等。这些条件都会不同程度地影响销售效果。

3. 实施正式评估

企业在占有足够的资料、确立了科学的标准之后，就可以正式评估。大体上，评估有两种方式。一种方式是在各区域市场的销售潜力、工作量、竞争环境、企业促销组合大致相同的基础上将各个销售人员的绩效进行比较和排队；另一种方式是把销售人员目前的绩效与过去的绩效相比较。

三、分销渠道的完善和发展分析

（一）分销渠道调整的原因及步骤

物流企业在设计了一个良好的分销渠道后不能放任其自由运行而不采取任何纠正措

施。为了适应企业营销环境等的变化，必须对分销渠道在评价的基础上加以修正和改进。

1. 分销渠道调整的原因

（1）现有分销渠道未达到发展的总体要求。企业发展战略的实现必须借助于企业的分销能力，如果现有的分销渠道在设计上有误，中间商选择不当，在分销渠道管理上不足，均会促使企业对之进行调整。

（2）客观经济条件发生了变化。当初设计的分销渠道对当时的各种条件而言很科学，但现在各限制因素发生了某些重大变化，从而产生了调整分销渠道的必要。因此企业有必要定期地、经常地对影响分销渠道的各种因素进行监测、检查、分析。另外，企业若能准确预测和把握某些影响分销渠道的因素发生的变化，则应提前对分销渠道实施调整。

（3）企业的发展战略发生变化。任何分销渠道的设计均围绕着企业的发展战略，企业的发展战略发生变化，自然也会要求调整分销渠道。

2. 分销渠道调整的步骤

（1）分析分销渠道调整的原因。这些原因是不是进行分销渠道调整的必然要求。

（2）重新界定分销渠道目标。在对分销渠道选择的限制因素重新研究的基础上重新界定分销渠道目标。

（3）进行现有分销渠道评价。如果通过加强管理能够达到新分销渠道目标，则无须建立新分销渠道；反之，则考虑建立新分销渠道的成本与收益，以保证经济上的合理性。

（二）分销渠道调整的策略

1. 增加或减少某些分销渠道成员

在调整时，既要考虑由于增加或减少某个中间商对企业盈利方面的直接影响，也要考虑可能引起的间接反应，即分销渠道中其他中间商的反应。比如当增加某一地区内的中间代理商时，会引起地区内原有中间商的反对和逃离。而当企业由于某一渠道成员业绩很差而撤销其经营代理权时，虽然减少了企业的短期盈利，但也向其他中间商发出警告，督促其改善业绩或服务。

2. 增加或减少某些分销渠道

市场环境各方面的变化常常使物流企业认识到，只变动分销网络成员是不够的，有时必须变动分销网络才能解决问题。企业可以根据市场变化，削减某条不再能发挥作用的分销渠道。企业通过增减分销渠道来调整分销网络是相对的，企业往往在增加新的分销渠道的同时，减少老的分销渠道。

3. 整体分销渠道系统调整

即重新设计分销渠道。由于企业自身条件、市场条件、商品条件的变化，分销渠道模式已经制约了企业的发展，就有必要对它作根本的实质性的调整。这种调整波及面广、影响大、执行困难，不仅要突破企业已有渠道本身惯性，而且由于涉及利益调整，会受到某些渠道成员的强烈抵制。对这类调整的政策，企业应谨慎从事，筹划周全。

国泰的市场营销战略

香港是国际自由港，其优越的地理位置和良好的经济商业氛围吸引了世界众多著名航空巨头纷纷在香港开展货运业务。比如大韩航空、极地货运航空、UPS、联邦快递、美西北航、汉沙航、英航、快达航，可以说世界五大洲的航空公司都有航班来往于香港。面对激烈的市场竞争，国泰采取了以下营销战略。

1. 经营理念

国泰航空货运认为：它作为基地航空公司如果运价还低于其他公司的话，就有可能造成市场混乱，给代理人造成负面影响。并且香港专门成立了由各航空公司组成的运价政策委员会，目前由国泰航空出任该委员会会长，主要任务就是协调各航空公司之间的运价。航空公司之间的竞争比较规范，因为各公司也不愿意看见市场出现无序竞争的混乱局面。香港97%的货运市场总是被代理人所占据，而且代理人在航空货运市场行为规范，不乱杀价竞争。

2. 优质服务

国内航空也经常提及"优质服务"的营销概念，但是往往流于形式，国泰在优质服务方面则有不少创新，比如积极推行电子商务，代理人可以通过网络订舱并且通过网络查询货物的流程，这种网络服务既节省人工成本，同时也让代理方便快捷地获得信息，国泰企业宗旨之一 "service straight from the heart"（服务发自内心），作为世界知名的航空企业，它并不是只简单地要求其一些表面的、形式化的东西，每年两次，管理层都要对下属进行业绩考核，考核内容一共四个方面，其中一个方面就是服务改善方面。

3. 良好的产品组合

任何一家企业都需要依赖其产品组合去赢得市场的份额，国泰货运具有比较广泛的航空运输网络，在北美洲、欧洲和澳洲、东南亚、日本和韩国都具有每日定期航班，并且使用波音747、777、340等大型客货机运营，其频率、起降时间都占有优势地位。香港国际机场是世界第四大航空港和第二大航空货运口岸。国泰货运在此有利的经营环境不断推出新产品。比如，国泰货运自己推出航空快递服务 AAX，在限定时间内，将确保货物安全运抵目的地，延迟收货时间并提供优质服务。在欧洲和北美，它和一些卡车公司达成合作协议，利用卡车服务继续提供延伸的货运服务。

4. 强强联手

国泰货运和汉莎货运联手，香港至法兰克福的货机航线上只有这两家公司运营，因而它们就采取类似联营的方式，保持运价的稳定。同时，国泰还和DHL敦豪国际这家世界快运合作，DHL利用国泰客运飞机运送其快件物品。在客机中，国泰限制旅客人数，将舱位让给快件货物。因为通过仔细核算，国泰发现承运快件的收入要高于满座情况下的机票收入。因此，国泰管理层同意和DHL合作时"重货轻客"，并且这类航班都是利用夜航飞机。通常是在凌晨1~2点在香港国际机场运作。

5. 和代理人建立伙伴关系

国泰将代理人视为合作伙伴，以平等的地位对待大中小代理人，而且国泰一般不直接和真正货主打交道。并且国泰和代理人建立长期的合作关系。在客运方面，"常旅客俱乐部"的概念已经深入人心。国泰货运部根据此概念也建立了"常货主俱乐部"，他们取名为"Cargo Elite Club"。国泰根据代理人每年发货量的大小，确定30~50家公司，然后每家公司确定1~2人为俱乐部成员，成员可以享受一系列优惠政策，比如在乘机时，可以优先登机，可以免收逾重行李费。此俱乐部的目的主要是让代理人感受到一种被尊重的地位。国泰货运销售人员经常拜访代理人，而不是等着代理人上门，而且货运销售人员是专线专管，每人专门负责某一航线，并且负责和所有利用这条航线的代理人打交道。

思考：

1. 面对着激烈的市场竞争，国泰采取的渠道战略体现在哪些方面？
2. 请为国泰设计更为合理的分销渠道。

项目实训 ➡

销售渠道的评析及设计

一、实训目标

1. 进一步了解销售的结构、特点。
2. 掌握现代分销的新模式、新策略。
3. 培养学生进行销售渠道策划的初步能力。
4. 模拟设计一种销售渠道。

二、实训内容与组织

组织学生参观访问不同类型企业的销售渠道。具体是：

（1）一般企业销售渠道的结构类型、主要特点、成员数量、管理策略以及物流系统的作业与设计等。

（2）超市、连锁店、配送中心、大卖场、仓储等的经营范围、配货模式、物流运行、仓储管理等。

（3）电子网络商店的设备、机制、送货、运行、虚拟、交易、管理等。

三、成果与考核

把全班同学分成三组，分别到约定的工商企业、大卖场、电子网络商店参观访问；每位学生撰写访问报告，即对企业销售渠道进行评析、建议，并模拟设计一种销售渠道；组织学生进行全班交流。

附作业提纲：

要求学生完成一份销售渠道的评析及设计报告。

一、参观访问不同类型的工商企业的销售渠道

二、一般企业销售渠道

1. 销售渠道结构类型、主要特点

2. 管理策略

3. 以及物流系统的作业与设计

三、超市、连锁店、配送中心、大卖场、仓储等企业

1. 经营范围

2. 配货模式、物流运行

3. 仓储管理

四、电子网络商店

1. 设备、送货、运行情况

2. 虚拟、交易、管理情况

五、对被访问对象现有销售渠道的评析

六、销售渠道的设计

项目七　设计物流服务的促销策略

知识目标 ✦✦

1. 了解促销信息沟通过程及促销组合的意义；
2. 熟悉人员推销、广告、公共关系、营业推广的实施过程；
3. 掌握物流产品的促销组合策略。

技能目标 ✦✦

1. 能够对给定物流产品进行人员促销；
2. 能够制定物流产品的公共关系推广方案；
3. 能够初步写出促销方案。

任务一　物流服务促销组合认知

任务描述 ✦✦

联邦快递的促销策略

　　联邦快递公司（FedEx 或 FDX），是一家全球快运业巨擘。它仅用 25 年时间，从零起步，在联合包裹服务公司（UPS）和美国运通公司等同行巨头的前后夹击下迅速成长壮大起来，发展为现有 130 多亿美元、在小件包裹速递、普通递送、非整车运输、集成化调运管理系统等领域占据大量市场份额的行业领袖，并跃入世界 500 强。公司现有全世界员工总数 14.5 万人，开展业务的国家和地区 211 个，全球业务航空港 366 座，备有各类型运输飞机达 624 架，日出车数近 4 万辆、处理超过 2 百万磅的空运货物。

公司每月提供两次机会供人参观，一批批客人也愿付每人 250 美元的票价，来到其位于田纳西州孟菲斯的超级调运中心，亲身感受一下它的恢宏气度、高速繁忙而精确的作业现场，领略其非凡的竞争力。

同时 FedEx 还表明，在服务业中，先进的系统和技术仍须与充满亲情的人与人的面对面交往为基础。令人仰慕的企业形象是要花很多年建立的，并具体体现在各员工与顾客接触的那几秒钟内。公司力求最大限度地调动员工积极性，让他们在一个表情和举手投足之间将企业的好形象传递出去。

在 FedEx 主页上最引以为豪的服务案例，是其在母亲节这一天为成千上万的家庭送去充满人情的"FedEx 之盒"。因为这是全美餐馆最繁忙的一天，也是无数家庭表达其亲情与和睦的一天，但许多家庭却会因临时找不到餐馆空位而驻足久等，或在一家又一家的餐馆前徘徊。FedEx 就与一家全美最大的餐馆调查公司联手，运用其智能系统，根据各餐馆订座、距离、家庭人数等情况编排出应去哪家餐馆使用哪个餐位的计划，将其连同公司祝贺词一道灌录在那个著名的绿色小盒中，递送到千家万户，真正体现了"礼轻情意重"之服务要旨。

公众现在已经把"交给联邦快递"这句话同遵守诺言等同起来。这一成果来之不易，诚如 FedEx 电子贸易营销经理布朗称："无论顾客是通过电话、亲自上门，还是通过国际互联网，我们的目标都是要保持百分之百的顾客满意。"

试分析，联邦快递采用哪些促销方法？

任务目标 ◆▶

通过任务分析，使学生明白物流服务促销的作用、目标及 4Ps 促销组合的基本内容。

相关知识 ◆▶

一、促销知识认知

(一) 促销的含义

促销是企业通过一定的传播与沟通手段，向目标顾客传递产品或劳务信息，树立企业与产品形象，促进顾客购买的一系列活动。促销组合指为实现促销目标，对各种促销方式与策略的选择、设计与配合。

菲利普·科特勒认为：促销是刺激消费者或中间商迅速或大量购买某一特定产品

的手段，包含了各种短期的促销工具，是构成促销组合的一个重要要素。

（二）促销的作用

促销的实质在于沟通买卖双方的信息。因此，促销活动绝不是可有可无，而是企业生存和发展的重要一环。促销的作用主要表现在以下几个方面：

1. 提供情报

物流企业必须及时向顾客及各种中间商提供物流产品信息，以引起他们的注意。

2. 刺激需求

通过促销向顾客介绍物流产品，既可以诱发需求，还可以创造新的需求，从而增加市场对该物流产品的需求量。

3. 改善企业形象

提高企业的知名度和美誉度。传统的广告活动、宣传推广以及 CIS 活动等形式多样的促销活动有助于塑造与改善企业的形象，在公众和顾客群体中提高其知名度和美誉度。

4. 强化市场渗透

提高企业的市场竞争渗透能力。市场竞争是企业营销活动中无法回避的严峻现实，竞争能力的大小直接关系到企业的生死存亡。有效的促销活动有利于企业在竞争中的市场渗透，提高市场占有率，增强企业的市场竞争力。

5. 指导顾客的消费

提高顾客的消费效益。促销活动有助于顾客对产品的了解，有助于顾客对广告的正确识别，有助于顾客消费意识的提高。

6. 沟通

促销具有沟通的功能，通过与目标顾客的沟通，达到促进销售的目的。

（三）物流企业促销的特点

1. 物流服务的有形化

现代物流企业通过一系列的物流活动，一方面向客户提供产品运输、仓储配送等服务；另一方面向客户提供更为重要的增值服务和信息服务等。这些物流服务都具有一定的非实体性和不可储存性特点。针对物流服务的这些特征，在进行营销活动中，促销的手段和措施一定要注重把物流服务的无形化尽量地有形化，这样才能让物流服务的需求者更好了解企业的产品，也才能更好地勾起他们购买产品的欲望。

2. 促销过程的长期性

正由于物流企业提供的服务不像其他产品那样容易被客户所感知，这就使得服务产品的促销需要一个长期的过程，也只有这样才能使产品的理念更加深入人心。同时也需要物流企业在促销过程中做长期的积累和不断地努力，才能取得成功促销物流服务的效果。

3. 促销范围的广泛性

为了满足社会对物流的需求，物流市场的触角遍及全国乃至世界各地，面对的是一个多层次的需求主体。这些客户群体既有社会组织的，也有个人的；既有国内的，也有国外的；既有固定的，也有流动的。此外，物流服务需要全程物流网络和线路，对单个物流企业来说，它所完成的是整个物流网络的一个阶段，为促进销售，各个阶段需要密切地配合协作，以确保物流服务的质量。

4. 促销人员的专业性

物流企业是以提供服务产品为主的企业，而且这些服务要求具有相应的专业知识才能够更好地保证整个服务过程的高效率和高效益，这就决定了物流服务促销人员必须是专业人士。物流专业人员在进行推销的时候可以根据各类客户对物流服务的不同需求设计不同的推销策略，并在推销过程中随时加以调整。在与客户进行交流的同时，还可以及时发现和挖掘客户的潜在需求，通过努力扩大对客户的服务范围，尽量满足客户的需求。

二、物流服务促销组合认知

(一) 物流服务促销组合的概念

促销组合是一个物流企业的总体营销传播计划，它由广告、人员推销、营业推广、公共关系、有形产品展示等结合在一起进行综合运用，具体可分为两大类即人员促销和非人员促销。人员促销是由物流企业派出促销人员直接把信息传递给消费者，说服和帮助客户选用产品；非人员促销，包括广告、公共关系（公共宣传）与营业推广、直接营销等形式。促销组合，实际就是这些促销方式的选择、组合和应用。因此，物流企业促销组合是一个物流企业在市场营销过程中，有目的、有计划地把广告、人员推销、营业推广、公共关系和直接营销结合在一起进行综合运用，形成一个整体促销策略，以便更有效地传递信息，高效率地促进物流产品的销售。

(二) 影响物流企业促销组合的因素

1. 物流服务的性质

物流企业为满足各类客户的需求，应提供不同类型的物流服务产品，针对各类产品的特点，采取不同的促销策略。一般来说，基本的物流服务形式，如传统的运输服务、配送服务、仓储服务等，由于存续时间较长，运作有一定基础，因此对于这类服务形式可采用推式促销策略。而对于一些个性化的创新式服务，通过数据库和咨询类服务提供的以管理为基础的物流服务、物流战略计划的服务等，物流企业则要更多地利用拉式促销策略，以使物流服务更能满足客户的需求。

2. 物流产品的生命周期

物流服务因所处生命周期的不同阶段，市场的环境不同，企业的促销目标不同，在促销策略的选择上也会有不同的侧重。

（1）投入期。在产品刚刚面市时，物流企业的促销目标是提高客户和潜在客户对产品的知晓程度，如果能够利用某一方面的宣传，把这一产品信息传播出去，往往会起到先声夺人的作用，消费者知道将有新产品问世，并留有记忆，就为产品上市奠定了基础。这一时期运用广告和宣传形式是较为合适的，同时在促销策略上可以选择推式的促销策略。

（2）产品成长期。在成长期，产品畅销，但竞争者开始出现。在成长期的重点是树立品牌，突出特色，引起消费者的偏爱，广告的目标与内容是不同的。人员推销方面，应努力扩充销售渠道，创造需求，增进市场占有率。因此，此阶段的促销策略应以拉式策略为主，即要把工作的重点转移到个性化服务的推广上，一方面使老客户形成对产品和企业的进一步信赖，另一方面也可以通过增加新的服务方式，吸引更多的新客户。

（3）成熟期。在这一阶段，需求趋向饱和，竞争达到高潮，物流服务促销的目的是努力巩固产品的市场地位。这时候的消费品促销手段仍以广告为主，同时辅以营业推广；工业品则更多地运用人员推销，并发动公共关系予以协助，扩大企业和产品的声誉，争取在竞争中取胜。在成熟期可以采用推拉结合的策略，并应侧重于拉式的促销策略，以提高企业和产品的声誉。

（4）衰退期。物流企业在产品的这一阶段，一般多采用营业推广的形式，进行有奖销售、抽奖、赠送销售以及大批量产品展销等。这时候的广告，只能寄希望于忠实的顾客，提示他们继续购买。

3. 市场性质

由于各物流企业目标市场的规模和类型不同，故应采用不同的促销策略。对于规模比较大的目标市场，物流企业可以采用推拉结合的策略，以满足具有不同需求的客户。而对于一些较易接受新鲜事物的目标市场，物流企业可以更加侧重于采用拉式的促销策略，从而推动企业个性化服务的发展。

4. 企业情况

物流企业在制定、选择促销策略时，还应考虑促销费用的因素，企业的规模与资金状况不同，应该运用不同的促销组合。任何一种促销方式或促销组合都要支付一定的费用，促销费用常常制约着促销策略的制定，同时各种促销策略的费用也不尽相同，不同促销策略的费用往往相差很大。物流企业在选择促销方式和制定促销策略时，应全面衡量、综合比较各种促销方式的费用与效益，以尽可能低的促销费用取得尽可能高的促销效益。

三、如何选择促销策略

（一）促销的基本策略

物流服务促销总策略根据促销合力形成的总体方向划分，可以划分为：推式促销与拉式促销两种。

1. 推式促销

推式促销策略主要是指物流企业通过以人员促销为主导的促销组合来影响物流中间商和物流用户，使他们接受企业的产品并加强销售活动，最终达到客户购买的策略。它要求促销人员针对不同的销售对象采取不同的促销方法和技巧。常用的推式促销策略有示范推销法、走访推销法、网点销售法以及服务推销法等。

制造商→批发商→零售商→消费者

2. 拉式促销

所谓拉式促销策略，是指物流企业利用营业推广、广告和公共关系，直接影响、吸引客户，激发其购买动机，通过客户要求来刺激中间商和最终用户的需求，使他们增加对企业的订单。常用的拉式促销策略有会议促销法、广告促销法、代销、试销法和信誉销售法等。

制造商 ← 批发商 ← 零售商 ← 消费者

推式促销策略和拉式促销策略都包含了物流企业与消费者双方的能动作用。但前者的重心在推动，着重强调了企业的能动性，表明消费需求是可以通过企业的积极促销而被激发和创造的；而后者的重心在拉引，着重强调了消费者的能动性，表明消费需求是决定生产的基本原因。企业的促销活动，必须顺乎消费需求、符合购买指向，才能取得事半功倍的效果。许多企业在促销实践中，都结合具体情况采取"推"、"拉"组合的方式，既各有侧重，又相互配合。

（二）促销策略组合

促销组合，是指企业在促销活动中，把公共关系、广告、营业推广和人员推销有机结合，综合运用，以便实现更好的整体促销效果。

在这四种促销方式中，人员推销最根本的特点是推销员"人的表现"是促进销售的主要原因；广告促进销售最主要的原因是"告知"；公共关系促销最主要的原因是"关系好"、"形象好"、"人缘好"，追求的是远期效益；营业推广最主要的特点是与日常营业活动紧密结合，起到催化交易活动的作用，产生"短期效益、快速反应、购买高潮"的效果。这四种促销方式各具特点，企业若要制定一套行之有效的促销组合策略方案，需要进行综合考虑。

（三）促销预算

促销预算是指物流企业在计划期内反映有关促销费用的预算。促销支出是一种费用，也是一种投资。促销费用过低，会影响促销效果；促销费用过高有可能会影响企业的正常利润。

物流企业所面对的最困难的决定是在促销方面要投入多少。营销中有一句至理名言："我知道我有一半的广告投入是无用的，但我不知道是哪一半。我用 200 万元做广告，这笔投入是多是少我也不知道。"

物流企业用来确定促销预算的方法主要有：量力而行法、销售百分比法、竞争均势法和目标任务法。

1. 量力而行法

许多物流企业都使用量力而行法：企业为自身设定一个它们能支付得起的促销预算。一位主管人员这样解释："因为这种方法简单。首先，我到预算控制者那里去了解这一年可以支付的数量，他说是 150 万元，后来老板问我将投入多少，我说大约 150 万元。"

遗憾的是，这种决定促销预算的方法完全忽略了促销对销售业绩的影响，它导致了每年不确定的促销预算，给长期计划造成困难。这种方法可能会造成广告费用超支，但实际上经常导致的结果是投入不足。

2. 销售百分比法

许多物流企业采用销售百分比法，把促销预算设定为目前销售额或预期销售额的一定百分比，或是将其设定为销售价格的百分比。一些企业使用这种方法的原因是因为它简单易行。销售百分比法有一定的优点：

（1）用这种方法意味着促销支出与企业"可支付"相比更灵活，它还能促使管理人员考虑促销支出、销售价格和单位利润的关系。

（2）这种方法可能会实现竞争平衡态势，因为竞争对手也可能将其收入的相同百分比用于促销支出。

这一方法虽然有一定的优点，但也存在不足，它不恰当地把销售视为促销的原因而不是结果。预算是可以提供的资金，而不是以营销机会为基础的，在需要增加销售投入以扭转销售颓势的时候，这一方法可能会成为阻碍。由于这一方法以每年的销售额为变化，因此增加了长期计划的困难。

3. 竞争均势法

一些物流企业采用竞争均势法，让自身的促销费用与竞争对手保持相当。他们观察竞争对手的广告，或是从出版物和商业协会那里得到估算的整个行业的促销支出水平，从而以行业平均的支出水平为基础来制定预算。

支持这一方法的有两种观点：一是竞争者的预算可能代表了行业的集体智慧，二是与竞争对手持平的投入减少了促销战的可能性。然而，这两种观点都不充分。没有理由认为竞争对手的计划就比企业自身的计划好，企业间有较大的差异，各自有不同的促销需求。更重要的是，没有证据表明这一方面能阻止促销战的发生。

4. 目标任务法

这是最符合逻辑的预算制定法，用这种方法物流企业可以通过以下的方式来确定预算：

（1）明确特定目标。

（2）明确为实现这一目标所必须完成的任务。

（3）估算完成任务的成本。这些成本的总和就是预期的促销预算。

目标任务法促使管理人员认清他们对费用和促销结果的预期。由于很难确定为实现特定目标的具体任务，因此这种方法应用起来也是最困难的，但即使很困难，管理人员也必须考虑这些问题。这一方法能够帮助企业以他们所要实现的目标为基础来制定预算。

技能训练

一、训练内容

（1）通过对联邦快递公司促销手段的讨论，说明沟通、广告、企业形象对企业的重要性。

（2）为联邦快递设计在中国市场的促销组合策略。

二、训练要求

（1）将班级分成若干组，每组 4~6 人，由各小组组长进行成员分工，通过网络或书刊查阅相关资料。

（2）要求小组成员均参与其中，分工明确，各负其责，各人要有完整的工作记录。

（3）各小组将收集的资料制作成课件，按时交给指导教师审核。

（4）根据学生课堂讲演情况进行评定成绩。

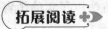

拓展阅读

亚马逊物流促销纵横天下

亚马逊网上书店2002年年底开始赢利，这是全球电子商务发展的福音。亚马逊网上书店自1995年7月开业以来，经历了7年的发展历程。到2002年底全球已有220个国家的4000万网民在亚马逊书店购买了商品，亚马逊为消费者提供的商品总数已达到40多万种。几年来在电子商务发展受挫，许多追随者纷纷倒地落马之时，亚马逊却顽强地活了下来并脱颖而出，创造了令人振奋的业绩：2002年第三季度的净销售额达8.51亿美元，比上年同期增长了33.2%；2002年前三个季度的净销售额达25.04亿美元，比上年同期增长了24.8%。虽然2002年前三个季度还没有赢利，但净亏损额为1.52亿美元，比上年同期减少了73.4%，2002年第四季度的销售额为14.3亿美元，实现净利润300万美元，是第二个赢利的季度。亚马逊的扭亏为盈无疑是对B2C电子商务公司的巨大鼓舞。

为什么在电子商务发展普遍受挫时亚马逊的旗帜不倒？是什么成就了亚马逊今天的业绩？亚马逊的快速发展说明了什么？带着这一连串的疑问和思索探究亚马逊的发展历程后，我们惊奇地发现，正是被许多人称为是电子商务发展"瓶颈"和最大障碍的物流拯救了亚马逊，是物流创造了亚马逊今天的业绩。那么亚马逊的生存和发展经历带给我们哪些有益的启示呢？

启示一：物流是亚马逊促销的手段

在电子商务举步维艰的日子里，亚马逊推出了创新、大胆的促销策略——为顾客提供免费的送货服务，并且不断降低免费送货服务的门槛。到目前为止，亚马逊已经三次采取此种促销手段。前两次免费送货服务的门槛分别为99美元和49美元，2002年8月亚马逊又将免费送货的门槛降低一半，开始对购物总价超过25美元的顾客实行免费送货服务，以此来促进销售业务的增长。免费送货极大地激发了人们的消费热情，使那些对电子商务心存疑虑，担心网上购物价格昂贵的网民们迅速加入亚马逊消费者的行列，从而使亚马逊的客户群扩大到了4000万人。由此产生了巨大的经济效益：2002年第三季度书籍、音乐和影视产品的销量较上年同期增长了17%。物流对销售的促进和影响作用，"物流是企业竞争的工具"在亚马逊的经营实践中得到了最好的诠释。

多年来，网上购物价格昂贵的现实是使消费者摒弃电子商务而坚持选择实体商店购物的主要因素，也是导致电子商务公司失去顾客，经营失败的重要原因。在电子商务经营处于"高天滚滚寒流急"的危难时刻，亚马逊独辟蹊径，大胆地将物流作为促销手段，薄利多销，低价竞争，以物流的代价去占领市场，招揽顾客，扩大市场份额。

显然此项策略是正确的，因为抓住了问题的实质。据某市场调查公司最近一项消费者调查显示，网上顾客认为，在节假日期间送货费折扣的吸引力远远超过其他任何促销手段。同时这一策略也被证实是成功的，自 2001 年以来，亚马逊把在线商品的价格普遍降低了 10% 左右，从而使其客户群达到了 4000 万人次，其中通过网上消费的达 3000 万人次左右。为此，亚马逊创始人贝佐斯得以对外自信地宣称："或许消费者还会前往实体商店购物，但绝对不会是因为价格的原因。"当然这项经营策略也是有风险的。因为如果不能消化由此产生的成本，转移沉重的财务负担，则将功亏一篑。那么亚马逊是如何解决这些问题的呢？

启示二：开源节流是亚马逊促销成功的保证

如前所述亚马逊盈利的秘诀在于给顾客提供的大额购买折扣及免费送货服务。然而此种促销策略也是一柄双刃剑：在增加销售的同时产生巨大的成本。如何消化由此而带来的成本呢？亚马逊的做法是在财务管理上不遗余力地削减成本：减少开支，裁减人员，使用先进便捷的订单处理系统降低错误率，整合送货和节约库存成本……通过降低物流成本，相当于以较少的促销成本获得更大的销售收益，再将之回馈于消费者，以此来争取更多的顾客，形成有效的良性循环。当然这对亚马逊的成本控制能力和物流系统都提出了很高的要求。此外，亚马逊在节流的同时也积极寻找新的利润增长点，比如为其他商户在网上出售新旧商品和与众多商家合作，向亚马逊的客户出售这些商家的品牌产品，从中收取佣金。使亚马逊的客户可以一站式地购买众多商家的品牌商品及原有的书籍、音乐制品和其他产品，既向客户提供了更多的商品，又以其多样化选择和商品信息吸引众多消费者前来购物，同时自己又不增加额外的库存风险，可谓一举多得。这些有效的开源节流措施是亚马逊低价促销成功的重要保证。

启示三：完善的物流系统是电子商务生存与发展的命脉

电子商务是以现代信息技术和计算机网络为基础进行的商品和服务交易，具有交易虚拟化、透明化、成本低、效率高的特点。在电子商务中，信息流、商流、资金流的活动都可以通过计算机在网上完成，唯独物流要经过实实在在的运作过程，无法像信息流、资金流那样被虚拟化。因此，作为电子商务组成部分的物流便成为决定电子商务效益的关键因素。在电子商务中，如果物流滞后、效率低、质量差，则电子商务经济、方便、快捷的优势就不复存在。所以完善的物流系统是决定电子商务生存与发展的命脉。分析众多电子商务企业经营失败的原因，在很大程度上是缘于物流上的失败。而亚马逊的成功也正是得益于其在物流上的成功。亚马逊虽然是一个电子商务公司，但它的物流系统十分完善，一点也不逊色于实体公司。由于有完善、优化的物流系统作为保障，它才能将物流作为促销的手段，并有能力严格地控制物流成本和有效地进行物流过程的组织运作。在这些方面亚马逊同样有许多独到之处：

（1）在配送模式的选择上采取外包的方式。在电子商务中亚马逊将其国内的配送业务委托给美国邮政和UPS，将国际物流委托给国际海运公司等专业物流公司，自己则集中精力去发展主营和核心业务。这样既可以减少投资，降低经营风险，又能充分利用专业物流公司的优势，节约物流成本。

（2）将库存控制在最低水平，实行零库存运转。亚马逊通过与供应商建立良好的合作关系，实现了对库存的有效控制。亚马逊公司的库存图书很少，维持库存的只有200种最受欢迎的畅销书。一般情况下，亚马逊是在顾客买书下了订单后，才从出版商那里进货。购书者以信用卡向亚马逊公司支付书款，而亚马逊却在图书售出46天后才向出版商付款，这就使得它的资金周转比传统书店要顺畅得多。由于保持了低库存，亚马逊的库存周转速度很快，并且从2001年以来越来越快。2002年第三季度库存平均周转次数达到19.4次，而世界第一大零售企业沃尔玛的库存周转次数也不过在7次左右。

（3）降低退货比率。虽然亚马逊经营的商品种类很多，但由于对商品品种选择适当，价格合理，商品质量和配送服务等能满足顾客需要，所以保持了很低的退货比率。传统书店的退书率一般为25%，高的可达40%，而亚马逊的退书率只有0.25%，远远低于传统的零售书店。极低的退货比率不仅减少了企业的退货成本，也保持了较高的顾客服务水平并取得良好的商业信誉。

（4）为邮局发送商品提供便利，减少送货成本。在送货中亚马逊采取一种被称为"邮政注入"的方式减少送货成本。所谓"邮政注入"就是使用自己的货车或由独立的承运人将整卡车的订购商品从亚马逊的仓库送到当地邮局的库房，再由邮局向顾客送货。这样就可以免除邮局对商品的处理程序和步骤，为邮局发送商品提供便利条件，也为自己节省了资金。据一家与亚马逊合作的送货公司估计，靠此种"邮政注入"方式节省的资金相当于头等邮件普通价格的5%~17%，十分可观。

（5）根据不同商品类别建立不同的配送中心，提高配送中心作业效率。亚马逊的配送中心按商品类别设立，不同的商品由不同的配送中心进行配送。这样做有利于提高配送中心的专业化作业程度，使作业组织简单化、规范化，既能提高配送中心作业的效率，又可降低配送中心的管理和运转费用。

（6）采取"组合包装"技术，扩大运输批量。当顾客在亚马逊的网站上确认订单后，就可以立即看到亚马逊销售系统根据顾客所订商品发出的是否有现货，以及选择的发运方式，估计的发货日期和送货日期等信息。如前所述，亚马逊根据商品类别建立不同配送中心，所以顾客订购的不同商品是从位于美国不同地点的不同的配送中心发出的。由于亚马逊的配送中心只保持少量的库存，所以在接到顾客订货后，亚马逊需要查询配送中心的库存，如果配送中心没有现货，就要向供应商订货。因此会造成同一张订单上商品有的可以立即发货，有的则需要等待。为了节省顾客等待的时间，亚马逊建议顾客在订货时不要将需要等待的商品和有现货的商品放在同一张订单中。这样在发运时，承运人就可以将来自不同顾客，相同类别，而且配送中心也有现货的商品配装在同一货车内发运，从而缩短顾客订货后的等待时间，也扩大了运输批量，提高运输效率，降低运输成本。

完善的发货条款，灵活多样的送货方式及精确合理的收费标准体现出亚马逊配送管理的科学化与规范化。

亚马逊的发货条款非常完善，在其网站上，顾客可以得到以下信息：拍卖商品的发运，送货时间的估算，免费的超级节约发运，店内拣货，需要特殊装卸和搬运的商品，包装物的回收，发运的特殊要求，发运费率，发运限制，订货跟踪等。

亚马逊为顾客提供了多种可供选择的送货方式和送货期限。在送货方式上有以陆运和海运为基本运输方式的"标准送货"，也有空运方式。送货期限上，根据目的地是国内还是国外的不同，以及所订的商品是否有现货而采用标准送货，2日送货和1日送货等。根据送货方式和送货期限及商品品类的不同，采取不同的收费标准，有按固定费率收取的批次费，也有按件数收取的件数费，亦有按重量收取的费用。

所有这些都表明亚马逊配送管理上的科学化、法制化和运作组织上的规范化、精细化，为顾客提供方便、周到、灵活的配送服务，满足了消费者多样化需求。亚马逊以其低廉的价格、便利的服务在顾客心中树立起良好的形象，增加了顾客的信任度，并增强了其对未来发展的信心。

总之，亚马逊带给我们很多启示，其中最重要的一点就是物流在电子商务发展中起着至关重要的作用。有人将亚马逊的快速发展称为"亚马逊神话"，如果中国的电子商务企业在经营发展中能将物流作为企业的发展战略，合理地规划企业的物流系统，制定正确的物流目标，有效地进行物流的组织和运作，那么中国电子商务企业的"亚马逊神话"将不再遥远。

任务二　设计人员推销与广告策略

任务描述

TNT 的人员推销与广告

1. 人员推销

TNT Post Group 具有非常强大的投揽网，投揽员交接面向客户，直接迅速地将 TPG

的最新服务、最优服务传递给整个市场的客户，同时也迅速及时地将客户在使用 TPG 过程中出现的问题和客户的建议反馈给 TPG 信息中心，经过集中整理后为 TPG 发展提供市场依据。

2. 广告

TNT Post Group 认为广告是必不可少的，不仅是对外宣传 TNT Post Group ，树立 TNT Post Group 品牌形象、促进销售和有利竞争的需要，也是对消费者进行意识形态的引导，以及进行概念消费导向的要求。TNT 最初进入中国市场，借助的就是广告。

根据任务中给定的情景，试为 TNT 在中国市场制定详细的人员推销与广告促销方案。

任务目标 ✦▶

通过任务分析，使学生明白物流服务促销中人员推销的任务、策略、过程及相关技巧；熟悉广告的作用及如何决定广告预算。

相关知识 ✦▶

一、人员推销策略认知

人员推销是指物流企业派出推销人员或委派专职推销机构向目标市场的客户及潜在客户推销物流服务产品的经营活动。人员推销以其独特的优势成为物流企业生产经营活动的重要内容和主要环节，也成为物流促销组合中最不可缺少的促销方式，在现代物流企业市场营销中占有相当重要的位置。

人员推销的特点主要包括：

1. 信息沟通的双向性

推销人员通过与客户联系、接触洽谈，一方面向客户传递有关物流企业及其服务的信息，另一方面也可以及时了解客户对物流服务的不同需求。

2. 促销方式的灵活性

推销人员通过与客户保持直接的联系，可以根据各类客户对物流服务的不同需求，设计不同的推销策略，并在推销过程中随时加以调整。在与客户进行交流的同时还可以及时发现和挖掘客户的潜在需求，通过努力扩大对客户的服务范围，尽量满足客户的需求。

3. 沟通对象的选择性

推销人员在每次推销之前，可以选择有较大购买潜力的客户，有针对性地进行推销，并可实现对未来客户作一番调查研究，拟定具体的推销方案、推销目标和推销策略等，以强化推销效果，提高推销的成功率，这是广告所不能及的。

4. 沟通过程的情感性

推销人员在推销过程中与客户面对面地接触，双方可以在单纯的买卖关系的基础上，交流感情，增进了解，产生信赖，从而建立深厚的友谊。推销人员与客户之间感情的建立，有利于企业与客户之间建立长期的业务关系，保持企业的市场份额。

5. 推销人员角色的双重性

推销人员在向客户推销本企业的产品时是推销员；同时他还能及时听取和观察客户对企业及服务的态度，收集市场情况，了解市场动态，并迅速予以反馈，以使本企业的经营更适合客户的需求。此时，推销员又变成了企业的"市场调查员"。

6. 推销过程的完整性

人员推销过程是从市场调查开始，经过选择目标顾客、当面洽谈、说服顾客购买、提供服务，最后促成交易，反馈顾客对产品及企业的信息。这就是物流服务销售的完整过程。人员推销的完整性是其他促销方式所不能具备的。因此，人员推销在收集、传递、反馈市场信息、指导市场营销、开拓新的市场领域等方面，具有特殊的地位和作用。

推销人员的任务主要包括寻找顾客、传递信息、推销产品、提供服务、收集信息、分配产品 6 个方面。

二、人员推销的过程

人员推销的过程包括：寻找和限定潜在顾客、接触前阶段、接触、展示和证明、谈判、说服反对的意见、成交、售后服务。

1. 寻找和限定潜在顾客

推销过程的第一步是识别潜在顾客，尽管企业将提供线索，但销售代表需要具有自己寻找线索的技能。线索可以通过以下方式找到：来自顾客访问带来的信息；在合适的行业展览会上设立展台；向现有顾客咨询其他可能的顾客；努力获得其他参考来源，例如非竞争性的销售代表、商人；参加顾客所属的组织；参加将引起注意的演讲和研讨会；通过检索资源来源（报纸，名录）来寻找；使用电话和邮件来发现线索；偶尔顺道拜访各种各样的有可能成为潜在顾客的企业。

2. 接触前阶段

推销员需要尽可能多了解关于潜在顾客（他需要什么？谁参与购买决定？）和购买者资料（他们的个人特质和购买风格）。推销员应该明确访问目的：是证明顾客的资料，还是收集信息，或立即达成交易等。另一个任务是选择最好的接触方式，拜访的时机也应该仔细考虑好，因为多个受访者在某一时期没有空隙时间。最后，推销员应为此次访问活动制定一个全面的推销策略。

3. 接触

推销员应知道如何跟潜在顾客寒暄以取得一个良好的开端。这涉及推销员的外表，开始的谈话，以及后续的评论。

4. 展示和证明

在物流企业促销中，介绍物流服务是一个关键阶段。推销员向潜在顾客介绍物流服务时要做到 10 项注意。

（1）推销介绍方式和职业能力对顾客争取感受物流服务是至关重要的。

（2）要使沟通奏效，就要双向沟通。除了提供信息，推销员要刺激潜在购买者提问，并给予详尽的解答。单向沟通（卖方对买方）会使通过人员销售的好处体现不足。

（3）需要突出物流服务的每个特点能带来什么好处。

（4）信息应当简洁，细节不宜过多。潜在购买者面对过于复杂的信息必然会在头脑里进行抵制或筛选，不利于达到预期目的。

（5）介绍不应当针对价格，但是可以突出成本与效应的关系对比。各种调研表明，顾客购买服务时对价格不如对有形产品的价格敏感。

（6）介绍应尽量使物流服务的不可触知部分变得可触知。说明书、音像材料等都能提供比销售者本人动嘴效果更可信赖的描述。

（7）推销者要表现出对自己提供的物流服务的深刻了解。为此需要对销售队伍进行培训和不断的知识更新。

（8）推销员不应承诺企业无法做到的事情。这个原则对任何产品都有效，尤其是对以不可触知的成分为主的物流服务更是如此。做了承诺就要兑现，虽然勉强实现后可以带来短期的收入提高，但却会使企业与顾客的关系陷入危机。

（9）要尽可能让顾客可以验证服务的质量，或者表现以前取得的成果，或者在可能时拿出物流服务的样板来。

（10）对复杂的、成本高的物流服务，提供企业形象和名声是决定性的。

5. 谈判

推销需要谈判技巧。双方需要在价格和其他交易条件上达成一致。推销员需要做到：既不做出将有损收益的大让步，又能获得订单。

尽管价格是最常见的争端，但其他包括产品质量、购买总额、融资、风险承担及促销责任等问题亦应得到重视。实际上谈判争端是数不尽的。

讨价还价或谈判具有以下特征：

一是至少有两方参与；二是各方在某个或多个议题上存在利益冲突；三是各方至

少就一种资源的特别的关系在一起会面；四是这一关系里的活动涉及一种或多种资源的分配或交换，以及各方或出席谈判的人们之间一个或多个争端的解决；五是谈判活动一般包括提出需要，或者一方提出某一计划方案，然后另一方对这些需求或方案进行评价，跟着就是做出让步或提出其他相对的方案。

6. 说服反对的意见

在展示的过程中或被要求下订单时，顾客几乎总是提出反对的意见。他们的抵抗可能是心理上意气用事，也可能是合乎逻辑的。心理抵抗包括顾客可能偏好于其他物流企业，或不愿意放弃某些东西等。合乎逻辑抵抗可能包括对价格或某一产品或公司特性的异议。为了说服这些反对意见，推销员要保持一种积极的态度，让购买者澄清一下他们的异议，指出抵抗或反对并无根据。

7. 成交

推销员应懂得如何从顾客身上发现可以成交的信号，如顾客的动作、评论和提问等。推销员有多个成交的技巧可以选择。他们可以帮助填写订单，简明扼要的重述协议要点，帮助购买者制定方案等。

8. 售后服务

如果推销员想要确保顾客满意和再次购买的话，这一最后的步骤是必需的。成交之后，推销员应当制定一个客户维持计划，以确保该顾客不会被忘记或失去。

三、推销人员的奖励

（一）单纯薪金制

单纯薪金制亦称固定薪金制，是指在一定时间内，无论推销人员的业绩是多少，均会获得固定数额报酬的形式。具体来说就是：职务工资＋岗位工资＋工龄工资。

1. 优点

易于操作，计算简单，易于管理；推销人员的收入有保障，有安全感；在调整销售区域或顾客时，遇到的阻力较小。

2. 缺点

对销售效率和销售利润最大化缺乏直接的激励作用；由于不按业绩获得报酬，故容易厚待业绩差的人而薄待优秀者；薪金属固定费用，在企业困难时难以进行调整。

（二）单纯佣金制

单纯佣金制是指与一定期间的销售业绩直接相关的报酬模式，即按销售基准的一定比例获得佣金。具体形式又有单一佣金和多重佣金（累退制和累进制）、直接佣金和预提佣金。

1. 优点

推销人员报酬是其销售行为的直接结果，富有激励作用；业绩越大报酬越大，推销人员的努力可获得较高的报酬；容易使推销人员将自己的行为与收入挂钩；佣金变动成本，公司易于控制销售成本；奖勤罚懒的效果非常直接，业绩差的推销员通常会自动离职。

2. 缺点

推销人员收入不稳定，精神压力大，甚至容易焦虑；对企业的忠诚度较差，可能为了分散风险多处兼职；推销人员采用高压式推销，不关心客户的服务需求；推销人员不愿意调整自己的销售领域，造成管理困难；在企业业务低潮时，优秀销售人员离职率较高。

（三）混合奖励制

兼顾了激励性和安全性的特点。其有效的关键在于薪金、佣金和分红的比率。

（四）特别奖励

包括经济奖励和非经济奖励。

四、物流服务广告策略

广告作为促销方式或促销手段，它是一门带有浓郁商业性的综合艺术。虽说广告并不一定能使产品成为世界名牌，但若没有广告，产品肯定不会成为世界名牌。成功的广告可使默默无闻的企业和产品名声大振，家喻户晓，广为传播。

（一）广告的概念

广告是商品经济与商品交换发展的产物，广告的含义也随市场经济的发展而不断变化。从广义上讲，凡是以说服的方式开展的有助于产品和服务销售的公开宣传都可以称为广告。在市场营销活动中，广告通常是狭义的，是指广告主付出一定的费用，通过特定的媒体传播产品或服务的信息，以促进目标受众知晓为主要目的的大众传播手段。该定义包括下列几层含义：第一，广告对象是广大顾客，有广而告之的意思。因此，它既区别于人员推销只向有限的顾客传播信息的方式，也区别于公共关系以所有的社会公众为对象的促销方式。第二，广告的内容是有关产品和服务方面的信息。所以，这里所讲的广告排除了刊登寻人启事、征婚等社会广告和刊登捐赠资助、倡导公益事业的公益广告。第三，广告的手段是利用大众传播媒体来进行的，对使用的媒体要支付一定的费用。因此这里所讲的广告区别于一般的新闻报道。第四，广告是为了促进产品和服务的销售。广告要针对目标市场需求有效地宣传企业或产品，并突出产品给顾客带来的利益，以此来影响目标受众的行为，促使他们采取购买行动。

（二）广告的特点

1. 大众性

广告面向大众传播，是一种高度大众化的信息传递方式。这一特点表明它比较适用于供应大众的产品的宣传推广。

2. 渗透性

广告是一种有着广泛渗透性的信息传递方式。通过广告媒体可以向尽可能多的目标市场进行宣传，宣传的效果具有很强的影响力。

3. 表现性

广告是一种很富有表现力的信息传递方式。它通过对印刷字体、声音以及色彩等元素的艺术化运用，可以很好地展现企业及其产品的形象和利益。

4. 非人格性

广告不像人员推销那样具有人格性。它属于单向沟通，不管目标受众的反应如何，只管自己强制灌输。即广告只有独白而不能对话。

（三）广告的作用

1. 传递信息

沟通产需。广告最基本的功能就是把商品和服务的信息传递给公众，沟通产需双方的信息联系，解决供求矛盾，加速商品流通。多种广告媒体传播面广而及时，深入到社会每一个角落，渗透到每家每户。因此，广告能缩短企业和顾客的距离，为销售人员敲开顾客之门，使顾客对企业、产品、厂牌、商标有所认识。通过广告的介绍，还可帮助消费者认识产品质量、性能、价格、购买地点、售后服务等情况，以便消费者进行比较选择。

2. 激发需求

增加销售。消费者潜在的需求和现实的购买总是存在一定的差距，广告的心理功能和美学功能能达到吸引顾客的目的。广告可以针对顾客心理活动规律进行宣传，促使顾客对企业和产品产生良好印象，诱发他们的购买欲望，促进消费者采取购买行为。成功的广告，可以发展顾客对企业和产品的偏爱，增加习惯性购买。生产者的广告还可以增强中间商的信心，使他们乐于并卖力推销商品。同时广告又是一种艺术，好的广告能够通过形象生动、色彩优美的画面，富有趣味的艺术语言，和谐动听的音乐旋律，引人入胜的题材，给顾客留下强烈的印象，因而能够极大地激发顾客的需求，达到增加销售的目的。

3. 介绍知识

指导消费。消费者的消费方式、消费习惯并不是固定不变的，广告可以通过宣传商品的品质、性能、使用方法等，使消费者增长市场知识和商品知识，同时在广告宣传中，经常选择令人感兴趣的题材，例如有关人们身体健康、独生子女成长教育和伦理、道德观念来充实广告内容。这些都能对消费者起到潜移默化的教育作用，起到指导消费的作用。

4. 树立声誉

有利竞争。竞争是商品经济的必然现象，作为一种择优的经济手段，存在于商品自身之中。企业之间市场竞争主要表现在产品质量、花色品种、商品价格、售后服务等几个方面，由于广告传播面广、覆盖率高、反应迅速的特点，对增强产品的竞争能力具有显著作用。商品所有者通过广告，把商品的各种特征展现在消费者面前，有利于消费者择优选择，尽快实现商品价值；有利于企业创名牌、建厂誉；并且加速了最新科学技术的交流和普及，加速了产品的更新换代。

（四）物流服务广告的目标

确定物流企业广告目标是物流企业对广告活动进行有效的决策、指导和监督及对广告活动效果评价的依据。物流企业要实施广告决策，首先应该明确广告活动的目标。物流服务广告目标的类型主要有创牌目标、保牌目标和竞争目标三种：

1. 创牌目标

物流企业以此为广告目标，目的在于开发新产品或服务和开拓新市场。针对物流服务的性能、特点和增值作用的宣传介绍，提高客户对服务产品的认知程度，只在要求提高新产品的知名度、理解度和客户对厂牌标记的记忆度。

2. 保牌目标

物流企业以此为广告目标，目的在于巩固已有的市场阵地，并在此深入开发潜在市场和刺激购买需求。它主要通过连续广告的形式，加深对已有商品的认可。广告的重点在于保持客户对广告产品的好感、偏好和信心。

3. 竞争目标

这类广告的目的，在于加强产品的宣传竞争，提高市场竞争能力。重点是在宣传本企业产品的优势之外，使客户认知本服务或产品能给他们带来的好处，以增强其购买欲望并指名购买。

需要注意的是，广告目标并不等于营销目标，只有在其他情况都已确定的情况下，以业务量来衡量广告效果才是可行的。

五、各种广告媒体的特征

广告媒体是指传递广告的媒介物，如报纸、杂志、广播、电视、电影、招贴等，其中报纸、杂志、广播、电视称为广告四大媒体。各种广告媒体传递商品信息的方法、效果都不同，因此做广告必须研究各种广告媒体的特点。

（一）报纸

报纸是我国当前主要的广告媒介物。报纸广告最大的优点是迅速、面广，且具有一定权威性，刊登广告有较高的信誉。局限性就是时效过短，感染力较差，读者一览而过，印象不深。当企业选择报纸刊登广告时，主要应当考虑报纸的发行量、发行范围和对象，以及广告刊登的版次、位置、大小等。同时还应注意，如果是地方性报纸，适宜刊登当地销售的消费品广告。

（二）杂志

杂志广告兴起于18世纪的英国，目前我国很多杂志都兼营广告业务。杂志广告最大优点就是针对性强、时效较长。各种杂志各有特定的读者对象，宣传不同的产品，可以选择在不同杂志上刊登广告。例如宣传机械产品的广告，可以刊登在工业性杂志上；化妆品广告，可以选登在妇女杂志上；玩具广告可选登在儿童刊物上，这样宣传效果较好。我国目前有2100多种杂志，可适合各种类型的产品刊登广告。同时杂志广告印刷质量较高，可用彩色图画，形象更美。缺点是传递信息较慢，费用较高。

（三）广播

无线电广播广告兴起于20世纪20年代，目前在工业发达的西方国家，电台广播广告已退居次要地位。在我国电台广播遍及全国城乡每一个角落，仍有很大作用。广播广告具有传递信息非常迅速、灵活性程度很高的优点，可以不受地点、时间限制，根据任何对象，采取各种内容形式传播信息，且价格低廉。缺点是广播仅是听觉媒介，听众记忆不牢，印象不深。企业在选取广播广告时，应注意节目编排情况、安排时间及播音水平等。

（四）广告策略

广告策略是指企业实现广告目的所采取的方法，它包括广告目标的选择、广告媒体的确定、广告内容的艺术处理、广告费用的科学安排，并把这四个方面有机地结合起来，形成一个效果最佳而费用最低的广告整体，同时与企业的市场经营策略相适应。

（五）电视

电视广告兴起于20世纪40年代，目前已成为风靡全球、最主要的广告媒体。电视广告具有形象生动，集声色视听之全的特点，既可演示，又可解说，能够直观、真实地传播信息，这种强烈的心理感染力是其他广告媒体所无法比拟的。目前电视在我国基本上已经普及，所以电视广告具有强大的宣传力量。其主要缺点是费用昂贵；时间短；播放时间不当，易引起观众反感。当企业选择电视作为广告媒体时，必须十分注意节目安排和播放时间。一般来说，晚上7时至10时、各种盛会节目间休息时间是电视广告的黄金时间。

（六）其他广告媒体

主要包括橱窗广告、路牌广告、招贴广告、交通广告、邮政广告、印刷广告、电影广告、包装广告等。这些广告媒体都具有针对性较强、信息传播面较窄的特点，企业可根据具体情况进行选择。

六、广告心理策略

攻心策略在现代广告中称为心理策略。广告心理策略具体表现为两个方面：

（一）针对消费者心理需求进行刺激、说服和引导

针对需求做广告是攻心策略的精髓，一种商品可以满足人们的多种需求，而不同的人对于相同的商品又有不同的需求。因此做广告重要的是了解消费者对商品寄予什么希望，企望得到什么满足，只有了解消费者的需求才可针对这种需求做广告，广告才能打动人心，促使购买。

（二）运用心理方法促使消费者完成购买心理过程

消费者从接触广告到产生购买一系列的心理变化过程，且这个过程是环环相扣、逐级递进的。国外广告学家将这个过程分为五个阶段即注意（Attention）—兴趣（Interest）—欲望（Desire）—记忆（Memory）—行动（Action），又称为 AIDMA 阶段。广告的心理方法有：

1. 唤起注意

引起注意的广告手法有：①增大刺激强度，如采用鲜明的色彩、醒目突出的图案和文字、富有动感的画面、特殊的音响等。②突出刺激元素间的对比，如静动对比、

虚实对比、色彩对比、节奏对比等。③增强刺激物感染力,即在广告设计中采用新奇独特的构思、生动活泼的形式和诱人关心的题材、选择适当的时间和空间等。

2. 激发兴趣

兴趣的产生基于两点:一是由强烈的刺激所引起,二是由内心的需求所引起。欲望常由兴趣引起,兴趣常由欲望而增强。

3. 刺激欲望

刺激欲望的最好办法是强调产品所能给予顾客的利益满足。

4. 增强记忆

广告是一种间接的促销手段,消费者从接触广告到实地购买还有时间和空间的隔离。广告要不断反复,并通过多种媒介组合宣传,增强消费者对广告品牌的记忆率和认识率。

5. 促使行动

促成购买是广告成败的最关键一步,虽是一步之差,但却可以使所做的一切努力前功尽弃。因而销售现场的广告宣传(即销售点 POP 广告)必不可少。

技能训练

为物流产品设计广告

一、实训目标

1. 加强对产品宣传的实践能力。

2. 锻炼广告策划能力。

3. 有创意地设计广告,培养创新精神。

二、实训内容与组织

1. 成立若干广告策划小组,选择准备要做广告宣传的产品。(可以跟有关的厂商联系,使本次训练更具有实践性。)

2. 为产品设计有创意的广告,小组间可以比拼,看看哪个组的广告有新意,哪个组能够使做了广告的产品确实提高销售额。

3. 对广告设计的反馈信息做整理,分析并总结广告的质量及其宣传力度对产品的销售有何帮助。

三、成果与检测

1. 以策划小组为单位设计一份广告策划书。

2. 各个策划小组之间进行评价，评出优秀策划方案。

3. 教师评估。

附作业提纲：

××产品广告策划书

一、市场环境分析

1. 产品分析

2. 消费者分析

3. 企业和竞争对手分析

二、编制广告计划

1. 广告的主题

2. 广告的具体内容

3. 此广告的新颖之处

4. 此广告能够达到怎样的预期效果

拓展阅读

国际快件公司的系列广告

DHL 国际快件公司在日本国内实施了一个以"DHL——全球商业邮件快递"为主题的系列广告宣传计划。该公司以电视、报纸及各种专用宣传品为媒介，广泛地开展广告宣传活动。通过一系列的广告宣传，使 DHL 的"纯粹认知率"（首位提名）在一般商务人员中，由原来的18%增加到30%；在从事国际商务工作人员中的比例由原来的34%提高到59%，这次广告活动在两个阶层中都取得了显著的成效。同时对中小企业中的顾客层也产生了很大影响，最好的证明就是小件货运部门的营业额正在持续增长。

一、公司概况

DHL 国际快件公司成立于1969年，有着世界上最早最大的国际航空快递网络，专门传递各种紧急商业文件及具有商业价值的小包裹，提供桌至桌的快递服务。现在，DHL 公司在全球184个国家和地区设立了1350多个办事处，拥有全球最庞大、最完善、最可靠的航空快递服务网络。DHL 公司雇有15000多名训练有素的专职人员，用自己的飞机及其他175家航空公司的飞机，确保用户的快件每次都能及时准确地送达。

"全球桌至桌的快递服务"是 DHL 公司独具信誉的一切业务内容。无论货物大小，顾客只要打一个电话，公司就会派人上门取货并一直由专人护送，直至将货物亲手交至收货人，为顾客提供优质、快捷、简便的服务。

二、市场背景

随着社会的国际化和情报化的发展，国际间的商业文件、小件货运市场急剧扩大。但同时，一些大型电气通信企业也开始相继渗透到文件运输的领域中来。尽管DHL国际快件公司是一家最早开拓这一市场的国际性企业，但以往的业务大多以一些大公司的行政部门为核心，在一般商务人员中的知名度和理解度较低，而这种局面对迎接来自其他竞争对手的挑战是非常不利的。因此，需要有针对性地确立一个目标，通过一系列的广告宣传活动来改变或改善这种不利的局面。

三、广告宣传目标

1. 先于其他企业，树立最佳企业形象。

2. 重点放在开发需求潜力大的商业小件货物运输市场。

根据以上两个目标，需要在人们头脑中留下"DHL——国际小件快递"这一印象。因此，广告宣传的主题定为"全球商业快递"。通过一系列的形象广告的宣传，使纯粹认知率在一般商业人员中从18%增加到30%；在国际业务人员中的比例由原来的34%增加到59%。

四、广告内容构成

由于DHL公司是首次推出系列广告，为了使"什么是DHL"这一主题表现更明确，设立了"我们是全球商业快递"这一诉求目标，以期达到知名度的早期渗透。广告的诉求目标设定为所有可能发送国际邮件的商务人员。

通过一系列有力的、多种形式的广告宣传，使人们感受到企业的宏大规模，产生对企业的信任感，从而对"小件货运的DHL"及其优质服务留有深刻印象。

五、表现手法

1. 着重宣传"实力最强的企业"这一事实，让人们真切地感受到DHL的全球性服务，并对其产生信任感和认知感。

2. 广泛宣传"我们是全球商业快递"这一目标，使更多的人知道DHL这个名字。

3. 使人们明确理解本公司与其他同类公司相比所具有的优势。

4. 刻意表明小件货运，展开系列广告宣传活动。

从以上四方面出发，集中选择具有世界型企业庞大规模的现实表现形式及广告类型，以引起人们的特别关注。

六、媒体战略

以日本主要经济报纸（日本经济新闻）和电视广告为主要媒体，面向一般商业人员展开广告攻势；同时，配合其他经济类及专业性报纸，使过去已知道DHL的人形成一个统一的印象。

报纸广告语：

——我们是全球商业快递

明智的选择，世界一流企业都使用 DHL 运送小型邮件。

——我们是全球商业快递

国际商业小件货运，DHL 的服务不仅在于"快"。

——我们是全球商业快递

从接货到交货，DHL 的商业小件物品始终不离 DHL 之手。

——我们是全球商业快递

我们的小件货物运往世界 170 个国家和地区。

哪里有国际商业，哪里就有 DHL。

——我们是全球商业快递

无论您的商业小件物品走到何处，DHL 时刻注视着全球的运送状况。

从办公桌到办公桌，走向世界 5 万个城市，DHL 的商业小件给您提供各种方便。

——我们是全球商业快递

思考：

1. DHL 的广告成功地在消费者心中留下印象，那么下一步应该怎么做？

2. DHL 把自己的形象定位在哪里？DHL 是如何宣传这一形象的？

3. 如果你的公司准备介入这个行业，与 DHL 一争高低，最好的办法就是找出它的不足之处，加强自己在这方面的宣传。那么，你将把形象定位在哪里？

任务三　设计营业推广与公共关系策略

 任务描述

TNT 的公关推广

TNT 的公共关系可分为内部公共关系和外部公共关系。

（1）内部公共关系。内部公共关系主要是员工关系，即首先取得员工的信赖与支持，包括全部的人事关系，是 TNT 整个公共关系的起点。建立员工关系的目的，是培养员工对 TNT 的认同感、归宿感，要达到这一目的就要尊重个人价值，将企业发展与员工个人价值的体现结合起来，不仅要在金钱和物质上刺激员工，更要增强员工的事业心、责任感和任劳任怨、奋勇拼搏的精神，把对工作的意识由自发提升到自觉的高度。

（2）外部公共关系。TNT 外部公共关系主要借助于公益促销。TNT 在华的促销策略更着重于长远利益，除综合运用多种促销方式外，最主要的就是钟情于公关。为了更好地宣传其品牌，提高品牌知名度和美誉度，也为了更好地赢得社会公众的认可，除了加强和政府的公关之外，还加强了社会公益活动的赞助。

作为"企业社会责任项目"中的一部分，TNT 倡导"回馈社会"，并为此做出了贡献。2004 年 TNT 集团举行了"行走天地间"步行筹款活动，中国区的活动于 2004 年 6 月 20 日在北京、上海、广州同时举行。通过此项活动，TNT 中国共筹得 60 万元人民币，用于资助在甘肃省开展的针对 4000 名儿童的"扶贫助学"项目。

在印度洋海啸灾难发生后，TNT 集团立即组织力量，帮助其长期合作伙伴联合国世界粮食计划署（WFP）以及其他人道主义组织实施救援行动，从 2005 年 1 月 17 日至 2 月 28 日，TNT 从每一件由中国发出的快件中捐出 1 元人民币，用于印度洋海啸灾区的救助。与此同时，TNT 还在全国范围内发动员工进行筹款活动，以救助印度洋海啸地区的受灾人民，并为灾区提供了价值 150 万欧元的人道援助。尽管这是每一个公民都应尽的责任和爱心，但 TNT 通过这次事件营销加大了其在中国乃至世界的影响力，扩大了知名度，使品牌更加增值。

海啸之后，TNT 与世界粮食计划署建立了伙伴关系，与其分享知识与经验，帮助世界粮食计划署升级其物流基础设施。人道援助机构所做的最初估计是，使用这一系统后，他们每月能节省约 30 万欧元（合 39.5 万美元），整个流程总共能节省 600 万欧元。

根据任务给定的情景，结合现在的经济热点为 TNT 设计公共关系推广方案。

任务目标

通过任务分析，使学生了解营业推广和公共关系的目标，熟悉其活动方式，设计简单的营业推广和公共关系的实施方案。

相关知识

一、物流服务营业推广认知

（一）营业推广的概念

营业推广（Sales Promotion）又称销售促进，是指在短期内能够迅速刺激物流需求、吸引客户，增加物流需求量的各种促销形式。营业推广在物流服务的各个阶段都是有效的，可以用来引起消费者注意、产生兴趣、诱发欲望、刺激购买，营业推广一般被看作是和广告、通过人员销售和公共关系一起构成促进活动的部分。当促销做法是降价时，也被看作是价格政策的组成部分。营业推广和其他沟通宣传形式结合并举时成效更好，特别是加上广告的效果更佳。在广告活动中，使用激励措施可以改变潜在购买者对服务的态度。

（二）营业推广的作用

（1）可以吸引消费者购买。这是营业推广的首要目的，尤其是在推出新产品或吸引新顾客方面，由于营业推广的刺激比较强，较易吸引顾客的注意力，使顾客在了解产品的基础上采取购买行为，也可能使顾客追求某些方面的优惠而使用产品。

（2）可以奖励品牌忠实者。因为营业推广的很多手段，譬如销售奖励、赠券等通常都附带价格上的让步，其直接受惠者大多是经常使用本品牌产品的顾客，从而使他们更乐于购买和使用本企业产品，以巩固企业的市场占有率。

（3）可以实现企业营销目标。这是企业的最终目的。营业推广实际上是企业让利于购买者，它可以使广告宣传的效果得到有力的增强，破坏消费者对其他企业产品的品牌忠实度，从而达到本企业产品销售的目的。

（三）营业推广的不足

（1）影响面较小。它只是广告和人员销售的一种辅助的促销方式。

（2）刺激强烈，但时效较短。它是企业为创造声势获取快速反应的一种短暂促销方式。

（3）顾客容易产生疑虑。过分渲染或长期频繁使用，容易使顾客对卖者产生疑虑，反而对产品或价格的真实性产生怀疑。

二、营业推广的目标

根据营业推广的不同对象，其目标可以分为三类。

（一）面向消费者

（1）赠送促销。向消费者赠送样品或试用品，赠送样品是介绍新产品最有效的方法，缺点是费用高。样品可以选择在商店或闹市区散发，或在其他产品中附送，也可以公开广告赠送，或入户派送。

（2）折价券。在购买某种商品时，持券可以免付一定金额的钱。折价券可以通过广告或直邮的方式发送。

（3）包装促销。以较优惠的价格提供组合包装和搭配包装的产品。

（4）抽奖促销。顾客购买一定的产品之后可获得抽奖券，凭券进行抽奖获得奖品或奖金，抽奖可以有各种形式。

（5）现场演示。企业派促销员在销售现场演示本企业的产品，向消费者介绍产品的特点、用途和使用方法等。

（6）联合推广。企业与零售商联合促销，将一些能显示企业优势和特征的产品在商场集中陈列，边展销边销售。

（7）参与促销。通过消费者参与各种促销活动，如技能竞赛、知识比赛等活动，能获取企业的奖励。

（8）会议促销。各类展销会、博览会、业务洽谈会期间的各种现场产品介绍、推广和销售活动。

（二）面向中间商

（1）批发回扣。企业为争取批发商或零售商多购进自己的产品，在某一时期内给经销本企业产品的批发商或零售商加大回扣比例。

（2）推广津贴。企业为促使中间商购进企业产品并帮助企业推销产品，可以支付给中间商一定的推广津贴。

（3）销售竞赛。根据各个中间商销售本企业产品的实绩，分别给优胜者以不同的奖励，如现金奖、实物奖、免费旅游奖、度假奖等，以起到激励的作用。

（4）扶持零售商。生产商对零售商专柜的装潢予以资助，提供 POP 广告，以强化零售网络，促使销售额增加；可派遣厂方信息员或代培销售人员。生产商这样做的目的是提高中间商推销本企业产品的积极性和能力。

（三）面对内部员工

主要是针对企业内部的销售人员，鼓励他们热情推销产品或处理某些老产品，或促使他们积极开拓新市场。一般可采用销售竞赛、免费提供人员培训、技术指导等形式。

三、营业推广的步骤

（一）确定推广目标

营业推广目标的确定，就是要明确推广的对象是谁，要达到的目的是什么。只有知道推广的对象是谁，才能有针对性地制定具体的推广方案，例如，是以达到培育忠诚度为目的，还是鼓励大批量购买为目的。

（二）选择推广工具

营业推广的方式方法很多，但如果使用不当，则适得其反。因此，选择合适的推广工具是取得营业推广效果的关键因素。企业一般要根据目标对象的接受习惯和产品特点，目标市场状况等来综合分析选择推广工具。

（三）推广的配合安排

营业推广要与营销沟通其他方式如广告、人员销售等整合起来，相互配合，共同使用，从而形成营销推广期间的更大声势，取得单项推广活动达不到的效果。

（四）确定推广时机

营业推广的市场时机选择很重要，如季节性产品、节日、礼仪产品，必须在季前节前做营业推广，否则就会错过时机。

（五）确定推广期限

即营业推广活动持续时间的长短。推广期限要恰当，过长，消费者新鲜感丧失，产生不信任感；过短，一些消费者还来不及接受营业推广的实惠。

四、公共关系策略认知

公共关系是指某一组织为改善与社会公众的关系，促进公众对组织的认识、理解及支持，树立良好的企业形象而进行的一系列活动。公共关系有三个明显的作用：有利于美化企业形象，提高企业信誉；有利于企业与公众相互理解，消除误会，维护企业声誉；有利于协调企业内部关系，增强企业的凝聚力。

公共关系有三个要素：社会组织、传播沟通、公众。其中，社会组织是公共关系活动的发起者，是公共关系活动的主体，没有社会组织就没有公共关系；传播沟通是公共关系活动的手段和媒体，没有传播沟通也就没有公共关系；公众是公共关系的对象，公共关系是针对对象来做的，没有对象也就没有公共关系。在三要素中间，社会组织具有主导性，传播沟通具有效能性，公众具有权威性。协调三要素之间的关系，是公共关系活动的基本规律。

由于物流企业的活动涉及面广，环节多，如发货人、收货人、货代、订舱、报关、商检、清关和运输、存储、装卸搬运、分拣、加工、信息处理等，因此，物流企业做好公共关系显得格外重要。而且物流企业对新闻事件、出版物、社交活动、社区关系及其他公关手段的创造性运用，还能够为企业提供一条区别于其他竞争对手的途径。

物流企业公共关系的特点主要有：

（1）从公关目标来看，公关注重长期效应。物流企业公共关系追求的目标是与社会公众利益一致，通过一系列有计划的活动，树立和保持企业的声誉和形象。这一目标的达成，不是一朝一夕能够实现的，需要企业长期的积累，不断努力才能成功。

（2）从公关的对象来看，公关注重双向沟通。公共关系的对象是公众，物流企业活动的涉及面广，公关对象主要由企业内部公众、媒体公众、客户公众、政府公众、社区公众及与其业务有关的其他公众等。物流企业进行公共关系活动，就是要一方面将有关产品及组织的各种信息及时、准确、有效地传播给公众，争取公众对企业的认识和了解，提高企业的知名度和美誉度，为企业树立良好的形象；另一方面还要从广大公众中收集有关市场需求信息、价格信息、产品及企业形象信息、竞争对手信息及其他有关的信息，为协调企业与公众的关系打下基础。

（3）从公关的手段看，公关注重间接促销。物流企业公共关系活动是通过对各种传播手段的运用，搞好与公众的关系，树立企业的形象，进而促进产品的销售。它不同于广告、人员推销和营业推广。这些策略对促销产品起到直接的作用，而公共关系则比较间接。

五、物流企业公共关系活动的形式

（一）利用新闻媒介扩大企业宣传

物流企业应争取尽可能多的机会与新闻单位建立联系，通过新闻媒介向社会公众介绍企业及其产品。其优点是：

（1）可以节约广告支出。

（2）由于新闻媒介具有较高的权威性，覆盖面广，企业借助于新闻媒介的宣传效果要远远好于广告。这方面的工作内容主要包括撰写新闻稿件，编辑企业各类刊物以及简讯和年度报告，向新闻界和有关团体及个人散发企业的材料，参加各种社会活动等。

（二）支持公益活动

物流企业通过赞助如体育、文化教育、社会福利等社会公益事业，使公众感到企业不但是一个经济实体，而且也能主动肩负社会责任，为社会的公益事业做出贡献。这样，必然会扩大和提高企业在社会公众中的声誉和地位。

（三）组织专题公关活动

物流企业可以通过组织或举办新闻发布会、展览会、联谊会、庆典、开放参观等专题公关活动，介绍企业情况，沟通情感，增进了解，扩大宣传，树立形象。

（四）加强内部员工的联系

物流企业可以组织内部员工进行一些文娱活动、体育活动、旅游或演讲等，还可以组织各种座谈会来交流思想，协调各部门及员工之间的关系。通过开展活动来培养员工的集体意识，增强企业的凝聚力。

技能训练 ✛➤

一、训练内容

（1）通过对 TNT 公司促销手段的讨论，说明营业推广和公共关系对企业的重要性。

（2）为 TNT 快递设计在中国市场的营业推广策略。

二、训练要求

（1）将班级分成若干组，每组 4~6 人，由各小组组长进行成员分工，通过网络或书刊查阅相关资料。

（2）要求小组成员均参与其中，分工明确，各负其责，各人要有完整的工作记录。

（3）各小组将收集的资料制作成课件，按时交给指导教师审核。

（4）根据学生课堂讲演情况进行评定成绩。

拓展阅读 ✛➤

UPS 的全球化道路

在 2001 年 4 月 4 日，UPS（联合包裹公司）首次获得中国直航权，每周有 6 个航班从美国直航北京和上海。这是 UPS 在中国转折性的一步。UPS 的董事长吉姆·凯利称这是"千辛万苦争得的机会"。因为 2000 年 UPS 的中国业务增长了 45%，直航权在第一年就可以为 UPS 带来超过 1 亿美元的收入。直航权不仅是 UPS 的利益，也是 UPS 在中国的一大批跨国公司客户的利益。UPS 加快进入中国，对任何一个享受 UPS 服务的客户来说都是好事情。至少 IBM、戴尔、耐克、3COM、思科、通用、大众及惠普等跨国巨头们会为此热烈鼓掌——这些全部是 UPS 的全球协议客户。

20 世纪 80 年代，UPS 在美国的一些重要客户如 IBM、摩托罗拉、惠普等都在中国开展了业务。它们作为 UPS 的全球协议客户，当然要求 UPS 把服务延伸到中国。起初，UPS 不能在中国设立机构时，就通过中国公司代理，转到 UPS 在亚太其他地区的机构去处理。1988 年，UPS 和中国外运集团签订了代理业务协议。到了 1996 年，UPS 终于争取到成立合资企业的权利，与中国外运集团成立北京合资公司，并在上海成立代表处。这些机构配合 UPS 在新加坡和中国香港、台北等地的公司，开始提供比较规范的服务。UPS 中国区总裁陈学淳说："虽然我们现在已经比 1996 年前进了不知道多少倍，不过现在经常有大客户要求 UPS 加快进入中国的步伐，因为他们的业务量在攀升，他们希望可以在中国享受 UPS 在欧美一样的服务。大概国内的包裹服务实在是让他们很不适应。不过，说实话，这也不是 UPS 一家可以做到的。"

UPS 在进入中国时所面对的困难，一方面是众所周知的政策问题，而另一方面，是让 UPS 十分头疼的环境问题。其实，UPS 自己也有一大批为自己提供服务的跨国公司伙伴，离开它们的支持，UPS 也觉得在中国不太适应。它也在不时地向这些服务商招手示意，希望它们全都进入中国，能够像在美国一样有个健全的生存环境。

1998 年 UPS 在进入中国后，其亚太区协议公关咨询服务商爱德曼国际咨询公司也于 1990 年在北京成立了独资公司——"爱德曼国际公关中国有限公司"，并在上海和广州分别设立办事处。爱德曼是全球最大的公关咨询服务公司，拥有 400 多家分公司，专门为跨国公司提供公关服务。20 世纪 90 年代初期，中国的公共关系行业还处在极端原始的阶段，而由于经过长期合作，爱德曼已经对 UPS 的推广宣传形成一套系统，UPS 当然不会选择国内的或其他的公司来做。

与爱德曼相似，UPS 的另一个全球协议服务商美国麦肯·伊瑞克森世界集团，一直代理着 UPS 在全球的广告发布。该公司对于 UPS 的全球品牌行销操作极其成功。这家公司是全球极具实力的整合行销与传播集团，为很多跨国公司提供行销与广告服务。在广告领域，虽然中国有上万家广告公司，但是跨国公司几乎很少把行销广告业务交给中国广告服务商。在 UPS 进入中国后，由于有广告领域准入政策限制，麦肯·伊瑞克森世界集团无法进入中国，UPS 那时在中国的广告业务量也明显很小。直到 1991 年年底，该公司和光明日报在中国设立合资公司麦肯光明广告公司，才开始与 UPS 在中国对接。当然，并不是所有的服务商都像广告和公关公司一样能招之即来。这是让 UPS 和它的服务商都感到无比痛苦的事情。UPS 的全球协议银行是美国第二大商业银行美洲银行，该银行总资产近 7000 亿美元，在许多跨国公司眼里，它有良好信誉。该银行几经周折，最后才在中国设立了办事处，但是大部分业务都受到限制，电子银行业务更是难以开展。对于很多为跨国公司服务的银行来说，它们费力地来到中国，获得的业务量比付出的代价要小很多，但是这些银行更看重的是它在中国的大客户。据陈学淳说，美洲银行在中国的业务开展受限太多，对 UPS 来说是很不利的，很多在美国的银行服务都不能享受，但是中国银行又极其不适合 UPS。保险公司面临同样的金融管制问题。

UPS 的全球协议保险公司是 OPL 集团，这是在百慕大注册的一家保险公司，因提供特殊的保险业务（包括特殊保险顾问、风险测试、风险实验、风险调查等）而风靡全球。该公司推出的产品适合于空运、船运、火灾、事故等特殊领域的保险。UPS 选择它显然是经过考虑和斟酌的，但是在外资保险业被严格限制的时期，OPL 这种保险公司更难以进入，除非它以保险咨询的名义拿到牌照。目前，该公司在中国没有任何办事机构。陈学淳说，UPS 现在在中国的业务没有用保险公司，如果 OPL 不来，UPS 就只能对客户提供常规的理赔服务，因为中国的保险公司无法提供符合规范的包裹附加保险服务。金融和保险的问题还可以等一等，但是也有一些问题是 UPS 不能等的。UPS 最引以为豪的是，全球独一无二的无线终端——包裹资料收集器 DIDA3，很大程度上它是 UPS 可以实现实时查询每天 1300 多万件包裹所在位置和所处流程的关键产品。速递员拿着这个终端可以在收到包裹的第一时间把包裹的信息传递到总部的数据库，而且还可以在收货人收到包裹的同时，把收货人在 DIDA3 上的数字签名传送给送货人。当然，这种基于蜂窝电话网络的无线的数据传输是需要电信运营商支持的。

目前，在美国、欧洲甚至亚洲绝大部分地区，UPS 都在使用 DIDA3，日常使用量达到 8500 个，日处理包裹 320 万个。但是，在中国大陆，由于这种产品需要运营商提供移动通信网络平台，而中国没有人能够为 UPS 提供这样的服务，并且政策也限制外资对这个领域的进入。于是，面对这些无奈，UPS 为了保证运作的统一性，不得不在中国使用前一代产品——DIDA2，采用每天到数据库输入内存信息的方法，牺牲了实时的优点。

有时候，一些服务是 UPS 必须要解决的，服务商又进不来，UPS 还会采取更加极端的方法。比如，UPS 在中国没有货运代理权利，但是这个权利对 UPS 这样一个全程服务商至关重要。于是 2013 年 UPS 以 4 亿美元的代价收购了一家在中国拥有货运代理资质的美国跨国公司——飞讯。

可以想象，像 UPS 这种庞大的国际化链条一旦全部移植到中国，其优势将是惊人的，中国企业显然无法望其项背。仅在速递市场，自 1995 年以来，UPS、DHL、FedEx、TNT 等跨国公司在中国的速递业务每年营业额都保持在 20% 以上的增长，而中国邮政的 EMS 却只有 2% 的增长率，EMS 的市场份额也从高峰期的 97% 下降到 40%。值得注意的是，这些境外公司大多宣称自己的业务都是国外延伸进来的。这一方面说明了作为他们全球客户的跨国企业在中国的高速发展，另一方面也隐含着更大的威胁——人家还没有开始开拓中国本土的市场。

其实，前面说到的马士基和 UPS 仅仅是商业链条里面物流行业一部分中的单个企业。如果我们把目光放到更广泛的商业链条中就会发现，这些一串一串的跨国公司实际上已经形成了一张大网。无论是"马士基—宜家的点对点"，还是"UPS 的一条线"，都不是 WTO 之后跨国公司进入中国的准确概括。因为每一个跨国公司都有若干个链条，这一个个跨国链条相互交织，最后是一张越结越密的大网。这就像宜家的公关公司是瑞典的奥波达咨询公司，而奥波达咨询公司又服务于摩托罗拉，摩托罗拉又可能选择马士基物流，它们的能力可以借此得到最大的发挥，甚至被系统性地放大。

迷失在海上

一、背景资料

你搭乘私人游艇，漂泊在南太平洋上。由于一场无名火，使得游艇的大部分物资和一些设备已被烧毁。现在游艇正慢慢地下沉。由于重要的航海设备已经被烧毁了，你的位置并不明确；而且你和全体游客正在狂乱地想把这场火熄灭。依你的判断，你正在最接近的陆地的西南方大约 1000 里的地方。

下面所列的八项物品在这场大火后，并没有损坏。除了这些物品外，还有一艇可用的人工橡胶救生筏和几只船桨，足以负载你和游客。其他所有生存者的口袋里，还有一包香烟、几盒火柴和五张一元的纸币。

为了保证更多人的生存，请你将下列八项物品（六分仪、五加仑桶装的水、蚊帐、太平洋地图、小型电晶体收音机、逐鲨器、一夸脱的波多黎各 Rican 酒、钓鱼用箱包）依其重要性加以排列。将最重要的项目写上"1"，次要的写上"2"，以此类推，将最不重要的写上"8"。并通过沟通实现物品的集中调配于使用。

二、实训目标

1. 培养分析与概括沟通中存在的各种障碍的能力。

2. 培养针对特殊问题进行正式与非正式沟通的能力。

三、实训内容与组织

1. 在课下每位同学对上面各项加以排列之后，把排列结果先交给老师保留。为了避免自己主观的判断，要依照理性的基础，来进行排序。

2. 请老师将同学们分为几组，各组先在课下进行讨论，取得一致意见。这意味着在团体决策之前，这八项物品的每一项排列，必须经过每位团体成员的同意。要达成一致性是相当困难的。因此，并不是每一项物品的排列，都要每位成员完全同意。然而，作为一个团体，至少要做到大致上同意。应避免采用"降低冲突"的技巧，如多数决、平均决或交换条件。

3. 在课上各小组之间进行讨论，然后，由老师组织进行全班"公投"，看哪些小组与个人的结果更接近大家的意见。

四、成果与检测

此次实训的主要目标是不论个人还是小组，同学们都能准确迅速地完成选择决策，对完成效果好的小组和个人进行表扬。主要标准如下：

1. 个人排序迅速准确、上交老师及时。

2. 小组中有适当争论（当需要时，能够提出并坚持自己的观点，不随波逐流），又迅速达成一致（而非不负责任的苟同）。

3. 有较强的说服他人，接受自己观点的能力。

4. 排序结果接近最终大家意见。

附作业提纲：

一、方案确定的思路与沟通的重点

二、成功沟通的关键

项目八　设计物流企业整体形象

 知识目标

1. 熟悉内部营销的内容构成、有形展示的类型、物流作业的基本流程；
2. 理解企业形象的构成要素及重要意义；
3. 掌握人员参与、有形展示及企业形象战略的内涵。

 技能目标

1. 能够进行简单的物流服务有形化设计；
2. 能够进行小型物流企业的形象设计。

任务一　感知物流服务的特殊策略

 任务描述

如何使物流服务有形化

　　价格是对物流服务水平和质量的可见性展示，是顾客判断物流服务水平和质量的一个依据，但物流企业没有必要把价格规定得过细。一般可以把物流服务产品分成几个档次，每个档次定一个价格即可，这样既可以从价格上反映出服务的质量差别，又简化了物流服务企业的工作。分级定等时，级数不宜过多，对于一般物流服务来说，大致可以定为 5 级。有专家指出：服务价格的分布应和统计学的正态分布差不多，40% 的价格定为平均价格，20% 的价格高于平均价格，20% 的价格低于平均价格，10% 定为最高价，剩下的 10% 定为最低价。实行分级服务，能在形态上或感觉上有明显的区别，以便使顾客信服。价格的高低直接影响着物流企业在顾客心目中的形象，

丹麦马士基就凭借自身良好的服务质量将自己定位于高运价高质量的细分市场。

试分析中国快递市场"四通一达"的价格有形化展示。

任务目标 ✦➤

通过任务分析，使学生掌握人员参与、有形展示和过程设计策略的内涵，并能够做到设计物流服务的展示方案。

相关知识 ✦➤

在前面的学习中，我们曾经学习过物流服务营销组合的"7Ps"战略，除了传统的产品、价格、渠道、促销四个策略之外，还有人员展示（People）、有形展示（Physical Evidence）、服务过程（Process）三个因素，由此形成一体化的服务解决方案。

一、物流服务人员参与策略

在提供物流服务产品的过程中，物流企业的员工是一个不可或缺的因素，尽管有些物流服务产品是由机器设备来提供的，如网上物流服务等，但物流企业的员工在提供这些服务的过程中仍起着十分重要的作用；对于那些要依靠员工直接提供的物流服务，员工因素就显得更为重要。一方面，高素质、符合有关要求的员工参与是提供物流服务一个必不可少的条件；另一方面，员工服务的态度和能力水平也是决定顾客对物流服务满意程度的关键因素之一。

顾客对物流企业服务质量评价的一个重要因素是一线员工的服务素质和能力，而要形成并保持一支素质一流、服务质量优异的一线员工队伍，物流企业管理部门就必须做好员工的挑选和培训工作。物流企业要对顾客进行外部营销，更要对员工开展内部营销。

（一）服务人员在物流服务营销中的作用

物流服务是通过物流服务人员与顾客的交往来实现的，物流服务人员的行为对物流企业的服务质量起着决定性的作用。服务人员在物流服务中的重要性主要体现在如下的关系上：

（1）员工的满意程度与物流企业内部质量相关。员工对于工作的满意程度会直接反映在其对工作的态度上，对直接面向顾客的员工来讲，其对工作的满意程度决定了他为顾客服务的质量的高低。

（2）员工的忠诚度与员工的满意度相关。员工对工作满意才会产生对企业的忠诚感，可以较好地降低员工流失率，从一定程度上提高物流企业的经济效益。

（3）员工的生产效率与忠诚度相关。

（4）物流服务的价值与员工的生产效率相关。

这一系列的推断说明内部质量是基础，可以通过评价员工对自己的工作、同事和企业的感觉而得到。最主要的是来自员工对自己工作的评价，而员工对物流企业内其他人的看法和物流企业内部人员相互服务的方式也对内部质量产生影响。换句话说，物流企业内部对人力资源的管理影响着员工的满意程度，从而最终导致物流企业服务价值的实现。

（二）内部营销

1. 内部营销认知

内部营销的概念形成于 20 世纪 80 年代，现在越来越多的物流企业认识到它们需要内部营销过程，内部营销以被当做是外部营销成功执行的先决条件，内部营销起源于这样一个观念，即把员工看做是企业最初的内部市场。如果产品、服务和沟通行动在针对内部目标群体时不能更好地市场化，那么，最终针对外部顾客的营销活动也不可能取得成功。

菲利普·科特勒曾指出："内部营销是指成功地雇佣、训练和尽可能激励员工很好地为顾客服务的工作。"这也就是说向内部人员提供良好的服务和加强与内部人员的互动关系，以便一致对外地开展外部的服务营销。这里所说的对员工的雇佣、训练和激励，包括的内容为服务人员的训练、服务人员的处置权、服务人员的义务和职责、服务人员的激励、服务人员的仪表、服务人员的交际能力、服务人员的服务态度等；内部营销过程实际上也就是对服务营销组合中各人员要素的管理过程。

内部营销是一项管理战略，其核心是培养对员工的顾客服务意识，把产品和服务通过营销活动推向外部市场之前，应先将其对内部员工进行营销。任何一家企业事先都应该意识到，企业中存在着一个内部员工市场，内部营销作为一种管理过程，能以两种方式将企业的各种功能结合起来。首先，内部营销能保证公司所有级别的员工，理解并体验公司的业务及各种活动；其次，它能保证所有员工准备并得到足够的激励以服务导向的方式进行工作。内部营销强调的是公司在成功达到与外部市场有关的目标之前必须有效地进行组织与其员工之间的内部交换过程。

从策略层次上看，内部营销的目标是：通过制订科学的管理方法、升降有序的人事政策、企业文化的方针指向、明确的规划程序，创造一种内部环境，来激发员工主动为顾客提供服务的意识。从战术层次上看，内部营销的目标是：向员工推销服务、支援服务、宣传并激励营销工作。

在服务营销中，有两句格言流传甚广，经常为人们所引用，其一是："你希望员工怎样对待顾客，你就怎样对待员工。"其二是："如果你不直接为顾客服务，那么你最好为那些直接为顾客提供服务的人提供优质服务。"这两句格言都提示了一个原则：对人的尊重和树立团队观念。因而，内部营销被用来对物流企业员工推销服务理念与争取的价值观。物流企业可以通过内部营销，使"顾客至上"观念深入到员工的心坎，从而使物流服务提供者更好地履行自己的职责。

2. 内部营销的开展

无论是将员工视为内部客户，还是强调员工在客户满意中所起的中心作用，内部营销理论的实质是强调企业要将员工放在管理的中心地位，在企业能够成功地达到有关外部市场的目标之前，必须有效地运作企业和员工间的内部交换，使员工认同企业的价值观，接受企业的组织文化，通过为员工提供令其满意的服务，促使员工为企业更好地服务。因此，提高员工的满意度就成为了企业内部营销的核心。

内部营销研究发现，影响员工满意度的内部条件按影响程度高低依次为：工作本身、培训、报酬、提升的公平性、在尊重和个人尊严方面所受到的待遇、团队工作、公司对员工生活福利的关心程度。有鉴于此，内部营销要围绕着了解员工的情感和需求，吸引、培训、激励、沟通及保留员工而努力。

（1）内部市场调研。是对员工的有效管理。可以借鉴外部营销调研的成熟方法和技巧应用于内部营销，如实地观察法、一对一访谈、专题讨论、问卷调查等，用于建立员工档案，了解员工的基本情况、技能特长及情绪、信仰、价值观等，对企业的态度、对管理者的评价和期望、对内部服务质量的要求、对企业产品和服务的看法及建议等。内部市场调研的目标市场，不仅包括现有在职员工，甚至可以包括潜在的员工和离职的员工，这样才能真正了解职业市场的劳动力供求趋势、人才分布结构、薪资福利水平、期望的工作类型、职业发展方向及人才流动趋势等总体情况。

（2）内部市场细分。细分的前提是差异性和专业性，因为每位员工在受教育程度、人生经历上的不一致，导致了工作能力、心理和性格上存在着差别，需要把现代营销的市场细分理论应用于内部营销，把企业的内部市场像外部市场营销一样进行细分，认真了解员工的工作能力、心理类型和性格，根据员工不同的需要及情感特征，将其分为不同的群体，实施不同的管理方法、有针对性的激励方式和沟通策略，安排适合员工个性和专长的工作岗位，采取不同的营销组合，这样才能留住员工、保持员工满意、提升员工忠诚度并充分调动每位员工的主动性，使之为实现企业的目标而积极服务。

内部市场细分的变量较多，除员工个性、知识特点等心理、行为变量外，主要还有"员工在组织中所处的层次"及"员工与客户接触的程度"等。有两点需要特别指出：高层管理者既是内部营销的目标客户之一，也是内部营销的领导者和发起者，如果没有他们的认同，内部营销的理念很难得到全体员工的认同、接受，并融入企业文化且成为其中的一部分；同时，后台接触员工和支持性员工对创建、维护整个企业的"客户意识"和"服务文化"，也发挥着重要作用。

3. 招聘、教育和培训

不同的企业组织需要招聘不同类型的人才。企业与员工之间的相互匹配，是开展内部营销的先决条件，包括：企业文化与员工价值观、人格特性的匹配，公司发展方向与员工个人职业生涯发展方向的匹配，公司职位与员工能力、兴趣的匹配等，其中最重要的是企业文化与员工价值观的匹配。对服务性企业而言，最重要的是具有服务意识和客户导向、头脑敏锐的人才。对业务的胜任和精通十分重要，客户导向甚至可能比业务上的精通更重要。因此，在聘用人才的时候，除了要考察其教育背景、技术技能等常规项目之外，应重点考察应聘人员的内在素质和客户导向的程度，以保证吸收的员工易于同企业核心价值观相融合，从而降低新员工与组织的磨合成本。

(三)"顾客或员工关系反映"分析

1. 关心员工遇到的问题并帮助解决

管理人员应该关心影响员工工作的问题，包括公事也包括私事。管理人员可以从以下几个方面考虑：

(1) 定期举行与基层员工的会议，可以使高层管理人员从这些普通员工中得到建议。

(2) 为员工提供一些福利性的帮助，比如说通过赞助援助员工的计划和为员工作信用担保等方式以表示对员工需求的关心。

(3) 制订一些支持员工的计划，包括提供服务、职位阶梯和分享企业利润。

管理人员在与下属交往时应尽量避免显示自己的权威性，同时可采取一些显而易见的措施。比如，办公室不设门或办公时间敞开门，能使员工感觉如果有难题可以随时直接找管理人员。

2. 使员工了解组织内部发生的事

如关于销售、利润、新产品、服务和竞争的综合情况；其他部门的活动；关于企业在实现目标上的最新发展及完成任务的情况。

如果每个员工都了解组织内部发生的事，会使物流企业在对顾客的服务过程中得到好处。因为，如果在物流服务中有一时无法处理的情况发生，员工会很快找到答案或让能处理的员工来完成对顾客的服务。

3. 树立组织的整体观念，增强员工责任感

培养员工共同的责任感应始于新员工加入时，新员工需要学会的是对顾客和对其

他员工的责任感。要使这项工作持续进行还需要关注顾客对负责任的员工的反馈信息，经常回顾工作中表现出责任感的行为以及对那些很好地为顾客服务的员工进行当众表扬。

4. 尊重员工

当员工感觉不被上司或同事尊重时，他在对顾客提供物流服务的过程中往往显得易于急躁，管理人员在与员工的交往中应注意自己的言行，处处体现出对员工的尊重：

（1）及时表扬出色完成工作的员工。

（2）记住下属的名字。

（3）尽量避免当众指责员工。

（4）为员工提供干净、适用的设备。

（5）注意礼貌用语。

（6）认真倾听并尽力去理解员工的看法。

5. 给予员工决定的权力并支持员工做决定

管理人员对员工给予充分的支持会令员工做得更好，下放一部分权力会使员工更加主动、积极地为顾客提供服务。可以从以下几个方面来理解"支持"：

（1）为员工提供应该配备的人员、资源及相关知识等以使员工更有效的工作。

（2）合理的加薪计划。

（3）为下属所犯错误承担相应责任。

（4）在其他人面前为自己的下属作辩护。

（5）把注意力集中在解决问题上，而不是一味地责备。

当然支持员工是在一定的范围内的，比如说在为下属所犯的错误承担相应领导责任的同时，也应对下属员工进行一定的责罚。

二、物流服务有形展示策略

所谓"有形展示"是指在服务市场营销管理的范畴内，一切可传达服务特色及优点的有形组成部分。在产品营销中，有形展示基本上就是产品本身，而在服务营销中，有形展示的范围就较广泛。事实上，服务营销学者不仅将环境视为支持及反映服务产品质量的有力实证，而且将有形展示的内容由环境扩展至包含所有用以帮助生产服务和包装服务的一切实体产品和设施。这些有形展示，若善于管理和利用，则可帮助顾客感觉服务产品的特点以及提高享用服务时所获得的利益，有助于建立服务产品和服务企业的形象，支持有关营销策略的推行；反之，若不善于管理和运用，则它们可能会传达错误的信息给顾客，影响顾客对产品的期望和判断，进而破坏服务产品及企业的形象。

根据环境心理学理论，顾客利用感官对有形物体的感知及由此所获得的印象，将直接影响到顾客对服务产品质量及服务企业形象的认识和评价。消费者在购买和享用服务之前，会根据那些可以感知到的有形物体所提供的信息而对服务产品做出判断。比如，一位初次光顾某家餐馆的顾客，在走进餐馆之前，餐馆的外表、门口的招牌等已经使他对之有了一个初步的印象。如果印象尚好的话，他会径直走进去，而这时餐馆内部的装修、桌面的干净程度以及服务员的礼仪形象等将直接决定他是否会真的在此用餐。对于服务企业来说，借助服务过程的各种有形要素必定有助于其有效地推销服务产品的目的的实现。因此，学者们提出了采用"有形展示"策略，以帮助服务企业开展营销活动。

基于服务产品的无形性和其他特性，顾客会更多地将注意力集中于通过多种有形的线索来强调和区分事实。因此，对于物流企业而言，要善于通过对物流服务工具、设备、员工、信息资料、其他顾客、价目表等有形物的服务线索的管理，增强顾客对物流服务的理解和认识，为顾客做出购买决定提供信息。

（一）物流服务有形展示的认知

物流服务有形展示的首要作用是支持物流企业的营销战略。在建立营销战略时，应特别考虑对有形因素的操作，以及希望顾客和员工产生什么样的感觉，做出什么样的反应。有形展示的效应包括：通过感官刺激，让顾客感受到物流服务给自己带来的利益；引导顾客对物流服务产品产生合理的期望；影响顾客对物流服务产品的第一印象；促使顾客对物流服务质量产生"优质"的感觉；帮助顾客识别和改变对物流企业及其产品的形象；协助培训物流服务员工。

（二）物流服务有形展示的方法

1. 物流服务有形化

让物流服务不那么抽象的办法之一就是在信息交流的过程中强调与物流服务相联系的有形物，从而把与物流服务相联系的有形物推至信息沟通策略的前沿。中国南方航空股份公司先后推出了"商务2000"、"货运5000"、"真诚9000"、"南航中转"、"货运中转"等特色品牌，使服务变得实际有形化。

2. 物流信息有形化

物流信息有形化主要是指营销人员通过营销手段使与物流服务有关的服务更加有形化，信息有形化常用方法就是鼓励大众对物流企业有利的口头传播，物流企业的信息通过大众口头传播，会直接影响顾客的消费倾向。因为大部分顾客在选择物流服务解决方案、第三方物流服务之前，总要先征询他人的意见或建议。

此外，让顾客及时地了解物流服务的相关信息，可以更好地提供顾客的满意度。如现在的物流公司都已经开始实施信息中心实时监控每一个快件的处理过程，通过无线传输，它保证了信息的实时扫描并上传，能够加强快件取送及查询的服务。

3. 价格展示有形化

对物流企业而言，价格除了是市场营销组合中唯一能产生收入的因素外，还有一个作用就是：顾客把价格看做有关物流服务的一个线索。价格能培养顾客对物流服务产品的信任，同样也能降低这种信任。价格可以提高人们的期望，也能降低这些期望。

在物流服务行业，争取的定价显得格外重要，价格是对物流服务水平和质量的可见性展示、是顾客判断物流服务水平和质量的一个依据，但物流企业没有必要把价格规定得过细。一般可以把物流服务产品分成几个档次，每个档次定一个价格即可，这样既可以从价格上反映出服务的质量差别，又简化了物流服务企业的工作。分级定等时，级数不宜过多，对于一般物流服务来说，大致可以定为 5 级。有专家指出：服务价格的分布应和统计学的正态分布差不多，40% 的价格定为平均价格，20% 的价格高于平均价格，20% 的价格低于平均价格，10% 定为最高价，剩下的 10% 定为最低价。实行分级服务，能在形态上或感觉上有明显的区别，以便使顾客信服。价格的高低直接影响着物流企业在顾客心目中的形象，丹麦马士基就凭借自身良好的服务质量将自己定位于高运价高质量的细分市场。中国民营快递中，顺丰速运也凭借自身良好的运送能力树立了高价位高服务质量的快递公司形象。

(三) 有形展示在物流服务营销中的作用

做好物流服务有形展示管理工作，发挥有形展示在营销策略中的辅助作用，是物流企业管理人员的一项重要工作。管理人员应深入了解本企业应如何巧妙地利用各种有形展示，生动、形象地传送各种营销信息，使消费者和员工都能了解并接受。

具体来讲，有形展示在物流服务营销中可发挥以下具体作用：

1. 使客户形成对物流企业的初步印象

经验丰富的物流客户受有形展示的影响较少，然而，缺乏经验的消费者或从未接受过本企业服务的消费者却往往会根据各种有形展示，如员工的仪表、物流机械设备等，对本企业产生初步印象，并根据各种有形展示，判断本企业的服务质量。服务企业应充分利用各种有形展示，使消费者形成良好的初步印象。

2. 促成客户对物流企业产生信任感

顾客很难在作出购买决策之前全面了解服务质量，要促使消费者购买，物流企业必须首先使顾客对企业产生信任感。向消费者提供各种有形展示，使消费者更多了解本企业的服务情况，可增强消费者的信任感。现在，不少服务企业将一部分后台操作工作改变为前台工作。例如，旅游宾馆的厨师经常在餐厅做烹饪表演，根据顾客的特殊要求，为顾客烹调食品。向消费者展示服务工作情况，提供服务工作的透明度，使无形的服务有形化，可提高消费者对本企业的信任感。

3. 提高顾客感觉中的服务质量

在服务过程中，顾客不仅会根据服务人员的行为，而且会根据各种有形展示评估服务质量。与服务过程有关的每一个有形展示，例如服务设施、服务设备、服务人员的仪态仪表，都会影响顾客感觉中的服务质量。因此，服务企业应根据目标细分市场的需要和整体营销策略的安全，无微不至地做好每一项基本服务工作和有形展示管理工作。为消费者创造良好的消费环境，以便提高消费者感觉中的服务质量。

4. 塑造本企业的市场形象

服务企业必须向消费者提供看得见的有形展示，生动、具体地宣传自己的市场形象。单纯依靠文字宣传，是无法使消费者相信服务企业的市场形象的。在市场沟通活动中，巧妙地使用各种有形展示，可增强企业优质服务的市场形象。要改变服务企业的市场形象，更需要提供各种有形展示，使消费者相信本企业的各种变化。

5. 促使员工提供优质服务

做好有形展示管理工作，不仅可为顾客创造良好的消费环境，而且可为员工创造良好的工作环境。使员工感到管理人员关心他们的工作条件，进而鼓励他们为顾客提供优质服务。做好有形展示管理工作，可使消费者了解服务的现实情况，也可使员工了解应如何提供优质服务，满足消费者的需要和期望。这就要求管理人员通过教育和培训，使员工掌握服务知识和技能，指导员工的服务行为，关心员工的工作条件和生活。

三、物流服务过程设计策略

物流服务过程是指物流服务产品交付给顾客的程序、任务、日程、结构、活动和日常工作。物流服务产生和交付给顾客的过程是物流服务营销组合中的一个主要因素。物流企业的顾客所获得的利益或满足，不仅来自物流服务本身，同时也来自物流服务的递送过程。因此，物流服务体系运行管理的决策对物流服务营销的成功十分重要。

(一) 关键的物流活动过程

在物品从原产地到消费地的流程中涉及以下关键活动：

1. 顾客服务

顾客服务被定义为"一种以顾客为导向的价值观，它整合及管理在预先设定的最优成本——服务组合中的客户界面的所有要素"。客户服务担负着捆绑和同意所有物流活动的力量。

2. 需求预测

需求预测包括确定客户会在未来某个时点所需要的物品数量及其伴随的服务。对未来需求的预测决定了营销策略、销售队伍配置、定价以及市场调研活动。销售预测决定生产计划、采购和购并策略以及工厂内的库存决策。

3. 库存管理

由于必须维持物品的充足供应以满足客户和制造商两方面的需求，库存控制活动显得非常关键。原材料和零部件以及制成品的库存都会消耗物理空间、人员、事件和资产，库存占用的资金无法用于别的地方。

4. 物流通信

通信是整个物流过程和企业客户之间极其重要的联系。例如，当 Sequent 公司的一个客户需要一个备件时，就会生成一份订单确认备件编码、数量和客户信息，然后用电子方式将订单传输到音速空运位于路易斯维尔的设施，同时确认函被返回以确认收到信息。调度员在几分钟内收到订单并发回订单确认。音速航空随后发运订单并在客户收到时间向 Sequent 送出发运确认。其结果是更快速的反应时间、更准确的订单和更严格的库存控制。

5. 物料搬运

物料搬运的目标是在任何可能的地方消除搬运；使行走距离最短；使在制品最少；提供无瓶颈的均衡流动；尽量减少由于浪费、破损、变质和偷盗所造成的损失。

6. 订单处理

订单处理的组成要素可分为三类，①运行要素，如订单录入、安排时间、订单发运准备和开发票；②通信要素，如订单修改、订单状况查询、错误纠正和物品信息请求；③信息和收款要素，包括信用查询和应收账款的处理。

7. 包装

当企业涉及国际营销时，包装变得更加重要。国际营销的物品要运输更远的距离和经受更多的物理搬运，如果国内的包装不够坚固，将无法满足国际配送的严格要求。

8. 零部件和服务支持

企业的部分营销活动是向客户提供售后服务，这包括在物品发生停顿和故障时提供替代的零部件。例如，汽车销售商必须有高效的服务部门提供完整的保养和汽车维修。拥有充足的备件和替换零部件，对于服务和维修活动都显得至关重要，并且物流负责确保无论在何时何地，客户只要需要就能得到那些零部件。

9. 工厂和仓库选址

无论设施是企业自己拥有还是租赁的，工厂或仓库的位置都是极为重要。工厂或仓库的战略性设置能帮助企业改善客户服务水平。合理的设施位置还能使物品从工厂到仓库、从工厂到工厂或是从仓库到客户的移动取得更低的与量相关的运输费率。

10. 采购

在大多数行业，公司将收入的 40% ~ 60% 花费在外界资源提供的资料和服务上。近几年以材料的供应和价格的大幅变动为标志的变化的经济环境，使采购在物流过程中地位显得更为重要。

11. 逆向物流

在许多行业，客户因保修、调换、再改造或再生循环等原因退货，逆向物流成本相对前向物流成本来说更高。通过系统将物品从客户运回生产者的承办可能是将相同物品从生产者运到客户的成本的 5 ~ 9 倍。退回的物品往往无法像原来的物品那样容易运输、储存和搬运。随着客户群的增大，他们对灵活和宽松的退货政策的需要以及收回和其他环境问题，使逆向物流变得尤为重要。

12. 交通和运输

交通运输活动涉及物品移动的管理，并且包括选择运输方法、选择专门的路径、遵守各种地方的运输法规，以及了解国内和国际的运输需求。

13. 仓储和运输

具体的仓储活动包括：决策储存设施是应该自己拥有还是租赁，储存设施的布局和设计，物品组合的考虑，安全和维修流程，人员培训以及生产率预算等。

（二）顾客参与物流服务过程的管理

顾客往往可以由服务人员关联的质量来判断物流服务质量，并从中获得满足感。显然，物流服务人员的自我态度，训练的质量与其对物流服务的知识水平，对于顾客的需求满足与否影响甚大。但是，服务人员毕竟只是物流服务系统的构成要素之一，他们虽然可以尽其所能协助顾客，但却无法完全补偿整体性物流服务系统的不完善和低效率。

在高接触度物流服务中，顾客也参与物流服务递送过程，因此物流服务系统的设计，也必须考虑到顾客的反应和动机。顾客对物流企业的要求，会影响到物流服务生产者的行为。要调整对物流服务系统的管理，可能要先调整顾客的行为，或者将顾客行为从物流服务系统中完全除去。传统的经济理论确定了提高生产率的三种方式：改善人力质量、投资于更有效率的资本设备、将原有工作予以自动化。

但是提高物流服务的生产率还应该加上第四种提高生产率的方式：改变顾客与物流服务生产者的互动方式。将物流服务系统，尤其是高接触度物流服务区分为技术核心与个人化接触两个部分，或许可以缓和顾客的抗拒问题。使用这种方式，大量的生产率可以在技术核心内实现（如网上物流交易）。但是顾客仍然和技术核心的作业有若干程度接触，因此，对顾客的反映保持高度敏感仍然很有必要。

技能训练

一、训练内容

（1）对学校创业孵化基地的快递公司进行了解调研。

（2）对申通快递进行有形化展示设计。

二、训练要求

（1）将班级分成若干组，每组4～6人，由各小组组长进行成员分工，通过网络或书刊查阅相关资料。

（2）要求小组成员均参与其中，分工明确，各负其责，各人要有完整的工作记录。

（3）各小组将收集的资料制作成课件，按时交给指导教师审核。

拓展阅读

以雇员儿女名字为飞机命名

某年，联邦快递（FedEx）获得国际人力资源咨询公司翰威特（Hewitt Associates）颁发的新加坡10大"最佳雇主"奖第三名。

联邦快递是通过非常特别的方式来"虏获"职员的心：它把公司的两大资产——员工和飞机，紧系在一块儿。

当公司决定以你孩子的名字为新飞机命名时，你可以想象自己有多兴奋吗？

对金多·考尔来说，这是天大的惊喜！她一接到公司的通知信，就立刻复印了十几份给所有的亲戚朋友，和他们分享这个大好消息。

金多目前是联邦快递（FedEx）的人力资源发展经理，让她的小女儿阿姆里特（Amrita）的名字"登上"飞机，就是公司送给这名为公司服务了15年的忠心雇员的礼物。

联邦快递就是用这么一个特别的方法来奖励员工。只要是公司职员，他们的孩子就有机会成为飞机"主人"。职员可把孩子的名字填写在表格上，寄交到美国总公司。每当公司决定添购新飞机时，就会以抽签的方式选出一个名字。联邦快递在全球有647架飞机，每一架飞机都是以雇员的孩子的名字命名。至今，新加坡的联邦快递公司有三名职员被抽中，有三架飞机以他们的孩子的名字命名。

金多是在 1997 被抽中，当时新添购的一架空中客车 A310 型飞机，就取了她的小女儿的名字。虽然这已经是 6 年前的事了，但金多昨天（17 日）向记者叙述这件事时，还是难掩兴奋的心情。金多笑着说："反正我一辈子也不可能买得起一架飞机，这真的是最好的一份礼物了！"她说："虽然是公司添新飞机，但我觉得这却像是我的家事。我就是联邦快递大家庭的一分子！"而这正是联邦快递希望在员工群中建立起来的归属感。

联邦快递新加坡董事经理蔡俊豪受访时说，公司以服务为主，公司的最重要资产就是员工。他说："只有当我们照顾员工时，员工才会照顾我们的顾客，这样一来，公司才可能不断改善和成长。"

提供高额培训津贴

除了以员工孩子命名的特别奖励计划外，联邦快递也为员工提供了高额的培训津贴、Bravo Zulu 奖（奖励超水平员工）等。

联邦快递珍惜员工，员工也自然肯为公司卖命，效忠公司。有超过九成的经理级职员，都是从较低层职位升上去的。

金多就是一个很好的例子。在 15 年前加入联邦快递时，她是一名顾客服务人员，当年只有 A 水准文凭。这些年来，她利用公司的培训津贴继续升学，先后考获专业文凭和大学文凭。当然，最令金多心系联邦快递的就是那架"Amrita 飞机"。3 年前，金多到美国公干时，还特地飞到位于孟菲斯（Memphis）总部去看一看它。

如今，她仍然有一个心愿尚未完成。她答应了小女儿一定要带她登上这架"Amrita 飞机"，让女儿真正感受到作为飞机"主人"的骄傲。

任务二　设计物流企业整体形象方案

关于北京环捷物流有限公司企业宣传片的提议案

一、前言

随着现代企业逐步对自身企业形象的重视，企业文化形象宣传慢慢成为品牌推介的重要途径，以往全部的纯广告投入份额也逐渐被针对客户的宣传片占据了一席之地，越来越多的企业也更多并有针对性地通过宣传片的形式为客户宣传自身企业，有效地抓住目标群体，并能够使客户之间产生一种口碑式的宣传，从社会层面提升自身企业形象和品牌美誉度。

二、宣传片的独特优势

1. 宣传片是一种视觉形象与文化理念相融合的动态传播形式，既不同于平面广告的静态表现，也不同于影视广告的直白阐述，拥有视觉蕴藏内涵，画面表现文化的综合性和整体性。

2. 宣传片是一种全视觉、全方位、全过程的企业形象宣传，可以让客户在充分了解企业整体形象的同时，更加信赖、信任、信托该企业。

3. 宣传片针对对象就是潜在客户和意向客户，直接锁定终端目标，一方面可以引导客户主动地接受，另一方面可以有效抓住客户群。

三、宣传片的拍摄意义

1. 北京环捷物流有限公司，其本身就是一个品牌和形象的传播者，所以其自身企业形象推广显得尤为重要，如何能让企业自己的形象表现得张弛有度，充满内涵，事关客户对环捷物流的信任和依托。

2. 环捷物流虽然目前拥有自身的形象推广形式，如企业宣传册、企业网站、甚至媒体推广等，但这些都是一种推出式宣传，而企业宣传片却能让潜在客户转被动为主动，属于一种主动接受式推广。

3. 环捷物流所经营的业务主要是服务型的，相对于一般产品生产型的企业有着难以让客户快速了解的一面，而通过宣传片这种在短时间内以视觉配合理念的融合推广形式可以加速客户对自身的深刻认同。

请根据给定学习情境，为北京环捷物流设计企业宣传片。

任务目标 ✛▶

通过任务分析，使学生掌握人员参与、有形展示和过程设计策略的内涵，并能够做到设计物流服务的展示方案。

相关知识 ✛▶

一、企业形象认知

（一）企业形象整体认知

企业形象战略策划又称企业识别，重点是进行企业形象设计。CIS 战略产生于现代市场经济，成熟于国际化的竞争环境，这种差别化设计渗透到企业的各个领域，成为一种新的竞争战略，即企业形象战略。物流企业形象战略也就是 CIS 战略理论在物流企业的运用与发展。

所谓物流企业识别，即一个物流企业区别于其他物流企业的标志和特征，是物流企业在社会公众心目中占据的特定位置和确立的形象。

CIS 的主要含义是：将企业文化与经营理念，统一设计，利用整体表达体系（尤其是视觉表达系统），传达给企业内部与公众，使其对企业产生一致的认同感，以形成良好的企业印象，最终促进企业产品和服务的销售。

CIS 的意义是：对内，企业可通过 CIS 设计对其办公系统、生产系统、管理系统以及营销、包装、广告等宣传形象形成规范设计和统一管理，由此调动企业每个职员的积极性和归属感、认同感，使各职能部门能各行其职、有效合作。对外，通过一体化的符号形式来形成企业的独特形象，便于公众辨别、认同企业形象，促进企业产品或服务的推广。

企业导入 CIS，实施 CIS 战略，即通过现代设计理论结合企业管理系统理论的整体动作，把企业经营管理和企业精神文化传达给社会及公众，从而达到塑造企业的个性、显示企业的精神、使社会及公众产生认同感、在市场竞争中谋取有利的地位和有效空间的一种总体设计与策划。

（二）企业形象构成要素

企业的形象不是由单一的某一个因素所构成，CIS 是个整体系统，由三个子系统组成：理念识别系统（Mind Identity System，MI）、行为识别系统（Behavior Identity System，BI）、视觉识别系统（Visual Identity System，VI）。在 CIS 的三大构成中，其核心是 MI，它是整个 CIS 的最高决策层，给整个系统奠定了理论基础和行为准则，并通过 BI 与 VI 表达出来。所有的行为活动与视觉设计都是围绕着 MI 这个中心展开的，成功的 BI 与 VI 就是将企业的独特精神准确表达出来。

1. 理念识别（MI）

即企业的经营理念。它是 CIS 的核心内容，因而是建立和实施 CIS 的原动力和基础。企业的经营理念是一个完整的观念体系，具体包括以下内容：

（1）企业价值观。是指企业及员工对其行为的意义所做的价值判断与取向。换而言之，企业价值观反映的是企业的存在对社会有何种意义，企业在社会发展中的使命究竟是什么，这一类是决定企业生存实质的问题。

现代市场经济条件下，企业的价值观体现两层含义：①追求利润最大化。这是企业最基本的使命，是由企业的性质决定的，舍此企业将难以存在和发展，更无法对社会经济发展做出贡献。②承担社会责任。企业立于社会之中，必须承担与此相适应的社会责任，追求对社会进步的贡献。这是构筑现代企业经营理念最重要的组成部分，也是树立良好企业形象的基石。

总之，企业价值观回答"为什么"这一涉及企业使命与存在价值的问题。因此，它是企业经营理念的基本出发点和确立其思维方式、行为规范的准则。

（2）经营哲学。是指企业依据什么样的指导思想去经营企业。它解决"怎样做"问题，因而是企业经营理念的具体定位。经营哲学是在企业的经营活动中逐渐形成的，具有经营性和实用性的特点。

（3）企业精神。是指以企业哲学为指导，建立在共同价值观基础上的，并为全体员工广泛认同的一种群体意识。企业精神能否成为企业凝聚力的精神支柱，必须符合两个基本条件：①体现时代特点，因为时代条件的不同，对企业精神的形成和要求就必然不同；只有适应时代变迁，企业精神才能产生巨大的精神力量。②符合企业目标，以企业目标为归依之地。如果企业精神游离于企业的目标之外，企业将无从生存和发展。因为，企业精神是整合群体关系，形成进取向上局面的精神力量，所以它必然应服从、服务于企业的发展目标，才具有实际的价值。

（4）行为准则。是指企业员工在经营与管理活动中，必须要严格遵守的一系列行为标准与规则。它包括服务公约、操作规程、岗位责任、劳动纪律以及考核奖罚制度等。

行为准则的功能，在于把员工的行为约束在符合企业营运的范围内，达到在工作秩序井然基础上的高效运行。行为准则的制定必须以规定明确、要求具体、奖罚分明、具有可操作性为基本原则；行为准则必须得到严格、全面的执行，才会达到预期的效果。

总之，行为准则界定企业员工在企业活动中的行为合理性。因此，它必然同企业价值观、企业经营哲学、企业精神的基本要求相吻合，具有逻辑上的一致性。

（5）活动领域。活动领域亦称事业领域，是指企业擅长的专业领域或活动领域。这表明企业虽然可以从事多元化经营，但在其中总有自身最具优势和发展前景的专业领域。对此予以识别和规定的目的在于，明确企业的发展方向，体现企业的信念与追求，进而集中主要力量在这一领域求得快速发展。

2. 行为识别（BI）

它是 CI 的动态识别形式，是企业经营理念的动态化体现。企业行为识别包括对内行为识别和对外行为识别。企业对内行为识别包括员工教育、福利制度、管理规范与制度、工作环境、文体活动等。企业对外行为识别包括公共关系、社会公益活动、产品推广与促销、市场调查、信息沟通等。

企业对内行为识别主要是通过员工教育与培训，使员工对企业的经营理念形成认同，形成团队意识，以提高员工的工作素质。在此基础上，企业才能更好地提供优质产品与服务，更好地回报社会。企业对外行为识别主要是通过上述活动，不断地向外部公众传播企业形象信息，以提高企业的知名度和美誉度，达到从总体上提升企业形象的目的。

企业对内行为识别与对外行为识别是相互联系的，可以说，对内行为识别是对外行为识别的前提与保障，对外行为识别是对内行为识别的延伸和扩展。

3. 视觉识别（VI）

它是企业静态识别形式。它是将企业经营理念等抽象内容，转换成具体化、视觉化的符号，以标准化、系统化和统一性的手法体现企业特征，塑造企业形象。

视觉识别因其表现形式的多样性、生动性和形象性，而为社会公众喜闻乐见，所以是企业识别系统中最有传播效果和感染力的。视觉识别的构成要素包括企业名称、名牌标志、标准字体、标准色、象征图形、吉祥物、企业造型、宣传标语与口号等构成的基本要素；将基本要素运用于产品、包装、办公用品、营销环境、企业建筑物、旗帜、设备、招牌、交通工具、员工服饰、广告媒体、个人名片等，则构成应用要素。

（三）CIS 构成要素的相互关系

在 CIS 中理念识别（MI）是基础和核心。它是在企业的长期发展中形成的，由于每个企业具体条件的不同，因之每个企业都具有独特的经营理念。简而言之，理念识别（MI）决定企业之间的差别与素质。据此，行为识别（BI）和视觉识别（VI）必须充分体现企业的经营理念，才能形成统一并具有个性的企业形象。否则，只能适得其反。

行为识别（BI）是企业的运作模式。它不仅体现企业经营理念的要求，同时又产生客观上的识别作用。社会公众通过企业的行为特征去识别、记忆与评价企业。

视觉识别（VI），通过运用多种形式的视、听手段表征企业的经营理念，因而具有美学和艺术价值，从而可以有力提升和塑造独特的企业形象。

有人形象地将这三者之间的关系比喻为心（理念识别）、手（行为识别）、脸（视觉识别）之间的关系，是十分贴切的。

二、物流企业形象的表现

（一）物流企业形象的外在表现

企业的外在形象主要是指有形的、物质性的企业客观存在，它构成企业形象的基础。例如，美国 UPS 的卡车司机（兼送件人）不能留长发、蓄胡须，外套只能打开最上方的第一个纽扣。在客户面前不能抽烟。送件时只能疾行，不许跑步。皮鞋只能是棕色或黑色，而且必须始终光可鉴人。他必须始终用右手小拇指勾住钥匙串，以免满口袋找钥匙时耽误时间。登车后，必须用左手系安全带，同时马上用右手将钥匙插入油门发动引擎。司机每天工作前必须经过三分钟的体能测试，这一传统从公司创始人开始保留至今。飞行人员头天工作完毕必须清理桌面，以免第二天凌晨登机时耽误时间。高层经理人员每人工作桌下常备擦皮鞋用具。所有这一切细枝末节，都将保证公司的高运营效率，在客户面前树立值得信赖的良好形象。联合包裹的员工队伍相当稳定，稳定率保持在90%以上，许多人一干就是几十年。高层管理人员有的就是从司机、装卸工一步步升上来的。公司首席执行官凯里的衣橱里至今还挂着28年前在联合包裹兼职当司机时穿的棕色套装。所有的这一切细枝末节，都将保证公司的高运营效率，在顾客面前树立值得信赖的良好形象。

物流企业的外在形象包括了企业的名称、商标和标志，企业的建筑物和构筑物，企业的资产和资金，企业产品或服务的质量和企业的员工团队等。

1. 名称、商标和标志

企业的名称、商标和标志是物流企业的形象的主要特征之一，是企业外部被感知的最直接的象征，最直接的视觉效果。对于任何一个企业而言，都需要认真策划与设计。在企业形象标识战略中，企业的名称、商标、标志及其系列设计，是首先必须认真考虑与解决的问题

名称是企业区别于其他企业的最重要标志，一个好的名称，往往可以起到很好的宣传效果。一般而言，企业的名称应该简单、响亮，使人容易记取；要反映企业的性质，突出企业特点，不容易同其他企业混淆；大部分物流企业都直接采用中文书写，许多企业还约请书法家或名人题词，以提高企业名称的价值；许多企业同时也采用了英文名称，使其更具有国际化气息。

商标是一个企业的象征与标志，是企业为了实现品牌区隔的一种策划行为，其设计应该秉承明快、显眼、耀眼、大方的原则，并尽可能反映企业各种特点。

在很多时候，一些企业往往将企业的标志和注册商标分开设计。比如，有的企业标志采用注册商标和企业名称组合设计，因为商标是表明某一产品的特有记号，而企业标志的应用则更为广泛，包括企业的徽章、旗帜、信封、信笺、交通工具、推销用具、说明书、企业广告、产品包装、员工制服、名片等都会印上企业的标志；也有的企业将经过创作并能反映企业特性或产品特性的警句、口号、信条作为商标和标志。

无论采取什么方式，企业的商标、标志都需要认真对待并精心设计，应该在企业一切可能应用的范围内形成设计系列，以便让公众在视觉中能够接受和喜欢。

一般而言，公众往往能记住一个商标与标志，却不能记住一个公司。在现代商业

社会，企业的商标与标志已经形成了无形资产，有时无形资产甚至超过了有形资产。

2. 建筑物和构筑物

企业所在的建筑物和构筑物，不仅是企业外部形象的重要特征，有时也能成为企业形象的标志之一。许多企业在进行办公楼和厂房设计时，都会聘请名家，他们希望这些永久性的建筑物和构筑物都具有鲜明和独一无二的风格，给人深刻的印象，从而显示其有别于他人的企业形象。

另外，企业建筑物及构筑物的整洁环境、优美绿化，办公室的布置与设计等，都是企业文化的反映，也是企业形象的组成部分。

3. 资产和资金

对于物流企业而言，拥有先进的物流设备，往往可以在竞争中处于十分有利的地位。物流设备，也就是物流生产工具，是物流企业的生产发展水平的标志，设备充足而又先进，显示着该企业能生产出足够数量的优质产品与服务，如果一个仓储企业拥有自动化仓库，并拥有 RFID 等先进技术，那么就可以拥有更高的服务效率，也能创造更高的服务价值；对于一些海运企业而言，拥有先进的集装箱船舶，是与其他企业展开竞争的前提条件。

拥有足够和必要的资金，企业设备也就可以得到不断更新，可以对设备进行技术改进，可以引进更高技术的设备，可以不断改进产品或服务的品质，开拓和研制新产品，使企业的产品处于领先位置。

4. 产品或服务的质量

产品或服务的质量是企业的生命。然而即使一家企业拥有先进的设备和雄厚的资金，如果疏忽物流质量管理，也有可能使企业形象遭受伤害，但精于管理、严格控制物流服务质量的企业，其企业形象便会得到公众对其产品或服务的信赖。物流服务质量是一个物流企业生存的命脉，也是一个企业管理水平的标志。

5. 员工团队

物流企业都拥有相应的职员团队，其雇员数量也在一定程度上反映了企业的规模与实力。没有一定的雇员，也就无从谈起质量；同样，没有质量的队伍，队伍越大成本可能越高。

管理人员、技术人员和销售人员都是企业员工中的主要部分。管理人员是企业内部生存策划未来的保证。技术人员是企业不断改进，更新产品或服务的保证，销售人员是销售产品或服务和拓展市场的保证。企业拥有一支结构合理、技术素质高的职工队伍不仅是走向成功的决定因素，也是塑造良好企业形象的因素。

（二）物流企业的内在形象

物流企业的内在形象，是指以文化、价值观点等形式反映出来的无形客观存在。

企业的内在形象也会受到其外在形象的影响，同时也会对外在形象施加影响。

1. 企业员工精神面貌

员工从胜任到优秀到卓越，都离不开一种可以称之为灵魂的东西，那就是：员工精神。员工精神是每个员工必须具备的职业精神，是企业和个人成长前进的推动器。个人和企业一同成长，首先要从培养员工精神开始。

员工精神与技术素质密不可分，有正确的员工精神，才会主动去提高技术素质。有正确的员工精神，才会专心于企业工作，并不惜烦劳为客户提供方便，以满足客户的各种需要。

2. 领导者状况

一个企业总是由一个少数人组成的最高决策和管理班子领导和指挥着整个企业的生产经营活动。领导团队精神和能力强弱，决定着企业的成败。好的企业领导人就是企业的一面旗帜和精神支柱，是企业形象的代言人。不难发现，在一个成功企业里领导者往往都是优秀的，如中远集团的魏家福、宝供集团的刘武、顺丰速递的王卫等。

3. 企业和品牌的名牌效应

企业名称、商标和标志是人们视觉中的企业形象之一，是一种感性的认识。当人们进一步享受该企业的服务之后，才能对该企业的服务品质有更深一步的认识。如果该企业的服务质量优质、稳定、持续，那么有需求的客户就会对企业产生好评。这种信息通过各种渠道相互传播，加上广告和宣传，就会加强人们对其服务质量的理性认识，激发人们重复对此的购买欲望，促进产品销售的广度和深度，这家企业及其产品的品牌就会得到人们信赖。

在经过与其他企业或者品牌比较之后，如果某一企业或者品牌在一定范围内被公认为是比较好的企业或者品牌，那么这将成为该品牌的无形资产。

4. 企业的技术水平和新产品的开发能力

拥有更先进的物流技术水平与信息技术水平，企业就可以获得更多发展的机会。同样，拥有更强的物流新产品开发能力，也将会获得更有利的竞争地位。因此，物流企业应该锻造并拥有一支科技水平的研发队伍，对科技持续投入资金与力量，保障企业的持续发展。

5. 企业的社会责任

持续经营 200 年的美国杜邦公司有一句名言：尽量不要在地球上留下脚印。杜邦任务：企业在经营的过程中不应该对环境造成伤害，环境保护并不只是增加企业的运营成本，而是能够产生效益的行业。

物流企业应该学习如何履行自身的企业责任。企业在获得财富的同时，不应该以损害社会公众利益为代价。企业的社会责任，是指企业对社会合乎道德的行为。有远见的跨国公司则纷纷加大在社会责任方面的投入，并已成功地将投入转化成市场竞争力。塑造其公民形象的渠道与途径很多，比如，参加公益与慈善事业，赞助、募捐给自然灾害、弱势群体等。

三、物流企业形象策划的调研及方案

（一）调查分析

1. 目的

调查企业的现实形象，了解企业员工的思想状况，找出企业当前面临的课题，使CIS 的主题明确化。明确当前市场的状况，掌握本企业在行业中的地位，了解其他企业的形象，找准今后本企业在市场中的位置。

2. 内容

企业现状调查

（1）企业外部调查：社会公众以及市场方面的信息调查。

社会公众对企业的印象及其基本估价、这一形象是否与企业的市场占有率相符合、本企业形象最重要的项目是什么、企业形象在不同地区有哪些不同、企业形象存在哪些缺点、应塑造什么样的形象；此外，还要了解企业目前的市场竞争力如何，有关方面最希望本企业提供的服务是什么，企业对外信息传递中最有利的是什么等。

（2）企业内部调查。

企业的经营理念、经营方针、产品开发、组织结构等内容，还有员工的认知，员工对于内部作业环境、作业流程、管理体制、福利待遇等方面的感受、建议和要求等。

3. 企业形象设计的具体因素

企业形象的构成要素主要包括外在要素和内在要素。

（1）企业形象的外在要素是指企业各种外显性视觉对象的综合，是社会公众能直接感知到的具体内容。我们可以将外在形象又细分为外在硬件形象和外在软件形象两类。

企业外在的硬件形象是指可直接为公众感知的外显性特征中的物质性实体要素，如企业的建筑物、设备装置、财务状况、产品包装等。

企业外在的软件形象是指能够为公众所感知的外显性非物质形象要素，是由企业社会文化素质所表现出来的外显性对象的基本特征。如企业的名称、品牌商标、工作效率、工作环境、广告等。

（2）企业形象的内在要素是指由企业形象所体现出来的内在素质、内在特征、内在精神。我们也可以将内在形象又细分为内在硬件形象和内在软件形象两类。

企业内在的硬件形象是企业不能直接为公众感知的内隐性特征中的物质性实体要素，如企业的产品质量、技术水平、管理水平、服务水平等。

企业内在的软件形象是指被公众间接感知和理解的内隐性特征中的精神性形象要素。如企业信誉、员工素质、企业精神与价值观等。

4. 企业现状分析

（1）理念分析

现有的企业价值观、经营方针还有哪些方面需要改进，以进一步符合社会公众的要求，为企业的发展提供观念上的动力。

（2）经营分析

企业的财务状况、市场占有率和产品竞争力状况如何，企业的现有地位是否和应有地位一致。

（3）企业形象

企业员工和社会公众对本企业形象的认知程度。企业形象是清晰的还是模糊的。若是前者，还需要加强哪些方面；若是后者，应通过何种途径使其清晰化。

（4）传播状况

企业向社会传播信息的方式和方法是否合理、有效，应采用何种方式方法才能更好地展示企业的形象。

（二）策划方案内容

1. 总概念报告

总概念报告是有关 CIS 的总体思考，它是依据调查分析的结果，重新评估企业的经营理念和经营战略，形成 CIS 的方针，并作为未来管理工作方向的一系列构思。

总概念报告是对企业最高领导者的建议书，其主要内容包括企业现状调查分析的要点，CIS 活动的指针和建议，企业未来应有的作风、经营理念、形象、活动领域等重要 CIS 概念，切合实际的可行做法，以及 CIS 的设计开发要领。

2. 策划案具体内容

策划案具体内容是在总概念报告基础上，详细勾画 CIS 的具体蓝图。其主要包括八部分：

（1）标题；

（2）实施策划案的目的；

（3）引进 CIS 的理由和背景；

（4）CIS 计划的方针；

（5）实施计划；

（6）具体实施细则；

（7）计划的推动、组织和协办；

（8）所需费用和时间。

其中第二和第三部分是重点，一定要说明清楚，因为它决定了 CIS 的运作方向。

3. 执行工作大纲

良好的企业形象不是一朝一夕就能塑造出来的，它需要长时间日积月累的培育才能形成。在执行工作大纲中，应确定明确的主题以及 CIS 的实施范围，拟定具体实施活动、实施办法、实施时间表，预算整个活动所需经费，包括调查费用和企划费用、设计开发费用、实施和管理费用，以及其他费用。

技能训练

一、训练内容

（1）选定学校所在地市的一家物流企业，对其进行基本了解。

（2）以小组为单位，对选定的企业进行企业形象设计。

二、训练要求

（1）将班级分成若干组，每组 4~6 人，由各小组组长进行成员分工，通过网络或书刊查阅相关资料。

（2）要求小组成员均参与其中，分工明确，各负其责，各人要有完整的工作记录。

（3）各小组将收集的资料制作成课件，在课堂进行展示汇报。

拓展阅读

服务公司职员的形象礼仪规范

一、着装要求

1. 员工服装要求得体、协调、整洁、悦目。

2. 上衣和裤子、领带、袜子、鞋子等最好能相配，服装大小合身，并符合季节。

3. 衣服要烫平，皮鞋要擦亮。

4. 着装要注意左胸前口袋不要放除手帕以外的任何东西。勿将两手插在两个口袋里。

5. 男士穿长袖衬衫要塞在裤内，袖子勿卷起。

6. 男士应穿长裤，不可穿露趾鞋或便凉鞋，不可不穿袜子。

7. 女士宜化淡妆，但勿戴过多饰品。办公室女士穿裙子应穿过膝的长袜，不宜穿领口过低及无袖的衣服、超短裙、皮短裙。

8. 注意仪表，勤洗澡、勤理发、勤剪指甲。

二、社交、谈吐要求

1. 注意口腔卫生，勤刷牙、勤漱口。

2. 与人交谈时要有诚意，热情，语言流利，准确；除了客户是同乡或其他特殊情况下可使用方言土语外，都应讲普通话。

3. 交谈中善于倾听，不要随便打断别人，或东张西望，切勿鲁莽提问，或问及他人隐私，避免卖弄机智和学识，不要言语纠缠不休或语言讥讽，更勿出言不逊，恶语伤人。

4. 在对外交往中，要注意称呼，注意一般交谈的题材，如天气、物产、风土人情等。应用礼貌用语，可称呼"先生"、"小姐"、"女士"等，勿使用"喂"等不礼貌称谓，应注意声调适中，交谈结束时，应简短话别，助手可抢先几步上前开门，客户要送至门外。

5. 见面时应相互握手致意。握手时应迎视对方视线，勿往下看或移开视线，与女性握手应轻握，参加大型活动人数较多时，可与主人握手，对其他人点头或微笑致意。

三、举止、行为的要求

1. 守时：准时上、下班，不迟到，不早退。

2. 上班时，应保持良好的精神状态，精力充沛，精神饱满，乐观进取。

3. 对上司或同事要有热情，对工作处理要保持头脑冷静，微笑可以使别人忘却烦恼，留给别人良好的第一印象。

4. 应开诚布公，坦诚待人。在公司内虽有职务高低不同，但没有人的贵贱之分，人与人的关系一律平等，互相尊重，并保证表里一致。积极接受指示和命令，对提醒与批评要表示感谢。

5. 对外交往要以理服人，不可盛气凌人，热情诚恳地接待来访的客人，不以貌取人。在事先约定的时间内等候客人，若客人来访等待时，不要将他搁在一边，可取报纸、刊物给对方阅读，或主动与他攀谈。

6. 良好的姿势是良好修养的表现，应养成一个好习惯，避免一些坏的姿势：坐立不安，心不在焉，诸如抓头发、咬手指、打哈欠、挖鼻子、掏耳朵、剪手指甲、玩项链戒指等。

7. 走路时自然目视左右，勿高声呼叫他人。与长辈上司同行时，原则上应让其先行。进出上司办公室、单间或私人房间，要先轻轻敲门，听见里面应允后才进去，进入房间后轻轻关门。

8. 应保持良好的坐姿，以赢得别人的好感。会见客户或出席仪式遇站立场合时，站在长辈或上司面前时，不要双手叉抱在胸前或放在后面。坐下或站起的姿势不宜突然或幅度过大，站起后把椅子放回原处。女士坐时应双膝并拢。

9. 对办公用品要爱护，正确使用。借用公司物品及时归还，损坏赔偿。

四、使用电话的要求

1. 公司员工的电话行为应符合规范，要注意控制语气、语态、语速、语调。语言亲切、简练、礼貌、和气，要具有"自己就代表公司"的强烈意识。

2. 及时接听电话（勿让铃声超过三遍），迟接电话需表示歉意。

3. 使用规范用语："您好，××公司"。

4. 要仔细倾听对方的讲话，决不要在对方话没有讲完时打断人家。

5. 对方声音不清楚时，应该善意提醒："声音不太清楚，请您大声一点好吗？"

6. 来电是找人电话，"请您稍等"、"他暂时不在座位上，请您稍等，我马上帮您找他，可以告诉我您是哪里吗"、"对不起，他正在接听电话，请留下您的电话，我会转告他尽快给您回复"、"对不起，某某不在，您有什么事我可以转告吗？"。切忌拿着听筒大声喊人，此时可按话机上的静音等待功能键或遮住听筒叫人。切忌当被找人不能及时接听电话时，将听筒搁置在一边，不再理会，应不断向对方招呼，表示你还在照顾这个电话。

7. 如果来电是业务电话，接听人没有能力或不方便接洽此业务，应说："对不起，我请我们公司有关（业务或技术）人员跟您谈好吗？您能告诉我您是哪里的用户吗？请您稍等。"而后将电话及时转给负责此业务（或此地区）的有关人员。

8. 遇业务电话一时无法明确答复（或无人能明确答复）的，一定问清详细事由，并说明："对不起，我需要落实一下，再给您明确答复（或我需要联系公司的专业人员给您详细答复），请留下您的电话和联系人，我们会在最短的时间内给您回话。谢谢！"

9. 如果电话打出去，要找的客户不在，应请教对方的这位客户何时回来；如果要留话让接话人转告，应该先问："对不起，请问您尊姓大名。"讲完后再说句："谢谢！"

10. 如果谈话所涉及的事情比较复杂，应该重复关键部分，力求准确无误。

11. 谈话结束时，要表示谢意，并让对方先挂断电话。

12. 记下电话留言是工作职责之一。一个好的电话留言应该整洁、准确、字迹清晰；留言包括来电日期、时间，对方姓名、单位、电话号码，然后是内容，最后要签上你的名字，以便让看到留言的人知道该向谁查询。

13. 用餐时间，如你满口食物时勿接听电话。哪怕是对方打扰了你的用餐，也应注意自己的礼貌行为。

五、使用名片的要求

1. 一般名片都放在衬衫的左侧口袋或西装的内侧口袋，名片最好不要放在裤子口袋。

2. 要养成检查名片夹内是否还有名片的习惯。

3. 名片的递交方式：应礼貌地用双手把名片的文字向着对方先递出名片，在递送或接受名片时应用双手并稍欠身，接过名片后认真看一遍，可轻轻地念出对方名字，以让对方确认无误；如果念错了，要记着说对不起。如客户先递出名片，应表示歉意，再递出自己的名片。

4. 同时交换名片时，可右手递交名片，左手接拿对方名片。

5. 不要无意识地玩弄对方的名片。

6. 不要当场在对方名片上写备忘事情。

7. 上司在旁时不要先递交名片，要等上司递上名片后才能递上自己的名片。

六、参加宴请的要求

1. 衣冠整洁、准时到场。

2. 宴请地点要适合客户的喜好，最好由客户选定。

3. 陪客人数不宜超过客人人数，如果只有一位客人，可以有两位陪客。

4. 分明主次位子，领客人就座后方可进餐。

5. 进餐时举止文明，使用餐具尽可能不发出声响。

6. 咀嚼时把嘴闭起来，不能一面咀嚼一面说话。

7. 残菜、残骨应吐在碟盘内。

8. 不能喝醉酒，要保持头脑清醒，照顾好客人。

9. 说话的音量控制在对方听到为宜。

10. 用牙签时，请用手稍作掩饰。

11. 注意协调气氛，力求和谐、友好、热烈，但不要喧宾夺主。

12. 要打喷嚏、咳嗽时，注意用你的餐巾，转身背对客人，然后向其他就餐客致歉。

13. 有事需要离席，应说明原因，说声"对不起"。

14. 不可留下客人自己先走。

15. 不要在客户面前领取收据或付款。

16. 一般等主要客人离席后，方可离席。

七、办公礼仪

1. 保持工作区域整洁。切忌办公桌面杂乱无章、办公用具污垢不堪。桌面、电话、电脑及计算器等应清洁干净，资料文件摆放整齐。

2. 有客人到访，应立刻起身迎接问好，接待人员应指引客人到会客区落座，为客人倒水，寒暄后得知用户来访目的，及时通知有关人员（业务或技术或其他）接洽。

如客人来访的同事不在，应及时与其取得联系，积极代其照顾好客人，并主动协助处理有关业务。

3. 如到访客人是熟客，与其熟识的员工应主动热情上前打招呼，不得视而不见，或表情冷淡。

4. 只有在用餐的时间才能吃东西。注意餐后环境卫生，桌面要擦拭干净，剩余残肴及废弃物品，应包好后立刻扔在远离工作区的有盖垃圾桶内，并保证室内通风，驱除不良气味。

5. 打招呼的礼节

(1) 早上进公司及晚上离开公司，无论对公司老板或工友都要打招呼，不能来无影去无踪。

(2) 在拥挤的电梯内，如果没有人说话，最好也不要开口。若遇到同事或熟人向你打招呼或是目光相遇，你应适时地点头微笑，甚至回应，视而不见是最要不得的。

(3) 离开办公室时，应记住先向主管报告，询问是否还有吩咐然后离开。

(4) 职员对上司应称其头衔以示尊重，即使上司表示可以用姓名昵称相称呼，也只能限于公司内部，对外人及在公开场合不可以贸然直呼名字，否则会显得没大没小。

(5) 招呼同事时应将姓氏讲清楚，不能叫"喂"或"那个谁呀"，因为这样做会十分失礼。如同事正忙于工作，可客气地说句："抱歉，打扰一下……"再交代事项，以免惊扰了他。

(6) 同事之间如非常熟悉或得到对方许可，则可直称其名，但无论如何不应该于工作场合中叫对方小名或绰号，同时不应在工作场合称兄道弟，或以肉麻的话来称呼别人。

(7) 当同事将你介绍给其他人时，应亲切回应"您好，请多指教"等客套话，此时不必再重述自己的姓名。如果对方主动与你结识，就应互通姓名并亲切寒暄。一旦互相知道对方的姓名之后就应牢记在心，总是问别人贵姓大名是很失礼的。

(8) 别人招呼你时，应立刻有所回应，即使正接听电话也应放下话筒，告诉他你正在接听电话，待会儿就来。不要留待事后解释，以免增加困扰及误会。

项目实训 ➤

设计班级形象

企业文化，或称组织文化（Corporate Culture 或 Organizational Culture），是一个组

织由其价值观、信念、仪式、符号、处事方式等组成的其特有的文化形象。

企业文化并不是无形的，它是企业的核心价值观、业务流程、管理体系乃至创新与变革能力等的具体象征，更与身为企业灵魂人物的企业主、CEO 的个人魅力及领导能力相辅相成，借此达到推动企业成长的目的。

企业形象是企业通过外部特征和经营实力表现出来的，被消费者和公众所认同的企业总体印象。由外部特征表现出来的企业的形象称表层形象，如招牌、门面、徽标、广告、商标、服饰、营业环境等，这些都给人以直观的感觉，容易形成印象；通过经营实力表现出来的形象称深层形象，它是企业内部要素的集中体现，如人员素质、生产经营能力、管理水平、资本实力、产品质量等。表层形象是以深层形象为基础，没有深层形象这个基础，表层形象就是虚假的，也不能长久地保持。流通企业由于主要是经营商品和提供服务，与顾客接触较多，所以表层形象显得格外重要，但这绝不是说深层形象可以放在次要的位置。北京西单商场以"诚实待人、诚心感人、诚信送人、诚恳让人"来树立全心全意为顾客服务的企业形象，而这种服务是建立在优美的购物环境、可靠的商品质量、实实在在的价格基础上的，即以强大的物质基础和经营实力作为优质服务的保证，达到表层形象和深层形象的结合，赢得了广大顾客的信任。

企业形象还包括企业形象的视觉识别系统，比如 VIS 系统，是企业对外宣传的视觉标识，是社会对这个企业的视觉认知的导入渠道之一，也是标志着该企业是否进入现代化管理的标志内容。

请根据上述资料，分析并写出班级文化，并为你所在的班级设计能代表你班级形象的标识，并加以解释。

参考文献

［1］袁炎清，范爱理. 物流市场营销［M］. 北京：机械工业出版社，2012.

［2］曲建科. 物流市场营销［M］. 北京：电子工业出版社，2011.

［3］菲利普·科特勒，加里·阿姆斯特朗. 市场营销原理［M］. 北京：中国人民大学出版社，2010.

［4］王悦. 企业物流管理［M］. 北京：人民大学出版社，2011.

［5］李蔚田. 物流管理基础［M］. 北京：清华大学出版社，2010.

［6］周明. 服务营销［M］. 北京：北京大学出版社，2009.

［7］卫军英，任中锋. 品牌营销［M］. 北京：首都经济贸易大学出版社，2009.

［8］白杨，等. 航空运输市场营销学［M］. 北京：科学出版社，2010.

［9］胡洋. 运输市场营销［M］. 北京：电子工业出版社，2013.

［10］赵岚. 铁路运输市场营销［M］. 北京：中国铁道出版社，2008.

［11］张运. 物流外包与第三方物流［M］. 成都：电子科技大学出版社，2010.

［12］赵志江. 服务营销［M］. 北京：首都经济贸易大学出版社，2010.

［13］傅凯. 物流实训教程［M］. 北京：中国物资出版社，2012.

［14］《物流技术与应用》编辑部. 中外物流运作案例集［M］. 北京：中国物资出版社，2009.

［15］白世贞，曲志华. 冷链物流［M］：北京：中国物资出版社，2012.

［16］谢尔比·D. 亨特，市场营销理论基础：市场营销学的一般理论［M］. 上海：上海财经大学出版社，2006.

［17］杰克·特劳特. 定位［M］. 北京：中华工商联合出版社，2006.

［18］W. 钱·金. 蓝海战略［M］. 北京：商务印书馆，2005.

［19］光昕. 物流服务营销［M］：北京：中国物资出版社，2008.

［20］唐·舒尔茨. 整合营销传播［M］. 北京：中国财政经济出版社，2005.

［21］徐章一. 顾客服务［M］. 北京：中国物资出版社，2002.

［22］蒋长兵. 国际物流实务［M］：北京：中国物资出版社，2008.

［23］陆道生．第四方物流［M］．上海：上海社会科学院出版社，2003．

［24］郭国庆．市场营销学［M］．武汉：武汉大学出版社，2004．

［25］吴晓云．服务营销管理［M］．天津：南开大学出版社，2006．

［26］艾德里安·帕尔默．服务营销原理［M］．北京：世界图书出版社，2012．

［27］蓝仁昌．物流岗位培训教材［M］．北京：中国物资出版社，2010．

［28］张丹羽，廖莉．物流系统教程［M］．济南：山东大学出版社，2006．

［29］鲍新中．物流成本管理与控制［M］．北京：电子工业出版社，2006．

［30］莱桑斯，法林顿．采购与供应链管理［M］．7版．鞠磊，等，译．北京：电子工业出版社，2007．